KB217581

불교와 전통문화사상

본서는 2007년 한국정부(교육과학기술부)의 재원에 의하여 한국연구재단의 지원을 받아서 간행된 출판물입니다(NRF-361-2007-1-AM0046)

금강대학교 불교문화연구소
금강학술총서 30

불교와 전통문화사상

런민(人民)대학 불교와종교학이론연구소
도요(東洋)대학 동양학연구소
금강대학교 불교문화연구소

공편

여래

한중일 동아시아 삼국의 전통사상과 문화가 불교를 만나서

붓다의 연기법緣起法과 무아無我의 교설은 당시 인도철학의 전통적 사유에서도 독창적이었다고 알려져 있다. 이 가르침에는 경험적인 현상계의 사물과 인식에 대해 어떠한 고정불변한 실체를 인정하지 않는 중도적인 교설과 이러한 이치를 깨닫는 데 도움을 주는 수행법이 담겨있다. 시간이 흐르면서 이론의 측면에서 현학적으로 번쇄해지고, 실천의 측면에서 대중을 포괄하는 드넓은 방편이 축소되면서, 본래의 불교정신을 회복하고자 하여 일어난 부흥운동이 바로 우리가 대승불교라고 부르는 것이다.

그러나 붓다의 초기교설 이후에 제작된 대승경전의 내용과 지향성은 인도불교 내부에서는 주류적인 것이 아니었다고 전해지며, 동아시아로 전파되면서 점차 발전적으로 수용되고 변용되기까지 하였다. 이렇게하여 기원전 7세기 발생한 이 가르침은 근본적으로 유와 무의 이분법적 논리에 익숙한 모든 사유방식의 도전을 받으면서, 초기불교 붓다의 가르침을 담지한 경전과 더불어 지속적으로 제작되고 있는 대승경전의 방대한 내용을 포섭한 채 육로와 해로를 통해 전파된다. 히말라야 설산을 넘어 구차와 호탄 등 여러 서역 제국을 지나는 동안 각 지역의 전통사상 및 문화와 교류하면서 마침내 중국에 도착하게 된다. 특히 서역의 여러 나라들을 거치면서 유지遺址와 석굴사원 등에 남겨진 유적은 사회, 문화적으로 불교가 끼친 영향을 보여준다. 근현대에 들어서 모래사막으로 시간을 뒤덮은 돈황석굴에서 근 100년 동안 발굴되고 있는 문헌과 자료들을 통해 주변 지역과 중국 내의 불교와 민간생활의 모습에 대한 연구가 한창 고조되고 있다.

인도에서 처음 전래된 불교 경전은 기원후 2세기 말경 한역된 안세고와 지루가참의 대소승경전들이다. 이러한 역경문헌에 의해서 각 지역의 지도층 내부와 출가자들에게 불교가 공식적으로 소개되고 인정되기는 했겠지만, 아마도 이보다 앞서 실크로드와 무역상을 거치면서 불교가 전파되어 있었을 것이다. 그러나 붓다의 가르침이 이해되기에는 다시 긴 시간이 흘러야 가능해지고, 특히 대승불교의 반야 · 공에 대한 이해는 구마라집이 장안에 들어와 번역활동을 한 410년 이후가 되어야 비로소 가능해졌다. 교설에 대한 이해를 떠나서 5세기 초 이전에도 불교는 전래된 이후 중국 내 각지에서 왕성하게 전파되었고, 6~7세기에는 한국과 일본에도 불교가 전래되어 영향을 미치고 있었다.

이미 상당한 문명을 이루고 있던 중국에서는 전통적인 사유방식과 습속적인 면에서 불교와 상충되는 측면이 있었다. 근본적으로 유에 기반하여 무를 논하는 중국적 사유방식에 비해 연기 · 무아 · 공을 기반으로 한 사유방식의 전개는 쉽게 이해되기 어려운 철학 · 사상이었음을 짐작할 수 있다. 그리고 이것은 같은 한자문화권에 속한 한반도와 일본에서도 유사한 일면을 드러낼 수 있었을 것이다. 이처럼 이론적으로 적절하게 이해되는 데 시간이 필요했지만, 이러한 이해와는 별개로 각국의 전통문화사상과 불교는 부단히 교류하면서 여러 모습으로 변용되었다.

본 학술서는 바로 여기에 관점을 두고 한중일 삼국의 전통문화사상과 불교가 교류하여 변용된 모습을 살펴본 결과이다. 본질적인 측면에서 논하면 인도에서 발생한 불교와는 전혀 다른 내용이라고 할 수 있지만, 불교와 각 지역의 전통문화사상이 교류하여 상호적으로 어떤 영향을 주었는지 살펴보고자 기획한 것이다. 다시 말해서 일방적으로 불교가 변용된 모습만을 살펴보는 것이 아니라 상호관계성을 확인하는 기회이며, 나아가 확장된 불교의 면모를 통해 대승불교의 범주를 가늠하는 데 시금석을 놓는 역할을 할 것이라고 본다. 또한 불교가 동아시아로 전파되어오는 데 있어서 초기불교의 가르침과는 다른 방편과 내용을 포함한 대승불교가 주류적 위치를 차지하게 된 상황을 이해하는 데 도움을 줄 것이다.

이 책이 나오기까지의 여정

본서는 2016년 6월 25일~26일 양일간 북경 인민대학에서 개최되었던 제5회 중·일·한 국제불교학술대회에서 발표되었던 내용을 편집한 성과물이다. 3국 국제불교학술대회는 2012년부터 향후 10년간 한국 금강대학교 불교문화연구소와 중국 인민대학 불교와종교학이론연구소, 일본 동양대학 동양학연구소가 공동으로 번갈아가며 대회를 주최하는 동아시아 불교연구 문화교류로 진행되고 있는 공동학술 기획이다. 본 학술대회는 '불교의 중국화'라는 대주제 아래에 매년 소주제를 바꾸면서 개최하고 있는데, 2016년에는 '불교와 전통문화사상'이라는 주제로 행사를 진행하였다.

도입부에서 서술한 것처럼 붓다의 가르침은 인도 정통사상과도 다른 면이 있었지만, 동아시아로 전파되는 경로에 있는 각 지역을 거치면서 그 나라의 전통사상과 문화와 습합되기도 하고 영향을 주기도 하였다. 본고에는 발표되지 않았지만 서역과 돈황에서의 불교와 전통문화의 교류는 중요한 연구과제이기도 하다. 아쉽게도 이번에는 한중일 삼국 지역 내에서 전통사상과 문화교류의 내용들만 발표되었다. 딱딱한 학술적인 내용이나 문헌연구에 치중하지 않은 발표가 중심이 되었기에, 발표 분위기가 매우 쾌활하고 부드러웠다. 양일간 이 분야의 전문학자를 중심으로 열띤 질의응답과 토론이 진행되었는데, 당시 발표된 10편의 논문은 다음과 같다.

첫날

1. 발표자: 치우까오싱·한차오중(邱高興·韓朝忠, 計量大)

   토론자: 장카이(張凱, 寧波大)

   근대 화엄교학華嚴義學의 발전

2. 발표자: 기쿠치 노리타카(菊地章太, 東洋大)

토론자: 차오난라이(曹南來, 人民大)

민간신앙과 불교의 융합-동아시아 마조媽祖숭배의 확대를 중심으로

3. 발표자: 김지연(金知姸, 金剛大)

토론자: 조우광롱(周廣榮, 중국사회과학원)

무속신앙에 비춰진 불교의 시왕

4. 발표자: 지화추안(紀華傳, 中國社會科學院)

토론자: 온진위(溫金玉, 人民大)

중국 불교제도와 그 변천-승제僧制를 중심으로

5. 발표자: 찰스 뮐러(A. Charles Muller, 東京大)

토론자: 간노 히로시(菅野博史, 創價大)

인도불교의 중국화에 있어서 체용體用 해석학의 발생: 개관(The Emergence of Essence-Function(*ti-yong*) 體用 Hermeneutics in the Sinification of Indic Buddhism: An Overview)

둘째 날

1. 발표자: 최종석(崔琮錫, 金剛大)

토론자: 장쉬에송(張雪松, 人民大)

미륵신앙의 신라적 수용과 변용-용신, 화랑, 첨성대와 미륵신앙

2. 발표자: 웨이샨(惟善, 人民大)

토론자: 리링(李翎, 중국국가박물관)

감남贛南 나조교羅祖教의 신기도상神祇圖像을 통해 본 중국화된 불교의 서민사회에서의 전개과정

3. 발표자: 하라 가스아키(原 克昭, 立教大)

토론자: 장총(張總, 중국사회과학원)

이신異神의 계보–경계를 넘는 신들과 일본불교의 위상

4. 발표자: 김성순(金星順, 서울대 종교문제연구소)

토론자: 시에루쥔(謝路軍, 중앙민족대)

한국 염불결사에 나타나는 수행법의 변용

5. 발표자: 허우광신(候廣信, 人民大)

토론자: 유슈에밍(俞學明, 政法大)

『제위파리경提謂波利經』에 미친 유가儒家사상의 영향–오행설을 중심으로

본서는 전체 내용을 편집하여 한국어판으로 낸 업적이다. 중국과 일본에서도 매년 각각 중국어판과 일본어판으로 결과물을 내고 있다. 앞으로도 3국 국제불교학술대회와 그 성과물은 불교가 동아시아에 수용되고 변용된 연구를 통해, 상호간의 문화 교류 및 동아시아 불교연구 증진의 중심이 될 것이다. 2017년은 일본 동양대학에서 7월 8일~9일 양일간 '동아시아 불교에서 선불교사상과 의의'라는 주제로 제6회

학술대회가 개최될 예정이다.

책의 구성과 내용

양일간의 발표 내용은 사상적인 것과 문화신앙적인 것이 뒤섞여 있어서 이것을 분리하여 장절을 구성하였다.

제1장 「중국화된 불교 해석학의 전개」에는, 찰스 뮐러 선생의 「인도불교의 중국화에 있어서 체용體用 해석학의 발생: 개관」이 속해 있다. 본 논문은 체용體用이라는 해석학적인 틀이야말로 인도와 동아시아의 불교를 구분해주는 하나의 범주라는 입장을 밝히고 있는 담론이다. 찰스 뮐러 선생은 체와 용이라는 것이 인도나 티벳에서는 보이지 않는 중국 고유의 유가나 도가 사유방식에서 발생된 근원과 그것으로부터 파생되어 나오는 작용의 의미를 가지고 있는 것이라고 본다. 그리고 이 틀이 가장 잘 적용된 예로, 불교와 신유학에서 가장 순수하고 숨겨져 있는 마음의 본성을 체라고 한 것을 들고 있다. 불교 교리의 이항적인 요소들, 예를 들어 불성과 중생, 지혜와 방편, 공과 색 등의 인도불교적 개념들이 중국불교에서 체용 패러다임으로 재해석되었다는 것이다. 대표적으로 길장吉藏 등의 중국불교 주석서에 보이는 리理-교敎의 해석을 상세하게 밝힌다. 특히 후반부로 갈수록 원효와 지눌, 그리고 조선시대 사단칠정론의 경우를 들어 한국사상계 속에서 수준높게 발휘된 체용 패러다임을 설명하고 있다. 이러한 기본 구상 자체는 독창적인 것은 아니지만, 인도불교 개념들이 동아시아적 전통 사

상과 조우하면서 해석학적으로 전개된 핵심적인 전형典型을 확인하게 한다는 점에서 의미를 가지고 있다. 저자의 전공이 조선시대 승려 기화己和(涵虛得通, 1376~1433)이기 때문인지, 신유학도 정주학이 아니라 조선 성리학의 주요담론이었던 사단칠정론 중심으로 전개하였다. 학술대회 당시에도 찰스 뮐러는 퇴계 이황의 마음에 대한 사상적 통찰을 매우 높이 평가하는 발언을 했다. 이러한 측면에서 본 논문은 체용을 주제로 철학적 측면에서 한국불교와 한국사상계의 면모를 살펴볼 수 있는 거대한 담론이다.

제2장 「중국 제도 및 전통사상과 교류한 불교」에서는 중국의 전통적인 사상과 제도가 불교와 교류한 결과를 보여주는 내용들을 함께 묶었다. 지화추안(紀華傳) 선생의 「중국 불교제도와 그 변천-승제僧制를 중심으로」는 불제佛制 · 승제僧制 · 왕제王制라는 주제어로 기술된, 정치제도와 불교 계율을 관련시켜 중국 불교제도가 형성되고 흥망성쇠한 역사를 살펴본 것이다. 불제는 석가모니불이 제정한 계율을 기초로 해서 형성된 제도규범으로서, 주로 승려의 행위와 위의威儀를 규범화하는 데 사용되었다. 승제는 중국불교 승단이 자발적으로 탐색하고 창제한 승단 내부 관리 제도이다. 역사적으로 중국불교에는 일찍이 도안대사道安大師의 승니규범僧尼規範 등이 출현한 바 있다. 이후에 백장회해선사百丈懷海禪師가 새롭게 창제한 선림청규禪林清規가 중국불교 승제의 주체적 제도가 되었고, 이것은 중국 불교제도의 큰 특징이다. 왕제는 봉건군주제 시대에 황제를 중심으로 국가에서 제정한 불교 관리제도이다. 승관제도僧官制度, 도첩제도度牒制度 등이 이에 속한다. 본고

는 중국불교사에서 승제와 왕제가 중심이 된 상황과 전개를 살펴보고 그 폐단을 극복하기 위한 근현대의 과제를 다룬 글이다. 불제, 승제, 왕제는 한국불교계에서는 낯선 용어이지만, 호국불교 등과 관련하여 불교제도를 살펴보는 데 있어서 중국과 비교할 때 매우 기본적이고도 유용한 내용을 포함하고 있다고 생각하였다.

허우광신(候廣信) 선생의 「『제위파리경提謂波利經』에 미친 유가儒家 사상의 영향-오행설을 중심으로」는 유가 사상의 주요 내용 중의 하나인 '오행설五行說'이 중국에서 찬술된 『제위파리경』에 끼친 영향을 살펴본 논문이다. 오행설은 중국 사회의 철학, 역사, 문학, 천문, 지리, 의약 등 학문영역과 농업 생산, 풍속 습관 등 일상생활 영역까지 광범위하게 영향을 주었다. 『제위파리경』은 남북조 시기 찬술된 불교경전 중의 하나로서, 중국 승려 담정曇靖이 본래 1권으로 구성되어 있는 『제위경提謂經』을 바탕으로 유교윤리와 도교의 증수연명增壽延命 등의 사상을 융합하여 완성한 경전이라고 전한다. 『제위파리경』은 부처께서 재가거사在家居士에게 오계십선五戒十善, 삼장재三長齋, 월육재月六齋 등의 재계를 지키는 것 등으로 구성되어 있다. 『제위파리경』 한역 원본은 일실되어 전하지 않고, 현재는 돈황사본 4종만이 남아있다. 본고는 이들 돈황사본을 분석하여 『제위파리경』에서 오계 가운데 양설계兩舌戒를, 오행의 '토'를 중심하는 사상과 관련시켜서 4계四戒의 중추로 삼고 있는 특징이 있음을 밝혀주었다. 이것은 불교에서 볼 때 매우 특징적인 내용이어서, 이를 통해 남북조시대 중국불교사상이 이미 인도불교의 영역을 넘어 중국 전통사상과 결합하고 있음을 알게 하는 논문이다.

제3장 「교학의 전개와 신앙의 변용」은 불교 교학의 전개와 신앙적 수용의 측면을 밝히는 논문들을 함께 엮은 것이다. 치우까오싱 · 한차오중(邱高興 · 韓朝忠) 두 선생이 공동집필한 「근대 화엄교학의 발전」은 송원宋元 이래 화엄교학이 쇠퇴하고 청말淸末에 완전히 몰락하게 되었지만, 근대불교의 부흥에 따라 불교교리 연구가 점차 중시되어 화엄교학이 발전한 모습을 밝힌 글이다. 이 시기 화엄교학 연구는 크게 두 가지 흐름으로 진전되었다. 첫째 화엄승들을 중심으로 화엄경 및 화엄 경론을 강의하는 것을 통해 교학연구를 회복하고, 화엄 교의를 통해 불교 각 종파의 사상을 융합하여 관통시키려 하였다.(숭고崇古의 측면) 다른 한편으로는 화엄종을 벗어난 다른 종의 교학승과 재가거사들이 자신들의 학문적 방법으로 화엄교학 연구에 가담하여 근대 화엄교학의 창조적인 길을 개척하였다(신의新意의 측면)는 것을 밝히고 있다.

최종석崔琮錫 선생의 「미륵신앙의 신라적 수용과 변용—용신, 화랑, 첨성대와 미륵신앙」은 불교의 미륵신앙이 신라의 토착문화 · 사상인 용신龍神과 연관되어 전개되는 모습을 밝히는 글이다. 기존의 신라 농경토착신인 용신을 받아들이는 과정은 용=왕이라는 인식을 심어주면서 전개되지만, 이들이 무리없이 연결되는 매개적 역할은 불교의 미륵이 개입되어 있다고 저자는 밝히고 있다. 한편 신라의 화랑花郞은 용신과도 관련이 있고 미륵신앙과도 관련되어 있다는 것을 미시랑이라는 화랑의 설화로 살펴보고 있다. 점차 미륵은 신라 귀족에게 중요한 부처가 되고 이를 공양하기 위해 향을 사르는 향도가 곧 화랑이 되는 것이다. 이렇게 해서 신라 귀족사회에 미륵불교 신앙이 전개되어 간다고 저자는 주장한다. 다른 하나의 신라불교 흐름은 토착신앙과 결합되어 일반 백성들의 신앙형태로 미륵신앙이 변용 전개되는 것이다. 선덕여왕 대에 건축된 첨성대는 용과 미륵신앙이 결합한 상징으로서, 백성들에게는 미륵의 화신인 용이 내려오는 우물 모양의 거주처로 신앙의 대상이 되었을 것이라고 볼 수 있다. 동아시아 불교 문화사 연구자들에게 있어서 신라의 미륵신앙과 전통사상문화를 관련시켜 이해할 수 있게 하는 논문이다.

김성순金星順 선생의 「한국 염불결사에 나타나는 수행법의 변용」은 신앙결사의 하나의 염불결사 수행법의 한국적 변용에 관한 글이다. 저자는 신앙결사가 종교적 지향을 공유하는 이들이 정해진 규약에 따라 주기적인 집회를 하며 수행을 함께하는 조직체이며, 염불결사란 정토왕생의 목표를 성취하기 위해 함께 수행하는 신앙공동체라고 정의한다. 본고를 통해서 한국의 염불결사는 승려와 일반신도가 함께 하는 것이 일반적이었고, 염불의 숫자를 중요시 하는 수량염불數量念佛보다 기일염불期日念佛 · 고성염불高聲念佛이 중심이 되는 특징이 있었음을 알 수 있다. 본 논문은 대장경에 입장되지 않은 한국불교전서 DB 자료 가운데 염불결사의 수행법에 영향을 준 한국승려의 기록을 집중적으로 조명한 연구결과라는 점에서 의의가 있다.

제4장 「불교와 민간신앙」의 결합은 한중일 삼국의 민간신앙 속에 불교가 혼입되어 전개된 양상을 살펴보는 논문들을 묶었다.

하라 가스아키(原 克昭) 선생의 「이신異神의 계보-경계를 넘는 신들과 일본불교의 위상」은 팔백만 신이 모셔지는 일본 신화와 습합된 불교의 모습을 소개하는 글이다. 본고는 일본 중세(원정기院政期-가마쿠라 · 무

로마치 시기: 11~17세기 전반)에서의 '신神과 불佛(신도神道와 불교)'의 문제에 대해 고찰하였다. 하라 선생은 신화가 불교와의 관계성에서 사상적인 자기장을 낳고, '불교'의 언설을 통하여 재건축되어 온 것으로 보고 있다. 곧 불교의 본지수적설本地垂迹說의 언설을 통해 천신天神과 지신地神으로부터 특정 경계를 넘는 수많은 이형異型의 신들이 탄생하였다는 것이다. 이신異神은 기존의 본지수적 관계를 서로 연결시켜 신앙권의 재구축을 촉진시켰고, 나아가 '이형'을 정통화하는 의경 · 의궤를 창출하게 하고 새로운 신으로서 존재하게 하였다는 것이다. '이신'의 파생과 신앙의 획득은 '신불습합'을 재고하는 데 중요한 의의를 가지고 있음을 본고를 통해서 알 수 있다.

기쿠치 노리타카(菊地章太) 선생의 「민간신앙과 불교의 융합-동아시아 마조媽祖숭배의 확대를 중심으로」는 중국 송대에 발생하여 원 · 명대에 번성하기 시작한 마조숭배 신앙이 일본불교로 침투된 모습과 한반도 전파의 가능성을 살펴본 글이다. 마조신앙은 송대宋代에 남중국 한 지방의 민간신앙에서 시작되어 점차 국가 제사의 대상으로 격상되었다. 원대元代에 마조는 신선의 딸로서 도교의 신격과 융합하기 시작하고, 불교의 관음신앙과 융합하여 보타산 관음의 화신으로 받들어지면서 항해신으로 정착되어 간다. 명대明代에는 도교의 신 계보에 포함되어 『태상노군설천비구고영험경太上老君說天妃救苦靈驗經』에 봉호된다. 민간차원에서는 관음이 여신으로 숭배되기 때문에, 마조를 포함해서 도교의 여신들과 함께 모셔지고 있다. 한편 불교의 관음보살과 융합한 마조는 일본에 전해져서 어민의 신앙대상인 후나타마(항해의 신)의 어신체御神體가 되었고, 불교와 연결된 민간 풍습의 제신이 되어 신화에 등장하는 풍어의 여신과 동일시되게 되었다. 마조는 이렇게 다양한 전통과 접촉을 거듭해 변용을 반복하면서 오늘날까지 생존해 오고 있다. 끝으로 제주도의 영등축제와 마조신앙이 관련이 있지 않을까 하는 의문을 저자는 과제로 남겨두었다. 본고는 남중국의 미약한 민간신앙의 존재가 불교의 관음보살과 도교의 신격과 융합하면서 동아시아 각지로 유행하면서 퍼져나간 한 실례를 잘 보여주는 글로서 가치가 있다.

김지연金知姸 선생의 「무속신앙에 비춰진 불교의 시왕」은 한국의 민간신앙인 굿과 불교에서 파생한 사후세계를 관장하는 시왕十王을 관련시켜 살펴본 글이다. 시왕사상은 중국 당唐나라 장천藏川이 저술한 『불설염라왕수기사중역수생칠왕생정토경佛說閻羅王授記四衆逆修生七往生淨土經』(『시왕경』으로 약칭)의 성립을 시발점으로 하여 널리 유행하였다. 이 경전이 한반도로 전해졌고 국가적 차원과 토착 민간신앙의 형태로 신앙되었다. 시왕은 토속신앙 가운데 무속신앙의 굿에서 출현하였다. 그러나 불교와 무속신앙에 보이는 '시왕'은 차이가 있다. 불교에서는 『시왕경』을 토대로 부지런히 선한 공덕을 쌓으면서 좋은 생을 살아서 죽어서 시왕의 판결을 잘받는 것이 중요함을 강조한다. 반면에 무속신앙에서는 『시왕경』에 대한 언급은 없이 '시왕'의 이미지만을 차용하여 죽은 자의 넋이 극락에 이르기 위해 거쳐야 하는 명부를 지키는 자로서의 역할만이 부각된다. 그래서 '시왕'은 죽은 자와 관련된 의식(굿)에 주로 나타나게 된다. 한국 무속신앙에 수용된 시왕의 변천을 알 수 있다.

웨이샨(惟善) 선생의 「감남贛南 나조교羅祖教의 신기도상神祇圖像을 통해 본 중국화된 불교의 서민사회에서의 전개과정」은 명대明代 중엽에 탄생한 중국의 민간종교인 나조교에 스며든 불교의 영향과 변용을 살펴본 글이다. 나조교에는 불교적 요소가 많이 습합되어 있어서, 그들의 경책에는 붓다의 「설법도」가 그려져 있고 스스로를 불교도라고도 불렀다고 한다. 그들이 신봉하는 수많은 신기神祇 중에서 불교 신기가 그 숫자가 가장 많으며 지위도 높고, 부처는 뭇 신들 중에서 가장 높은 신기이며 가장 높고 가장 중심이 되는 위치에 제단이 설치되어 있다. 이러한 나교 신기 중의 불교 신기의 형상은 통속문학 · 민간에서 즐기는 희곡 · 목판연화와 깊은 관계를 맺고 있다. 명대 희곡의 영향으로 관음, 문수, 보현은 세 자매처럼 민간에 전해지게 되었고, 이들의 모습은 당시의 부유한 귀족의 모습을 띠기도 한다. 본고의 연구를 통해서 불교에 대한 민간과 정통불교의 이해가 완전히 같지는 않다는 점을 잘 알 수 있었다. 또한 이는 민간에서의 불교의 중국화 전개 과정의 중요한 특징으로 볼 수 있을 것이다.

본서의 논문들을 통해서 인도로부터 동아시아로 전파된 불교가 사상적으로 전통사상이나 제도의 영향을 받아서 수용되는 측면을 이해할 수 있다. 이들 논문들은 어떤 특정한 학설을 주장하기보다는 문화사상적으로 변용된 사례들 연구가 중심이 되었다. 또한 중국 · 한국 · 일본 각 지역의 토착 민간신앙과 결합한 불교의 변용은 시대와 장소가 확장될수록 다양해지는 모습을 확인할 수 있었다. 이를 통해서 불교가 전파된 각 지역의 전통문화사상과 교류하면서 본래의 철학적 사상으로부터 신앙적 측면으로 부단히 변화했고 변화하고 있는 중이며 앞으로도 변화할 것임을 알 수 있었다.

끝맺으며

3국 국제불교학술대회가 어느덧 절반을 넘겼다. 처음 10년의 약속 기간에서 5번째의 행사를 마치고 그 성과물을 출간하는 시점이라 적지않은 감회가 있다. 그래서인지 5회 대회를 마치고 한중일 3국 간사들의 소감에서도 그러한 분위기를 느낄 수 있었다. 제1회 대회에서 박사연수생으로 참여했던 스징펑(史經鵬) 선생은 이제 학계에서 활발하게 활동하고 있는 학자가 되었고 학술대회 기간 내내 회의장에서 자리를 빛내주고 있었다. 이 학술회의를 기획할 때 학문후속세대를 양성하는 것을 염두에 두었던 점에 가장 부합하는 사례여서 새삼 의미를 느낄 수 있었다. 3국 간사인 장원량, 이부키 아츠시(伊吹敦), 필자와 간노 히로시(菅野博史) 선생은 5회 대회를 진행하는 동안 거의 대부분을 참석하여 이제는 오래된 벗의 집을 매년 돌아가면서 방문하는 것 같다는 소회를 나누기도 하였다. 이처럼 3국 대학 3개 연구소의 여러 선생님들의 성실하고 지속적인 노력에 의해 이 3국대회가 앞으로 남은 5년도 무사히 결실을 맺기를 기대한다. 나아가 이후에도 다른 모습으로 오랫동안 우의를 다지면서 진행되는 공동학술연구의 초석이 되기를 바란다.

학술대회를 진행하는 동안 준비를 하고 일본과 한국의 여러 학자들을 성대하게 접대해주신 중국 인민대학 장펑레이(張風雷), 장원량 선생께 진심으로 감사를 드린다. 이번 대회에서 중국의 떠오르는 많은 신진학자들을 만날 수 있도록 배려해 주신 점에도 감사를 드린다. 한국에도 매년 방문하며 논산 관촉사 미륵불을 좋아하여 책을 출판한 적이 있는 기쿠치 노리타카 선생님도 인상깊었다. 한국측을 대표하여 발표를 한 최종석, 김성순, 김지연 선생께도 감사를 드린다. 최종석 선생님은 폐회사 소감에서 『논어』의 '벗이 있어 찾아오니 기쁘지 않은가?'를 중국어로 읊어주셔서 중국측 선생님들의 갈채를 받았다. 행사하는 동안 함께 참석하여 주신 김성철 소장님께도 감사를 드린다. 우리 학술대회의 가장 힘든 일인 통역을 담당해주신 박광철, 사또 아츠시(佐藤厚), 리허민(李賀敏) 선생에게도 깊이 감사를 드린다.

본서는 불교문화연구소 HK사업 아젠다 대주제에서, 동아시아 불교의 수용과 변용에 가장 부합하는 대표적 출판물이라고 할 수 있다. 다소 산만한 듯 보이지만 전체 주제와 관련하여 기획된 내용으로 보면 다양함을 느낄 수 있을 것이라고 생각한다. 올해는 '동아시아 불교에서 선불교 사상과 의의'라는 주제로 제6회 일·한·중 국제불교학술대회가 개최될 예정이다. 앞으로도 계속 국내외 학자들이 본 연구소 3국 국제불교학술대회에 관심과 애정을 가지고 지켜봐 주시기를 당부한다.

2017년 2월 15일

한국어판 편집자를 대표하여 최은영

제 1 장

중국화된 불교 해석학의 전개

인도불교의 중국화에 있어서 체용體用 해석학의 발생: 개관

찰스 뮐러(A. Charles Muller)

인도불교의 중국화에 있어서 체용體用 해석학의 발생: 개관

찰스 뮐러(A. Charles Muller)

1. 들어가면서

초기 중국 불교 문헌에서의 체용體用(중음: *ti-yong*, 일음: *tai-yū*, 불교학 이외의 분야에서는 *tai-yō*) 패러다임의 위상을 검토하는 이 글은 동아시아 불교 해석학解釋學(hermeneutics)의 최초의 그리고 가장 광범위한 형태에 관한 논의의 재개再開(re-opening)를 시도할 것이다. 체용 개념은 동아시아 불교 주석가들에 의해 수세기 동안 가장 광범위하게 사용된 해석학적 틀이기 때문이다. 여기서 '재개'라는 단어를 사용한 것은 해당 주제가 수십 년 전 초기 중국불교에 관한 철학적 관심이 최고조에 이르렀을 때 다소간 관심을 끌었지만 충분히 탐구되지도 못한 채 관심에서 멀어져 버렸기 때문이다.

개인적으로 체용이란 주제를 접한 것은 대학원 지도교수였던 박성배 교수 덕택이었다. 박성배 교수는 한국의 조계종의 선승이었는데, 그는 그의 스승, 20세기 최고의 한국 선사로 여겨지는 성철性徹(1912~1993) 스님으로부터 이 분석적 도구, 즉 체용 개념을 배웠다. 박성배 선생은 수업에서 체용 개념을 유교, 불교, 도교의 철학적 · 종교적 논의를 해석하는 가장 적합한 방법으로 소개했다. 그런데 선생은 또한 체용을 세속적 문제들을 다루어야 할 필요성과 병렬적인 것으로서의 각자의 개인적 영적 삶을 검토하고 평가하는 방식으로도 가르쳤다. 그것은 '내적인 경험'과 '외적인 현실들' 사이에서 구축한 인위적 장벽들을 없애는 것으로서 공리적이고 외적인 행동, 세속적이고 정신적인 것[의 구분] 등으로부터 진정한 이타적利他的인 태도를 구분하는 방법이었다.

역사적으로 말해서 체용은 독특한, 중국의 전형적 개념으로 동아시아 종교의 주요 전통인 삼교, 즉 유 · 불 · 도 모두에 대해 기초적이고 철학적인 조직 틀로 기능했다. 또한 그것은 인도와 티베트 불교로부터 동아시아 불교를 구분하는 기초적인 전형(paradigm)이기도 하다. 이러한 이유로 인도, 동남아, 혹은 티베트 불교를 전공한 학자들은 종종 이 개념을 이해하지 못했으며, 동아시아 사상 연구자들은 중국의 철학적 문헌에서 편재했기에 흔히들 당연시해버렸다.

일반적으로 말하자면 체와 용은 더 깊고도 근본적이며 중요한, 혹은 눈에 띄지 않는 사물의 측면들과 [그에 대비되는] 존재, 조직, 현상, 사건 등을 가리킨다. 주요한 동아시아 사상 체계들에 있어서 그 적용은 처했던 환경에 따라 다양했다. 『도덕경道德經』과 『장자莊子』에서 체와 용의 관계는 [사물 안에] 내재된 원칙들, 즉 [사물의] 원래적 형태들과 자연적 혹은 인위적 사물들, 외면적으로 드러난 현상적 측면들과 그에 대립된 것으로서의 사물의 '원칙들' 사이에서 보인다. 예를 들자면, 『도덕경』에서는 아직 깎지 않은 통나무(樸)와 [깎아 만든] 그릇(器), 『장자』에서는 옹이진 나무의 유용有用과 무용無用의 관계에서 보인다. 불교 주석의 전통에서 체용은 교리의 내적 의미를 그 언어적 표현에 연결시키며, 색色과 공空, 지혜(*prajñā*)와 방편方便 등의 이원론二元論(dualism)을 해소하는 방법으로 사용되었다. 그러나 체용의 가장 중요한 응용은 불교와 신유학新儒學에서 보이는데 그것은 체를 인간의 마음, 특히나 마음의 더 깊고 숨어있는 차원 – 활동을 개시하기 이전의 순수하고 타고난 마음을 가리키는 것으로 응용한 것이다. 이 맥락에서 체는 성인의 마음, 도심道心, 즉 불심佛心을 가리키고 용은 인간의 행위를 가리킨다. 그 행위는 깨닫지 못한 보통 사람의 행위일 수도 있고 보살菩薩(bodhisattva) 혹은 부처의 행위일 수도 있다. 유교에서 이 행위, 즉 작용은 소인小人 혹은 군자君子의 것일 수 있다. 3세기경까지 그 원형이 체용이란 합성어는 나타난 것은 아니었으나 유사한 철학적 패러다임은 『예기禮記』, 『역경易經』, 『도덕경』, 『논어論語』 등을 포함해 기원전 5세기경까지 거슬러 올라가는 문헌들에서도 발견된다. 본本과 말末, 동動과 정靜 등의 형태로 나타났다. 『예기』에서 종종 인용되는 문장은 다음과 같다.

> 사람이 태어나서 고요한 것이 타고난 본성(天之性)이다. 사물에 감응하여 움직이는 것이 본성의 욕구(性之欲)이다. 사물이 이르면 알게 되고 그런 후 좋아함과 싫어함(好惡)이 형성된다. 좋아함과 싫어함이 안에서 절도가 없으며 앎이 외부에 미혹되면, 스스로를 되돌아볼 수 없게 되며 천리天理가 사

라진다.[1] (『예기』, 「악기樂記」 7)

인용문은 중국적 사유의 기원에서 매우 중요한 구절이다. 정적인 것과 동적인 것에 대한 동아시아적 직관은 사실상 '무無'와 '유有', '진여眞如'와 '유위有爲'에 관한 직관과 마찬가지다. 덧붙이자면 여기서 인간은 근본적으로 고요한 본성(體)을 가지고 있는 것으로 이해되는데 그 작용(用)에서는 미혹될 수 있다. 건전하게 혹은 불건전할 방향으로 진화할 수 있는 '근원적 선善(fundamental goodness)'이라는 모델은 후에 유교, 도교, 그리고 동아시아 불교에서 반복적으로 표명될 것이다.

유교에서 이 내재적 패러다임은 '예禮', '효孝', '의義' 등의 '용'과 함께 '체'로서의 '인仁'의 표명에서 발견된다. 도교에서 그것은 도와 덕, 통나무와 그릇, 흑과 백 등의 짝들에서 발견된다. 불교에서 체용 패러다임은 인도 불교의 교리를 재해석하는 데 있어서 중추적 역할을 하게 된다. 지혜[般若]와 방편, 공空과 색色, 리理와 교敎, 리理와 사事, 불성佛性과 중생衆生과 같은 이항 대립적으로 보이는 개념들을 취

1) 人生而靜, 天之性也. 感於物而動, 性之欲也. 物至知知, 然後好惡形焉. 好惡無節於內, 知誘於外, 不能反躬, 天理滅矣.
저자가 인용한 원문은 한문 원문을 바탕으로 번역하였다. 저자의 영역을 그대로 번역하면 중역重譯으로 인해 한문 원문이 가진 본래의 의미가 상실되거나 오해되는 경우가 불가피하게 발생하기 때문이다. 따라서 저자의 영역은 번역시 참고만 하였다. 독자의 편의를 위해 저자의 한문 영역은 각주에 실었다. 이 원칙은 번역 전체에 걸쳐 유지되었다. 역자 주
A man is born quiescent, as it is his inborn nature. His mind moves when affected by external things, which is the nature of desire. As he encounters things, he knows more and more, subsequently giving rise to the forms that are liked and disliked. When liking and disliking these are not regulated within, and his awareness is enticed to external things, he cannot reflect upon himself, and his inborn principle disappears.

한 뒤 그것들을 한 사물의 두 측면으로 결합했던 것이다.

독특한 중국적 형태의 불교가 발전하면서 중국불교는 체용 개념에 의해서 깊숙이 구조화된다. 지의智顗(538~597)와 그의 제자들에 의해 체용은 광범위하게 주석註釋의 도구로 사용된다. 『대승기신론大乘起信論』(각성覺性과 고뇌(무명無明)의 비유로서의 물과 물결(파도)의 비유), 『육조단경六祖壇經』(정定과 혜慧의 은유로서의 등과 등불), 『원각경圓覺經』(첫 번째 장은 '돈頓)'의 장으로 체를 나타내며 뒤따르는 '점漸'의 장들은 용을 나타낸다.[2] 그리고 박성배가 그의 저서, 『불교적 신앙과 돈오(Buddhist Faith and Sudden Enlightenment)』[3]에서 상당히 길게 논의했듯이, 체용은 동아시아 불교 전체가 깨달음의 돈과 점의 측면에 대해 설명하는 기초이다. 또한 그것은 화엄華嚴의 종사들에 의해 '사법계四法界'-의식(awareness)의 네 가지 단계[4]라는 종교적 구원론(soteriology)의 체계를 구조화하기 위해 사용되었다. 그들은 체와 용이란 용어를 사용하면서도 심지어는 유사하지만 더욱 집중적 용어인 '리理'와 '사事'를 사용했다. 송宋대 신유학의 부상과 더불어 리-사의 틀은 이정二程 형제[5]와 주희朱熹(1130~1200)에 의해 받아들여져 리理-기氣 해석학으로 개작되었다. 그것은 유교 경전 전반에 나타난 인간의 본성(性)과 감정(情)을 설명하

2) 저자가 말하는 '돈'은 '돈오頓悟' 혹은 '돈신해頓信解'를, '점'은 '점수漸修' 혹은 '점수증漸修證'을 나타낸다. 『원각경』의 '첫 번째 장'이라고 하는 것은 '정종분正宗分'의 첫 번째 장인 '문수장文殊章'을 말하며, '뒤따르는 장들'은 문수장 이하의 '보현장普賢章'부터 '원각장圓覺章'까지의 장들(총10장)을 가리킨다. 역자 주

3) 한국에서 다소 다른 제목으로 번역되어 출판되었다. 윤철원 역, 『깨침과 깨달음』, 예문서원, 2002.-역자 주

4) 종교적 의식의 네 단계는 다음과 같다. (1) 현상(事)을 의식함, (2) 원리(理)를 의식함, (3) 원리와 현상 사이에 가로막힘이 없음을 의식함(理事無礙), (4) 각 현상들 간에 가로막힘이 없음을 의식함(事事無礙).

5) 정호程顥(1032~1085)와 정이程頤(1033~1107).

기 위해 사용되었는데, 『중용中庸』의 인간의 본성과 감정 사이의 구분에 근거한 것이었다. 인간의 원래적인 본성과 감정의 관계에 대한 가장 앞선 논의가 사단칠정론四端七情論의 형태로 일어난 것은 바로 조선朝鮮 시대였다.[6] 그리고 아마도 동아시아 전통에서 체용이란 용어에 관해 가장 자세하게 검토했던 이는 사단칠정론을 시작한 퇴계退溪였다.

서구에서는 체용을 신유학의 전유물로 보고 주희의 해석에 집중하여 특별히 다룬 예닐곱 개의 학술논문이 있다.[7] 체용이 가장 광범위하게 응용된 것은 주희의 저작들에서였으므로 이는 그다지 놀랄만한 것은 아니다. 북미 지역의 불교학에서 왈렌 라이(Whalen Lai)와 박성배가 각자의 『대승기신론』에 관한 학위논문에서 체용에 상당한 관심을 경주하였다.[8] 박성배는 또한 그의 『불교적 신앙과 돈오』에 포함

6) 마이클 칼톤(Michael Kalton)의 『사단칠정론: 번역과 주석(*The Four-Seven Debate: An Annotated Translation*)』(SUNY Press, 1994)과 그리고 에드워드 정(Edward Chung)의 『이퇴계와 이율곡의 한국 성리학: 사단칠정론과 수양에 관한 실천적 함의 재평가(*The Korean Neo-Confucianism of Yi T'oegye and Yi Yulgok: A Reappraisal of the "Four-Seven Thesis" and Its Practical Implications for Self-Cultivation*)』(SUNY, 1995)에 설명된 것을 따랐다.

7) 예를 들어 게달레시아 데이비드(Gedalecia, David), 「실체와 작용: 주희에 있어서 체-용 패러다임의 발전(Excursion in Substance and Function: The Development of the T'i-Yung Paradigm in Chu Hsi)」, 『*Philosophy East and West*』 24(4), 1974: 443~451.; 청 중잉(Cheng, Chung-Ying). 「중국철학에 있어서 체의 형이상학적 의미: 본체와 체용(On The Metaphysical Significance Of Ti (Body - Embodiment) In Chinese Philosophy: Benti (Origin-Substance) And Ti-Yong (Substance And Function))」, 『*Journal of Chinese Philosophy*』 29(2), 2002: 145~161.; 콩 로버타 라이언(Kong, Roberta Lion), 「형이상학과 동서철학: 중국 체용 패러다임의 응용(Metaphysics and East-West Philosophy: Applying the Chinese T'i-yung Paradigm)」, 『*Philosophy East and West*』 29(1): 49~58.; 쿠아 안토니오(Cua, Antonio S.). 「체-용 구분의 윤리적 의미(On The Ethical Significance Of The Ti-Yong Distinction)」, 『*Journal of Chinese Philosophy*』29(2), 2002: 163~170 등의 논문을 보시오.

8) 왈렌 라이(Whalen Lai), 『대승기신론: 중국 대승불교 모티프 전개 연구(*The Awakening of Faith in Mahayana (Ta-Ch'eng Ch'i-Hsin Lun): A Study of the Unfolding of Sinitic Mahayana Motifs*)』 Ph.D. dissertation(Harvard University, 1975); 박성배(Sung-bae Park), 『원

된 논의들을 발전시키면서 체용 패러다임에 의존했는데, 그는 결국 해당 주제에 대한 (유일한) 전적인 영문 저서인 『한 한국인의 불교 이해: 몸/몸짓 패러다임(*One Korean s Approach to Buddhism: The Mom/Mom-jit Paradigm*)』[9]을 저술하였다. 이 저서는 체용 패러다임의 의미와 응용, 특히나 외적 세계라는 '실재(reality)'와 스스로의 내적이고 영적인 느낌의 화해를 용이하게 해주는 도구로서의 체용의 잠재성에 대한 풍부한 논의를 제공해주지만, 체용 패러다임의 역사적이고 문헌학적 근거들에 대한 자세한 탐구를 제공해주지 않는다. 그래서 체용은 중국에서 최초의 출현에서부터 『대승기신론』, 화엄, 천태天台, 선禪 문헌에 대한 당唐 대 주석에서 만개滿開된 발전, 한국에서 가장 중요했던 일부 철학-종교적 논쟁의 형성에 있어서 형식적 역할 등 확실히 더 많은 것이 논의될 수 있는 주제이다. 이 주제에 관해 현재까지 내가 수행한 조사를 통해 한 가지 사실이 명확해졌다. 오로지 주희, 즉 오로지 유학이나 신유학의 맥락에서만 체용 패러다임의 발전을 완전히 이해하는 것은 불가능하다는 것이다. 또한 불교적 혹은 도교적 표출 형태를 살피는 것만으로도 적절히 이해할 수 없다. 체용 패러다임이 [철학-종교적] 전통들에 의해 채택, 적용, 사용되는 역사의 시기들을 겪게됨에 따라 그 의미에 있어 새로운 차원을 가지게 되었다. 예를 들자면, 이정 형제, 주희, 퇴계와 같은 신유학자들은 본래의 순수한 마음과 그것이 발하여 더러워진 상태를 가리키기 위해서 체용 패러다

효의 대승기신론 주석(*Wŏnhyo's commentaries on the Awakening of Faith in Mahāyāna*)』 Ph.D. dissertation(UC Berkeley, 1979)

9) 한국에서 거의 동일한 제목의 책이 출판되었다. 『몸과 몸짓의 논리』, 민음사, 2007.-역자 주

임을 (주로 리와 기를 통해) 응용했지만 그것은 왕필王弼(226~249)에 의해 처음으로 사용된 방식과는 같지 않았다.

오로지 『대승기신론』과 『금강삼매경金剛三昧經(*Vajrasamādhi-sūtra*)』, 동아시아 불성론佛性論의 전통, 그리고 화엄華嚴의 리理-사事의 형이상학 출현과 더불어 체용은 순수한 마음과 다양한 발현태라는 의미를 띠게 되었다. 다른 독창적인 신유학 개념들처럼 중국화된 불교에서 일어난 발전없이 리理-기氣 혹은 체용의 신유학적 이해를 상상하기란 불가능하다. 그런데 역으로 성철 스님 같은 현대의 선사의 교수 방법에서 보이듯 체용 패러다임의 적용은 주희와 퇴계와 같은 신유학 사상가들에서 보이는 체용 개념의 행위적 적용에 의존하는 듯하다.

최초로 체용 개념을 철학적 주석에 응용한 사람은 전통적으로 『노자주老子注』란 제목의 책에서 『도덕경道德經』을 주석한 유학자 왕필로 여겨진다.[10] 비록 왕필의 주석에서의 사용이 명백하다고 할지라도 유학 연구에서 광범위한 해석학적 원리로서 체용을 사용한 것은 송대에 들어서야 이루어졌다. 이정 형제의 저서에 처음으로 그리고 주희의 거의 모든 글에서 나타나는데, 그는 여러 방식으로 체용 개념을 다듬고 설명하고 응용했다. 여기에는 개인적 행위의 분석을 위한 도구로 사용하는 것을 포함한다. 이는 역으로 불교로 전해졌는데 적어

---

10) 특히 『노자주老子注』 38장 주석을 보라. 리차드 린(Richard Lynn)의 영역본 『도와 덕의 경전: 왕필 해석에 근거한 노자 『도덕경』의 새 번역(*The Classic of the Way and Virtue: A New Translation of the Tao-Te Ching of Laozi as Interpreted by Wang Bi*)』(New York: Columbia University Press, 1999) 참고. 후나야마가 주장했듯이 왕필이 이러한 분석을 처음으로 사용했다는 증거가 완전히 결론적인 것은 아니다. 후나야마 도오루(船山徹), 「체용 소고體用小考」; 우사미 분리(宇佐美文理) 편, 『육조수당 정신사의 연구(六朝隨唐精神史の研究)』, 科學硏究費補助金硏究成果報告書, 2005, pp.125~135을 참고하시오.

도 한국에서는 선禪 지도의 형태들에 영향을 끼쳤다. 체용의 가장 광범위한 사용은 한국에서 발견되는데 불교계의 돈점頓漸 논쟁,[11] 고려시기의 유불儒佛 논쟁,[12] 삼교회통三教會通,[13] 그리고 마지막으로 퇴계, 율곡 및 그 제자들의 마음의 본성에 관한 위대한 논쟁인 사단칠정론[14] 같은 가장 유명한 논쟁들 모두가 확실히 체용의 모형 안에서 수행되었다.

문맥에 따라서 체용은 일반적으로 중요성의 측면에서 우선적인 것을 가려내기 위해 사용되는 한편 그 적용은 존재론적, 형이상학적, 윤리적, 개인적 것들에 관한 것인데 어떤 것이든 언제나 해석학적인 것이다. 또한 유교, 도교, 불교의 다양한 체용 개념 적용에는 [서로를] 구별시키는 작은 경향성들이 있다. 패러다임을 정식으로 다루는 것은 단순히 체용이란 용어 자체를 설명하는 것뿐 아니라 세 전통 안의 광범위한 유사 개념들까지 포함한다. 예를 들어 본本-말末, 본本-적迹, 성性-상相, 리理-사事, 박樸-기器, 후厚-박薄을 비롯해 더 많은 것들이 있다. 불교에서는 해석학적 분석을 위한 도구로서 이 패러다임의 사용은 여래장如來藏(*Tathāgatagarbha*)/불성佛性 개념에 근거한 저작과 그 파생 학파인 천태, 화엄, 선불교에서 상당히 많이 발견된다. 그들의 교리는 같은 계열 안에서 발전되었으므로 이는 이해할 만하다. 그런데 체용의 틀이 중관中觀(*Madhyamaka*)과 유식唯識(*Yogācāra*) 저작들의 번

---

11) 박성배의 『불교적 신앙과 돈오』(SUNY Press, 1983)를 참고하시오.(역자 주: 한국어판, 『깨침과 깨달음』)

12) 졸고, 『한국의 위대한 불교-유교 논쟁: 삼봉 정도전과 함허득통 기화의 논변들(*Korea's Great Buddhist-Confucian Debate: The Treatises of Chŏng Tojŏn (Sambong) and Hamhŏ Tŭkt'ong (Kihwa)*)』(University of Hawai'i Press, 2015)에서 고찰하였다.

13) 가장 좋은 예는 휴정休靜(1520~1604)의 『삼가귀감三家龜鑑』일 것이다.

14) 마이클 칼톤의 앞의 책, 에드워드 정의 앞의 책에서 설명되었다.

역과 주석에서도 적용되었음을 알 수 있다.

2. 체용의 정의

용어의 기본적 의미에 대해 시마다 겐지는 "체는 근본적, 일차적인 것인 반면, 용은 파생적, 종속적, 이차적인 것으로 체와 용은 서로 보완적인 관계를 가지고 있다."[15]라고 하였다. 박성배는 불교적 함의를 좀 더 취하여 『불교적 신앙과 돈오』에서 가장 중요하고 넓은 의미를 제공하였다.

> 체-용 이항식二項式의 목적은 두 항이 분리된 듯하지만 실재상 구분되지 않는 것이라는 불가분리성을 보여주는 것이다. 가장 초기의 선 문헌 중 하나인 『육조단경』은 등과 등불의 비유로 체와 용의 관계를 설명했다. …… 그래서 중국불교 문헌에서 체용이란 해석적 도구의 목적은, 이원론적 사유에서 비롯된 주체/객체, 수단/목적, 원인/결과, 발생/소멸, 그리고 삶/죽음 등의 이항대립에 드러난 잘못된 차별들을 없애는 것이다.

용어의 더 많은 함축에 대해서는 왈렌 라이가 다음과 같이 설명하였다.

---

15) 시마다 겐지(島田虔次), 「체용의 역사에 부쳐(體用の歴史に寄せて)」, 『塚本博士頌壽記念佛教史學論集』, 1961, pp.416~432.

(1) 체-용은 존재론적인(ontological) 짝이다. 실체實體(substance)로서의 체는 변화하는 현상에 대해 영구적인 기초로서 존재한다(subsist). [……] (2) 체-용은 인과론적인(causative) 짝이 아니다. 실체로서의 체가 작용으로서의 용이 생기게 하는 것이 아니다. [……] (3) 체-용은 조화로운(harmonious) 짝이다. 『기신론起信論』에서 여여如如함(물)과 현상적 개별자들(물결)은 서로 융합되며 조화롭게 상호 침투한다고 하였다. [……] (4) 체-용은 인과론적인 짝은 아니면서 영원한(permanent) 짝이다. [……] (5) 체-용은 중국적인 의사疑似(pseudo) '탈이원론적인(non-dualistic)' 짝이다. 체-용은 불이不二(advaya)의 부정적 탈이원론적 변증법을 모방할 수 있는 역설적인(paradoxical) 짝이다. [……] (6) 체-용은 한漢 대 음양론陰陽論적 전통에 기반한 다른 연상聯想들(associations)을 가지고 있다. 체는 보통 수동적이고 용은 활동적이다. 체는 본本(근거, 기원)인 반면 용은 말末(끝, 끄트머리)이다. 그러나 체-용의 더 성숙한 사용은 앞의 짝들에서 보이는 '순서'적 색채를 붕괴시킨다. 즉, 체는 고요하고 움직이지 않지만 결국은 활동성이 전개된다고 주장하는 것이다.[16]

그러나 나는 "체가 변화하는 현상에 대해 영구적인 기초로서 존재"의 경우를 알지 못하므로 (1)을 논의하고자 한다.

안토니오 쿠아(Antonio Cua)는 그의 주희 읽기에 근거해 글을 쓰는데 매우 핵심적으로 중요한 체용의 패러다임의 윤리적인 차원들을 보여주었다.

체와 용은 또한 친근한 유학적 언어인 '내內-외外'를 통해 안, 혹은 내

16) 왈렌 라이, 『대승기신론: 중국 대승불교 모티프 전개 연구』, pp.125~126.

면적인 것과 바깥, 혹은 외향적인 것의 구분으로 설명될 수도 있다. 이러한 의미에서는 인은 윤리적 헌신의 내적 특질인 체를 나타낸다. 그것의 외면적 혹은 외향적인 표현인 용은 헌신적 개인이 [도덕적] 이상 실현을 추구하는 노력에 의존한다. 인의 도덕적 의미는 도덕적 전통을 나타내는 예와 의에 달려있다. 때문에 윤리적 삶의 속성인 체는 인을 추구하는 노력인 용에 의존한다.[17]

확장하면 체용 패러다임의 시각으로부터 수행된 영적인 훈련은 두 가지 강조점-체 위주爲主(*ti*-oriented)와 용 위주(*yong*-oriented)가 있을 수 있음을 추론할 수 있다. 체에 대한 성실하고 현명한 종교적 초점은 용의 변화를 일으킬 것이며 외적 행동의 교정 효과는 점차 내적 자아에 스며들 것이다. (이는 유식학의 훈습薰習(*vasana*)과 종자種子(*bīja*) 개념에 의해 훌륭하게 설명되는 현상이다.) 불교 수행의 맥락에 있어서 선에 대한 강조는 체 위주로 볼 수 있으며 도덕적 훈육은 용 위주로 볼 수도 있다. 선에 참여하는 것은 계율의 수행을 개선하고 그 역도 마찬가지일 것이다. 회양懷讓 선사가 마조馬祖 [외면적 좌선] 수행을 통해 깨달음을 얻으려는 것을 비웃는 것에서 보이듯 중국 선사들은 전적으로 체에 집중하는 특징이 있고 외적인 용에는 무관심했다.(『경덕전등록景德傳燈錄』, 「기왓장을 갈아 어찌 거울을 만들겠는가(磨塼豈得成鏡)」 T2076.51.240c22) 한국 선사 성철의 직전直傳 제자들의 전언傳言은 그의 가르침이 방편들로 가득 차 있었다고 하지만 출판된 그의 설법들은 강력한 체 위주의

17) 안토니오 쿠아(Antonio S. Cua), 「체-용 구분의 윤리적 의미(On The Ethical Significance Of The Ti-Yong Distinction)」, 『*Journal of Chinese Philosophy*』 29(2), (2002): pp.163~170.

경향을 나타낸다. 한편 공자는 그의 학생들에 직접적으로 인仁, 즉 체를 수행할 것을 결코 말한 적 없지만 의, 예, 효 등의 용-행위에 집중함으로써 인-체를 어떻게 발전시키려는지 보여주려 노력했다.

3. 영어 번역의 문제점들

지금까지 나는 영어로는 '에센스(essence, 실체/본질)와 펑션(function, 작용/효용)'으로 체와 용을 표현했는데 이 번역 및 다른 영역의 문제시되는 측면들을 언급하지는 않았다. 용을 번역하는 데에 '펑션'이란 단어를 사용하는 것이 문제가 되지는 않는다. 그러나 특히나 포스트모더니즘의 담론을 따른다면 체의 번역어로 '에센스'란 단어를 사용하는 것은 문제가 된다. 이 문제시되는 단어는 일반적으로 서구의 종교적 철학적 담론이 정신/물질(spirit/matter), 주체/객체(subject/object), 플라톤적 '이데아론(ideas)'[18] 혹은 아리스토텔레스의 본질/실체(essence) 개념 논의에서 등장하는 그리스의 일반적인 '기체基體(hypokeimenon)' 개념[19] 등에 기초한 이항대립(dichotomy)에서 보이는 것처럼 훨씬 더

18) '형상(Forms)' 이론으로도 불리는데 사물의 근본 원인 혹은 본질을 뜻한다. 이데아 혹은 형상은 그리스어 *idéa, morphē, eîdos, parádeigma, génos, phýsis, ousía* 등을 모두 포함한다.-역자 주

19) "헤겔 같은 뛰어난 후대의 서구 철학자들에 의해 받아들여졌다. 이는 지울 수 없고 보통 [사물의] 근저에 존재하며 자기 충족적으로 존재하고 자기 규정적인 실체(entity)로 확실히 시각적 표상과는 거리가 먼 것이다." 원래는 본문 중에 있는 문장이지만 성격상 주석에 해당되고 무리하게 본문에 넣을 경우 문장이 매끄럽지 않게 되기 때문에 각주로 옮겼다. 주지하듯 아리스토텔레스의 논의에서 최고 개념은 '우시아(Ousia)'로 제1실체實體(primary substance)를 뜻하며 '기체(*to hypokeimenon*; substance, subsistent)'는 '본질(*to ti ên einai*; essence)', '형상(*eidos*, form)' 등과 함께 아리스토텔레스가 제1실체를 논의하는 과정에서 검토한 개념으로 '근

이원론적(dualistic)이라는 사실로부터 비롯된다. 많은 이전의 학자들이 체를 '섭스턴스(substance)'로 풀이하였는데 이 역시 문제가 있다. '밑에 있음(standing below)'이라는 '섭스턴스'의 어원語源은 체용을 거의 절대로 암시할 수 없는, 훨씬 더 직접적인 존재론적 이원론(ontological duality)을 의미하는 것 같아 나는 개인적으로 '섭스턴스'보다는 '에센스'를 다소 선호한다. 박성배가 '에센스-펑션' 그리고 '체-용'이란 용어 모두를 버리고 대신 '몸'과 '몸짓'이란 한국어의 구어체적 단어를 택한 것은 부분적으로나마 번역의 문제에서 탈피코자 했기 때문이다. 그는 또한 체용이란 용어가 철학적 추상성을 너무나 많이 가지고 있다고 느꼈기에 그것을 개인적으로 소화하기 위해 구어체를 사용했다. 어떤 경우든 체는 결코 자기 충족적으로 존재하거나 자기 규정적인 특질을 가진 것으로 이해되지 않는다. 그것은 '아트만(*ātman*, 아我)' 혹은 '브라만(*brahman*, 범梵)'이 아니며 '자성自性/자상自相(*svabhāva*)'[20]을 가리키지도 않는다. 사실 인도 불교에는 체-용에 진정으로 해당되는 용어가 없다. 체는 용에 대해 상호 규정적으로 용을 참고하는 가운데에서만 존재한다. 혹자는 체와 용이 상호침투하는(interpenetrated) 형태로 존재한다고 말한다. 이 때문에 체와 용을 '이항대립'이라고 지칭하는 논문은 [체와 용에 대한 올바른 시점을 가진 입장과] 대조적으로 사용하기 위한 것이 아닌 한 대개 읽을 가치가 없다고 생각해도 된다.

지금까지 나는 체를 '에센스'라고 지속적으로 번역해왔지만 그것

저根底에(*hypo*; sub) 놓여 있는 것(*keimenon*; lying)'을 뜻한다.-역자 주

20) 성性, 체성體性, 체상體相 등의 번역어도 사용된다. 체성이나 체상은 이미 체용관을 적용해둔 번역어이므로 자성으로 번역하였다. 성도 성리학에서도 사용하는 핵심 개념으로 이미 체용관이 깊숙이 개입된 용어이므로 피하였다.-역자 주

은 서양철학에서 기술적으로 의미하는 것이라기보다는 상식적 용법에서 사용하는 에센스라고 언제나 밝혀왔다. 그렇게 우리는 [에센스에 대해] '가장 중요하고 결정적인 요소'라는 상식적인 정의를 가지고 작업할 수 있다.[21] 또한 체가 (도가道家에서 '후厚'나 '농濃'과 같은 용어로 표현된 것에서 자주 보이듯) 밀도 혹은 두께라는 함의를 강하게 가지고 있다는 점에서 '[에센스가] 물질의 근본적인 속성들을 집중적으로 가진 추출물'이라는 개념은 [체에 대한] 좋은 비유를 제공해준다.[22] 박성배는 그의 책, 『한 한국인의 불교 이해: 몸/몸짓 패러다임』에서 "체용은 꽤나 추상적이고 철학적인 색채를 지니고 있어서 [……] 일상생활의 진짜배기 구체성으로부터 동떨어져 있다. 나의 일차적 관심은 [세계의] 비非-이원성二元性(non-duality)에 관한 인간의 개인적 이해와 경험이다. 우리는 어떻게 이 비-이원적 경지에 접근할 수 있는가? 그것은 오로지 실천을 통해서만이 가능하다."

4. 초기 중국불교에서의 출현

승조僧肇(384~414)는 비록 체용이란 용어를 명시적으로 사용하지는 않았지만, 함의에 있어서는 앞에서 『예기禮記』로부터 인용한 것에 근접한, 체용을 예견하는 동動과 정靜의 상호포섭 구조를 보았다:

---

21) 『미국의 유산 사전(*The American Heritage Dictionary*)』, Second College Edition, Houghton Mifflin Company, 1982.
22) 위의 책.

『방광반야경放光般若經(*Pañcaviṃśati-sāhasrikā-prajñāpāramitā-sūtra*)』에서 이르길, "존재(法)는 오지도 가지도 않으며 움직이지도 않는다."고 했다. 움직이지 않는 행위(= 움직임)를 찾음에 어찌 움직임(動)을 버리고 고요함(靜)을 구하겠는가? 반드시 고요함은 모든 움직임에서 찾아야 한다. 반드시 고요함을 모든 움직임에서 찾으므로 비록 움직이지만 [존재는] 항상 고요한 것이다. 움직임을 버리지 않고 고요함을 구하므로 비록 고요하지만 [존재는] 움직임을 떠나지 않는다. 그렇다면 움직임과 고요함은 다른 적이 없었던 것이다.[23]

고요함과 움직임 간의 상호포섭과 개념적 선후 관계는 체용의 기본적 구성요소이다. 남북조南北朝 시대 동안 '적迹(형적, 현상)'과 '소이적所以迹(형적을 드러나도록 하는 원인)'[24] 등을 포함한 다른 유사한 구성물들이 비슷한 역할을 수행했다.[25] 유교와 도교로부터 불교를 구분짓고자 하면서 동시에 내재된 일치점을 주장하는 불교적 담론에서 리理와 교敎 개념은 인기가 있었다.[26]

---

23) 『조론肇論』(T45. p.151a10~13) "放光云, 法無去來, 無動轉者. 尋夫不動之作, 豈釋動以求靜. 必求靜於諸動. 必求靜於諸動, 故雖動而常靜. 不釋動以求靜, 故雖靜而不離動. 然則動靜未始異"

It is said in the *Pañcaviṃśati-sāhasrikā-prajñāpāramitā-sūtra*: "Dharmas do not come or go, and do not move." Is there motionless activity to be sought by discarding motion and instead pursuing stillness? No, it is within all movements that stillness is to be sought. Since stillness is to be sought within all movements, though moving, dharmas are always still. Since stillness is to be sought without discarding motion, though still, their motion never ceases. Indeed, motion and stillness are in no way distinct.

24) 곽상郭象(252?~312)의 『장자주莊子注』에 등장하는 개념으로 '적'은 형적 혹은 현상을 '소이적'은 형적이나 현상을 가능케 하는 원인이지만 보이지 않는 것, 즉 '진성眞性'으로 이해된다. 저자의 원래 표현 "that which has a trace"을 직역하면 '형적을 가지는 그것'으로 다소 애매하거나 오해의 소지가 있어 '형적을 드러나도록 하는 원인'으로 번역하였다. - 역자 주

25) 예를 들어 T34. p.21a10을 보라.

하나의 짝으로서 체용이 처음으로 등장했던 예들 중 하나는 『홍명집弘明集』에서 발견된다. 그것은 체와 용은 같거나 다른 것이 아니며 서로의 관계 안에서만 가능한 것이라는 결정적 요점을 강조한다.

…… (신臣 적績은 말하길, "이미 그 체가 있으면 곧 용이 있다. 용을 말하면 체가 아니고 체를 논하면 용이 아니다. 용은 흥하고 폐함이 있으나 체는 생하고 멸함이 없다.")

그 용이 다름을 보고 마음이 대상을 따라서 사라진다고 이를까 우려된다.(신 적은 말하길, "미혹된 자는 그 체용에 미혹되었으므로 의심을 중단할 수 없다. 왜인가? 무릇 체는 용과 분리되지도 동일하지도 않다. 체를 떠나서는 용이 없으므로 분리되지 않는다고 하며 용의 정의는 체가 아니므로 동일하지 않다고 말한다. 그 분리되지 않음을 알면서도 그 일치하지卽 않음에 미혹된다. 그 일치하지 않음에 미혹되는 것을 일컬어 마음이 대상을 따라서 사라진다고 한다.")[27]

---

26) 히라이 슌에이(平井俊榮), 「중국불교와 체용사상(中國佛教と體用思想)」, 『Risō 理想』 549(1979), pp.64~66.

27) 『홍명집弘明集』(T52. p.54c24). "……(臣績曰, "旣有其體便有其用. 語用非體, 論體非用. 用有興廢, 體無生滅.") 將恐見其用異, 便謂心隨境滅.(臣績曰, "惑者迷其體用故不斷猜. 何者. 夫體之與用不離不卽. 離體無用故云, 不離. 用義非體故云, 不卽. 見其不離而迷其不卽. 迷其不卽便謂心隨境滅也.")

I, Ji, say, "Wherever there is essence, there is function. But the word function refers to that which is not essence. The word essence refers to that which is not function. In function there is flourish and decline, but in essence there is no arising or extinction. I am afraid that if one sees function as being different, he will think that the mind is extinguished, following its objects."

I, Ji, say, "Deluded people are confused regarding essence and function. Therefore, they cannot remove afflictive emotions. Why? Essence and function are neither different nor the same. Since, apart from essence there is no function, they are not different. Since the meaning of function is different from the meaning of essence, they are not the same. Seeing their nondifference, one is confused about their non-sameness. Confused about their non-sameness, one is prone to say that the mind disappears along with its objects."

저자는 밑줄 친 부분을 '나', 즉 심적沈績이 한 말로 보고 번역하였으나 밑줄 친 문장은 본문이며 두 번째 문단은 이 문장에 대한 심적의 주석으로 보아야 한다.

5. 길장

해석학적 도구로서 체용을 가장 초기에 풍부하게 사용했던 사람들 중 하나는 길장吉藏이었다. 그는 그의 주석들에서 체용을 광범위하게 채용했다. 그는 자신의 『이제의二諦義』에서 진제眞諦(paramārtha-satya)와 속제俗諦(saṃvṛti-satya) 사이의 본질과 작용 관계를 분명히 표현하기 위해 체-용을 사용했다. 그의 시절 본本-말末과 리理-교敎와 같은 유사한 용어들이 여전히 체-용보다는 훨씬 자주 사용되었지만 다음에서 보듯이 같은 효과를 지녔다.

> 삼승이 이제를 모두 이해한다는 것[에 대해 말한다]. 예를 들면 열반경에서 오백의 성문聲聞[과 같은 이승의 무리는] 이제를 이해하지 못함을 밝혔다. 세제世諦도 이해하지 못하는데 하물며 심오한 제일의제第一義諦야 어떠하겠는가? 그래서 종래에는 [이제의] 의미가 완성되지 못했는데 지금에야 이 의의를 가지게 되었다. 왜인가? 이승[의 무리]는 생하고 멸하여 항상된 마음을 중단시키며 중도를 행하지 못하니 불성을 보지 못한다. 중도가 본本이니 이미 본을 알지 못한다면 어찌 말末을 알겠는가? 이미 리理를 보지 못했다면 어찌 교敎를 알겠는가?[28]

『홍명집』 9권, 「大梁皇帝立神明成佛義記」 참고.-역자 주

28) 『이제의二諦義』(T45. p.80b1~5) "三乘竝解二諦. 若是涅槃經, 明五百聲聞不知二諦. 尙不知世諦, 況甚深第一義諦. 故從來義不成也, 今時得有此義, 何者. 二乘生滅斷常心, 不行中道, 不見佛性. 中道是本, 旣不識本, 豈能知末. 旣不見理, 豈能識敎."
If it is the case that the adherents of the three vehicles equally understand the two truths, how is it that the *Nirvana Sutra* makes it clear that the five hundred *śrāvakas* did not understand the two truths. If they were unable to understand the conven-

여기서 교(가르침)란 리(진리)를 각 학파의 관점에 따라 가르치는 것을 가리킨다. 이어서 이제를 논의하는 맥락에서 길장은 리-교와 체-용의 유사 관계를 명확히 하였다.

> 다음으로 이제가 두 가지 견해를 떠난다는 것에 대해 말하겠다. 이들이 이제를 모두 잃게 된다는 것은 무엇인가? 유有에 집착하는 중생에게는 제일의第一義를 설하고 공空에 집착하는 중생에게는 세제世諦를 설한다. 이 유무有無가 중생이 집착하는 것이니 모두 [진리를] 잃는 것이다. 다음으로 두 가지 깨달음이 둘이 아님을 설하겠다. 이들이 모두 [진리를] 얻는다는 것은 무엇인가? 둘로 나뉨에 근거하여 둘이 아님을 깨닫는 것이니 둘로 나뉨은 이치의 가르침(理敎)이요, 둘이 아님은 가르침의 이치(敎理)며, 둘로 나뉨은 중도의 가설(中假)이요, 둘이 아님은 가설의 중도(假中)이며, 둘로 나뉨은 체의 용(體用)이며 둘이 아님이 용의 체(用體)이다.[29]

tional truth, how could they possibly understand the ultimate truth? Up to now this meaning has not been made clear, but now we are able to apprehend its meaning. How? The adherents of the two vehicles [see the world] in terms of arising and ceasing, nihilism and eternalism, and do not practice the middle way, do not see the Buddha Nature. The middle way is the root. If you don't cognize the root, how can you know the branches? If you can't see the principle, how can you know the teaching?

29) 『이제의二諦義』(T45. p.82c1~6) "次說二諦令離二見者. 此二諦竝是失, 何者. 爲著有衆生說第一義. 爲著空衆生說世諦. 此有無竝是衆生所著, 是故皆失也. 次說二悟不二. 此二諦竝得, 何者. 因二悟不二, 二卽是理教, 不二卽是教理. 二卽中假, 不二卽假中. 二卽體用, 不二卽用體."
Next I will explain the two truths as made different from the two views. In this case both of the truths are missed. How so? For sentient beings who are attached to existence we teach the ultimate truth. For sentient beings who are attached to emptiness we teach the conventional truth. Thus both of these sentient beings are attached to existence or nonexistence, and thus they both miss the point. Next I will explain how the two realizations are not two; in this both truths are both apprehended. How so? Based on duality, one awakens to nondualilty. Duality is the teaching of

결국 체가 둘이 아님(非二元性, non-duality)을 나타내며 용이 둘로 나뉨(二元性, duality)을 나타낸다고 밝혔다.

> 이제 진眞도 아니고 속俗도 아닌 것을 이제의 체로, 진과 속을 [이제의] 용으로 삼는다. 또한 이치의 가르침이라거나, 중도의 가설이라고 이름한다. 중도의 가설은 거듭 중가中假로 부르며, 이치의 가르침은 거듭 리교理教가 되고, 역시 체의 용은 거듭 체용體用이 된다. 그러므로 둘이 아님이 체가 되며 둘로 나뉨은 용이 됨을 밝힌다.[30]

6. 『대승기신론大乘起信論』

대부분의 관련 학자들이 동의하겠지만 『대승기신론』의 전체 설명 구조는 체용 개념의 계열에서 짜여 있으므로 『대승기신론』에서 체용 패러다임을 응용한 예들을 모두 제공하는 것은 꽤나 힘든 일일 것이다. 이는 맨 앞의 저자가 대승大乘의 체體, 상相, 용用의 위대함을 논

the principle; nonduality is principle of the teaching; duality is the nominal of the middle[way]; nonduality is the middle[way] of the nominal; duality is the function of the essence; nonduality is the essence of the function.

30) 『이제의二諦義』(T45. p.108b16~19) "今明, 卽以非眞非俗爲二諦體, 眞俗爲用, 亦名理教, 亦名中假, 中假重名中假, 理教重爲理教, 亦體用重爲體用, 故不二爲體, 二爲用."
Now I will clarify: When there is neither real nor conventional, this is the essence of the two truths. When there are real and conventional, this is their function, which is also called principle and teaching, and is also called middle[way] and provisional. Principle and teaching again serve as principle and teaching; and essence and function again serve as essence and function. Nonduality is [in the purview of] essence; duality is [in the purview of] function.

할 것임을 선언하는 문단과 더불어 시작한다. 사실 (영문으로) 제목을 'Awakening of Faith in the Mahāyāna(대승에 대한 믿음의 자각)'보다는 'Awakening of Mahāyāna Faith(대승적 믿음의 자각)'으로 표현하는 것은 그 (설명) 구조를 인지하고 있음을 보여준다. 기본적으로 유식唯識 불교의 의식과 해탈에 대한 설명의 전체적 구조가 체용 개념의 계열을 따라 재구성된다. 이러한 논의들의 중심에 유명한 물과 물결의 비유가 있다. 물은 진여眞如로서의 고요한 마음이며, 물결(파도)은 시달리고 깨닫지 못한 상태의 마음으로 무지의 바람에 의해 야기되고 방해받는 것이다. 그러므로 일심一心은 진여의 측면과 생멸生滅의 측면을 가지고 있다고 말해진다. 마음이 고요해질 때 그 본래의 상태로 돌아간다. 그러나 체용 패러다임을 적용시키는 과정이란 측면에서 『능가경楞伽經(*Laṅkāvatāra Sūtra*)』과 『대승기신론』 사이의 관계는, 유용한 예인 물과 물결의 패러다임과 관련하여 흥미롭다. 왈렌 라이는 마음에 관한 유식 모델과 여래장如來藏[31] 모델 간의 묘한 관계 문제에 첫 걸음을 내디뎠던 『능가경』의 중국적 변종으로 『대승기신론』을 묘사한다. 『능가경』도 물과 물결의 은유를 사용하지만 『대승기신론』과 흥미로운 차이점이 있다. 라이는 "『능가경』은 아뢰야식阿賴耶識(*ālayavijñāna*: the storehouse consciousness)과 다른 의식들 사이의 유기적 관계를 설명하기 위해 '물과 물결의 은유'를 사용한다."고 썼다.

아뢰야식의 바다는 영원히 존재한다. 현상계의 바람이 그것을 뒤흔든다.

31) 저자는 'Tathāgata'라고 했지만 문맥상 'Tathāgata-garbha', 즉 '여래장' 혹은 '여래태如來胎'로 보아야 할 것이므로 '여래장'으로 번역하였다.-역자 주

다양한 의식은 (아뢰야식의 바다에서) 솟아난다. (그것들은 마치 파도처럼 시시때때로 각각 그 감각의 장으로 반응을 계속 생산해낸다.) 바다가 파도를 일으키는 방식은 마음(*citta, ālayavijñāna*)과 함께 불가분리하게 일곱 가지 식識(*vijñāna*)[32]이 일어나는 방식이다. 바다가 뒤흔들려 다양한 파도가 일어나듯이 일곱 가지 식도 일어나니 마음과 다르지 않다.[33]

라이는 더 나아가 다음과 같이 설명한다.

'물'과 '물결'의 메타포는 『능가경』에서 다섯 가지 감각[34]과 의식意識 그리고 말나식末那識(*manas*)이 유기적으로 제8식(아뢰야식)과 함께 일어나는 심리적 과정을 설명하기 위해 사용된다. 감각적 영역들인 유혹적인 현상계는 끝없이 업業(*karma*)이 뒤얽히도록 자극한다. '물'과 '물결'의 메타포가 진여의 마음 그 자체로부터 윤회輪廻(*saṃsāra*, 현상계 혹은 실재)가 존재론적으로 생성되는 이론을 묘사하기 위해 사용되지는 않는다. (혜원慧遠(523~592)이 『대승기신론의소大乘起信論義疏』에서 논의했듯이) 그 불일치가 파악되지 않은 채 진행되지는 않는다. …… 중요한 차이가 있으며 『대승기신론』의 공식은 독특하다. 『능가경』에서 현상계는 다양한 의식들이 활동하도록 꾀어내는 것으로 말해지지만, 『대승기신론』에서는 (무명에 의해 영향 받은) 진여의 마음이 자연스레 현상계를 창출한다.

---

32) 팔식八識 중 아뢰야식을 제외한 일곱 식. '칠전식七轉識' 혹은 '전식轉識'.
33) 왈렌 라이, 같은 책, p.222.-역자 주
34) 팔식 중 안식眼識・이식耳識・비식鼻識・설식舌識・신식身識. '전오식前五識' 또는 '오식五識'.-역자 주

이것은 『대승기신론』이 불교적 담론을 체용 개념을 따라서 이동시키는 방법들의 한 예일 뿐이다. 한국의 위대한 주석가인 원효元曉(617~686)는 지대한 관심을 가지고 이 구조를 파악하였는데 그는 그의 『대승기신론소大乘起信論疏』에서 체용의 구조를 일차적으로 강조하였으며 다른 경전 주석에서도 의존하였다. 이 구조는 법장法藏(643~712)과 뒤이은 화엄華嚴 종사들에게도 역시 깊은 인상을 남겼다. 그들은 『대승기신론』과 체용 패러다임을 모두 사용하였으며, 선불교에 역시 지대한 영향을 끼쳤던 그들 자신의 구원론적 체계를 조직하기 위해 대부분 리理와 사事와 같은 용어들로 재 작업하였다.

『대승기신론』을 하케다의 'Awakening of Faith in the Mahāyāna(대승에 대한 믿음의 자각)'와 대조적으로 'Awakening of Mahāyāna Faith(대승적 믿음의 자각)'으로 표현하면서 나는 박성배가 그의 『불교적 신앙과 돈오』 제4장에서 했던 주장을 따르고 있다. 거기서 그는 텍스트 자체의 내적 담론은 동아시아 불교의 전통에서의 대승의 의미에 대한 기본적 이해를 따른 것으로 서구 신학적인 '~대한 믿음(faith in ~)'과 같은 주체-객체 구조에 따라서 작동하지 않으며, 고유의 동아시아 체-용 모델에 따라 작동한다고 주장했다. 따라서 대승은 명사-목적어로 해석되어서는 안 되고 믿음의 종류를 성격 짓는 수식어로 해석되어야 한다.

7. 몇 가지 추가적 사례들

그래서 나는 몇몇 뛰어난 고전적인 동아시아 불교 주석가들의 용법들 중 기본적인 몇 가지 예들을 제공하고자 한다.

체용 패러다임의 사용자들 중 가장 다작을 했던 초기 인물들 중 하나는 지의智顗(538~597)였다. 그의 작품들에서 보이는 2,000개 이상의 용례들이 대정신수대장경大正新脩大藏經에 포함되어 있다. 『금강반야경소金剛般若經疏』에서 그는 체와 용을 묘사하면서 단단함을 체로 날카로움을 용으로 하는 예를 제공한다. 그는 또한 체는 용이 없이 존재할 수 없으며 그 역도 마찬가지다.

> 지금 '단단함'과 '날카로움'을 모두 취하여 비유로 삼는다. 구설에는 (지혜의) 체가 단단함이며 그 용이 날카로움이라고 했다. 체가 단단함이므로 여러 곤혹이 침범할 수 없고 그 용이 날카로움이므로 그것은 어떤 것도 막을 수 없다. 지금 묻기를, 체는 단단하기만 할 뿐 날카롭지는 않다는 것인가? 용은 날카롭기만 할 뿐 단단하지는 않다는 것인가? 또한 응당 체가 날카롭지 않고 용이 단단하지 않다는 것인가? 이렇다면 단단하지 않고 날카롭지 않으면서 어떻게 단단하고 날카롭다고 하겠는가? 『백론百論』에서 이르길, "눈 [자체](目)는 [사물을] 이해하지 못하며 마음(意)은 [사물을 직접] 보지 못한다. 별도로 이미 보지 못함이 [보는 것과] 결합하여 어떻게 보는 것인가?"(T30.172c15) 이제 『중론(*Madhyamaka-śāstra*)』에 의하여 이 물음에 통하면 뜻에 지체됨이 없을 것이다. 지금 단단하고 날카롭다고 말하는 것은 단단하

지도 날카롭지도 않으나 단단하고 날카롭다고 임시로 이름지어 말한다. 마치 고통(苦)을 고통스럽지 않음(不苦)으로 정의定義하고, 무상無常함을 영원함(常)으로써 정의하며, 공空함을 공하지 않음(不空)으로써 정의하는 것과 같다. 이러한 한 언어의 예를 통해 자연히 이 어려움에 대한 두려움이 없게 된다. 지혜(*prajñā*)는 마치 커다란 불이 모인 것과 같아서 어느 방향에서도 손댈 수 없는 것이니 어찌 체용을 확정지을 수 있겠는가? 체용의 인연因緣은 같지도 않고 다르지도 않다. 체는 단단하고 용 역시 단단하며, 체는 날카롭고 용 역시 날카롭다. 이미 같지 않아 임시로 이름지어 정의하고 논의하니 체가 단단하다고 말하는 것은 곧 용이 날카롭다고 말하는 것이 되는 것과 같다. 이는 임시로 이름지어 한 측면만을 정의하는 학설이다. 용을 떠나서는 체가 없고 체를 떠나서는 용이 없다. 용은 고요하며 고요함이 용이다. 특별히 용 없는 체가 용을 주로 하는 것은 있지 않으며, 또한 특별히 체 없는 용이 체를 주로 하는 것도 있지 않다. 같지도 않지만 역시 다르지도 않으며 인연이 있으므로 같다고 말할 수도 다르다고 말할 수도 있다.[35)]

---

35) 『금강반야경소金剛般若經疏』(T33. p.75b4~18) "今通取堅利爲譬. 舊云體堅用利. 體堅衆惑不侵, 用利能摧萬物. 今問, 體唯堅不利, 用唯利不堅. 亦應體則不利用則不堅. 此乃不堅不利何謂堅利. 百論云, "眼非知意非見, 別旣非見合云何見." 今依中論通此問卽無滯義. 今言堅利者不堅不利, 假言堅利, 如言苦以不苦爲義, 無常以常爲義, 空以不空爲義. 此一例語任運不畏斯難. 般若如大火聚四邊不可觸, 豈可定作體用耶. 體用因緣不一, 不異. 體堅用亦堅, 體利用亦利. 旣其不一 假名義辨, 若說體堅卽說用利, 此是假名義一邊之說. 離用無體, 離體無用. 用卽寂, 寂卽用. 無別有無用之體主於用也, 亦無別有無體之用主於體也. 不一亦不異, [有因]緣故, 亦可說一, 說異."
Now we will generally take hardness and sharpness as a metaphor. It was formerly said that the essence [of wisdom] is hardness and its function is sharpness. Its essence being hard, it cannot be corrupted by myriad afflictions. Its function being sharp, it can destroy anything. Now the question arises: is the essence only hard and not sharp? Is the function only sharp and not hard? Also, it should be the case that its essence is not sharp, and its function is not hard. This would mean that without being hard and without being sharp, how can we say that they are hard and sharp.

그래서 체와 용은 마치 그것들이 실재적 질인 것처럼 구체적인 방식으로 이해되어서는 안 된다. 그들은 임시적이고 상호의존적인 지칭에 불과할 뿐이다. 이는 후에 조선의 유학자인 퇴계가 그의 체용에 관한 논설에서 주장하게 될 요점이다.

신라의 승려인 원효元曉(617~686)가 체용 패러다임의 가장 생산적인 사용자들 중 하나였다는 것은 잘 알려져 있다. 그는 『대승기신론大乘起信論』에 대한 저술로 상당한 영향을 끼쳤는데 체體, 상相, 용用이라는 용어의 측면에서 대승大乘의 의미를 상술했다. 그는 체용 구조를 그의 작품 여러 곳에서 명시적, 비명시적으로 응용했다. 화엄학자인 법장法藏(643~712) 역시 체용 패러다임의 가장 생산적인 사용자였던 것이 놀랍지 않은데 체용이 가장 광범위하게 응용되었던 것은 화엄 문

The *Bai lun* says: "The eyes do not cognize, and the mind does not see. If there is already a separate non vision included, how can one see?"(See T 1569.30.172c15 ff.) Now, relying on the *Madhyamaka-śāstra*, we can resolve this by not getting trapped in the meaning. What we are now calling hardness and sharpness is neither hard nor sharp. They are nominally designated as hard and sharp. It is like defining suffering by means of nonsuffering, or defining impermanence by permanence, emptiness by nonemptiness. By this one example of language there naturally is no fear of this objection. *Prajñā* is like a great ball of fire untouched on four sides. How can one definitely apply essence and function? Essence and function are neither the same as, nor different from causes and conditions. Its essence is hard and the function is also hard. Its essence is sharp and its function is also sharp. They are already not the same but are nominally designated and discussed. If you say that its essence is hardness, this implies that its function is sharpness. This is an explanation based on the one extreme of nominal designation. Apart from function there is no essence, and apart from essence there is no function. Function is tranquil and tranquility is function. There is no separate essence that has or lacks function based on the function. There is also no separate function that has or lacks essence based on essence. Not one, not different, it has cause and condition, and hence it can be said as being the same, and being different.

밑줄 친 부분의 저자의 영역은 제시된 원문과 일치하지 않으므로 원문에 의거하여 번역하였다.-역자 주

헌에서였기 때문이다. 여기서 체는 고요한 법계法界를 특징짓고 용은 중생을 제도하는 방편方便의 적용을 특징짓는다. 그러나 이는 깊고 얕은 구조들을 설명하기 위해 그러한 논리를 사용했던 여래장(*Tathāgatagarbha*) 계열의 학자들만의 논리는 아니었다. 법상종法相宗의 지도적 주창자들 역시 그러한 논리를 광범위하게 채용하였다. 『성유식론成唯識論』에서 의식의 다양한 측면들 간의 관계를 설명하기 위해 여러 곳에서 같은 논리가 사용되었다. 예를 들어,

> 혹자는 여러 식의 (작)용은 다르나 체는 같다는 생각에 집착하며, 혹자는 마음을 떠나 따로 마음의 장소가 없다는 생각에 집착한다. 이러한 각각의 다른 집착을 막고, 유식의 심오하고 오묘한 이치를 여실하게 이해시키기 위해 이 론을 짓는다.[36]

규기窺基(632~682) 역시 아뢰야식을 체로 나머지 발생할 식들을 용으로 묘사했던 원측圓測(613~696)이 그랬던 것처럼[37] 의식의 설명에서 같은 논리를 채용한다.[38]

이러한 예들로부터도 두드러진 우선성, 중요성 등에 관해 체용을 기본적으로 적용하는 것이 일관된다고 할지라도 광범위한 상황들에

36) 『성유식론成唯識論』(T31. p.1a16~18) "或執諸識用別體同, 或執離心無別心所. 爲遮此等種種異執, 令於唯識深妙理中得如實解, 故作斯論."
Some hold the position that the consciousnesses differ in function but are the same in essence. Some hold the position that apart from mind there are no separate mental functions. In order to dispel these various attachments, and to have people gain an accurate understanding within this profound principle of consciousness-only, I write this treatise.

37) 『반야바라밀다심경찬般若波羅蜜多心經贊』(T33. p.546c16) "意根通用 八識爲體."

38) 예를 들어 『성유식론술기成唯識論述記』(T43. p.241a22~28)를 보라.

서 적용된다는 사실에 착목할 수 있다. 그리고 경전에서 모든 경우들을 검토한다면 그것이 적용되는 대상들이 대단히 다양함을 보게 될 것이다.

8. 원효元曉

신라의 원효가 체용 패러다임의 가장 생산적인 사용자 중 한 명이라는 것은 잘 알려져 있다. 그의 『대승기신론』에 대한 저술은 후대에 상당한 영향을 끼쳤는데 체體, 상相, 용用이라는 측면에서 대승의 의미를 설명했다. 그의 『대승기신론소』의 이 용어들에 대한 명쾌한 소개를 고려한다면 원효가 같은 [이해의] 모델을 그의 주석을 통해 적용하는 것이 놀라울 것은 없다. 예를 들어, 논제 제목 안의 단어들을 설명하면서 그는 다음과 같이 말했다.

> 총괄적으로 말한다면 대승大乘은 이 논설의 종체宗體이며, 기신起信은 이 논설의 뛰어난 작용(能)이다. 체와 용을 합쳐서 제목으로 붙인 것이다. 그러므로 대승기신론이라고 말한다.[39]

그래서 제목 중 '대승'에 대응하는 종체 혹은 '교리의 체'와 기신

39) 『대승기신론소』(T44. p.203b7) "總而言之, 大乘是論之宗體, 起信是論之勝能. 體用合擧, 以標題目, 故言大乘起信論也."
In conclusion: "Mahāyāna" is the essence of the doctrine of this treatise; "awakening faith" is its efficacious operation. Thus, the title is composed to show the unity of essence and function. Hence the words, "Treatise on Awakening Mahāyāna Faith."

에 해당하는 승능 혹은 '뛰어난 작용' 간의 관계는, 원효에 의해 간단하게 체와 용의 관계로 여겨진다. 따라서 원효에게 '대승'과 '기신'은 별개의 것이 아니라 같은 것의 두 측면으로 다루어진다.

다시 같은 주석의 바로 밑에서 그는 체와 용이란 측면에서 논의의 틀을 세웠다.

> (글 가운데 세 가지가 있으니 그것은 불佛, 법法, 승僧을 말한다.) 보배(寶) 안에는 또한 세 가지 의미가 포함된다. 첫째는 [깨달은 자의] 마음의 덕(心德)을 찬탄하는 것이며, 둘째는 [깨달은 자의] 형상화된 덕(色德)을 찬탄하는 것이며, 세 번째 구절은 그 사람을 들어 찬탄을 마무리 지을 것이다. 마음의 덕을 찬탄하는 가운데에서 용과 체를 부연한다.[40]

특히나 『대승기신론소』 이후지만 이미 그 이전에도 원효의 체용 개념 틀의 사용은 곳곳에 스며들어 있었는데 반드시 명시적으로 체와 용이라는 용을 사용한 것은 아니었다. 두 가지 측면[41]을 가지고 있는 일심一心과 이제二諦의 관계에 대한 체용론적 이해는 이러한 이항 대립을 벗어나지만 가치를 두드러지게 하는 담론이 전개되는 주요한 방식들이 된다.

40) 『대승기신론소』(T44, p.203b20~21) "文中有三, 謂佛法僧. 寶之內亦有三意. 先歎心德, 次歎色德, 第三句者擧人結歎. 歎心德中, 歎用及體."
The part of the sentence referring to the Buddha Treasure has three significations: Praising the excellence of Buddha's mind; praising the excellence of Buddha's form; concluding the praises of the person. In praising the excellence of Buddha's mind, (one) is praising function and essence.
저자는 선행하는 "文中有三, 謂佛法僧"를 인용하지 않아 독자가 문맥을 파악하는데 약간의 불편이 있을 수 있어 보충하여 집어넣었다.-역자 주

41) 진여문眞如門과 생멸문生滅門.-역자 주

원효의 현전하는 작품들에서 짝 개념으로서 체용이란 용어의 출현은 19번 정도 보이지만 아마도 4~5번 정도는 체와 용이란 글자가 각각 독립적으로 논의에 적용되었다.

9. 선禪, 지눌知訥, 그리고 체용이란 보편적 개념 틀

체용 개념 틀이 모든 한국의 선불교적 구원 담론에 틀을 제공했던 경로는 길장으로부터 시작해 『대승기신론』과 화엄종, 그리고 타고난 마음의 순수함이란 교리와 본심을 실현토록 인도하는 수행을 강력히 천명했던 『금강삼매경(*Vajrasamādhi-sūtra*)』과 같은 텍스트들을 거쳐서 중국 불교에서 확립되었던 모델들로부터 정교하게 진화해가는 방법을 통해서였다. 가장 중요했던 것은 길장이 이제二諦를 이원적이 아닌 체용 관계로 천명했던 것이었다. 이 기본적 이해는 진여眞如의 측면과 생멸生滅의 측면을 가진 상관적相關的인(correlative) 일심一心과 함께 『대승기신론』에서 제공된 물-물결(파도)의 이미지와 혼합되고 그 이미지를 지지하였다. 그러한 접근은 인지된 실재에 대한 형이상학적 묘사로서의 리와 사의 화엄 해석학, 『금강삼매경』에서 천명된 믿음과 수행의 영향력 있는 구원론적 모델, 그리고 (달마대사 저술로 여겨지는) 『이입사행론二入四行論』에서 복제된다.

그것은 말하자면, 일심을 고요하고 계몽적인 것 혹은 혼탁하고 무지한 것으로 형이상적으로 묘사하는 것은 -이는 말할 수 있는 진리와 말할 수 없는 진리, 즉 이제二諦에 병합된다- 화엄적 리에서 진일보한 표현을 발견하는데 [화엄적 리는] 역시 생각도 할 수 없고 형언할 수 없는, 생각 가능한 영역[42]의 관습적이고 표현 가능한 실재와는 구분되는 것이다. 이러한 두 가지 측면이 실제로는 하나임이 '리사무애理事無礙' 명제에서 신속히 재 진술된다. 그러나 『금강삼매경』에서 설한 '리행이입理行二入'의 두 가지 접근이라는 틀에서 리는 생각할 수 없는 것일 뿐 아니라 생각할 수 없는 것을 통한 접근을 지칭하기도 한다. 이는 단순히 깨우치는 것에 의해 깨달음에 들어가는 것-이것이 『대승기신론』에서 설해진 '올바른 믿음(正信)'의 의미이다-과 노력의 지속적인 경주에 의한 깨달음을 의미한다. 리와 행의 이 구조는 돈오頓悟와 점수漸修라는 선 수행의 주요한[43] 구원론적 짝 개념의 구조와 정확히 평행한다. 이 문헌의 맥락에서는 체용이란 용어가 대부분 [다른 것으로] 교체된다는 것을 주목해야 한다. 체는 이후 화엄종, 다수의 선불교 문헌, 『금강삼매경』, 그리고 후대의 신유학에서에서 리에 의해 교체된다. 용은 상황에 따라서 다양한 용어들에 의해 교체되는데 예를 들자면 화엄종의 '사事', 『금강삼매경』의 '행行', 그리고 송宋대 신유학의 '기氣'로 교체된다.

그러나 이러한 모든 관련된 구조들이 명백한 상호관계들과 더불어 중국 불교에서 충분한 발전을 하였을지라도 리와 사, 신과 행, 돈과 점을 모두 함께 묶어 수행의 체용 기반 체계로 틀 잡은 것은 바로 한국의 선불교에서이며 가장 중요하게는 지눌 (그리고 그가 저술한 것으로

42) 저자는 the conceptual realm이라고 했으나 앞뒤 문맥상 the conceivable world로 보고 번역하였다.-역자 주
43) 저자는 principle이라고 했으나 앞뒤 문맥상 principal로 보고 번역하였다.-역자 주

알려진 저서들)에서였다. 그리고 밑에서 보겠지만 지눌은 오랫동안 근저에 존재해 온 체용 패러다임을 간간이 상기시켰다. 그는 체용 모델에 기반한 돈오와 점수 간의 관계를 논의하면서 돈頓 측면에서의 접근에 우선성을 부여하고, 체용과 동정動靜과의 연관 하에 논문의 서두에서 『예기』에서 인용했던 초기 구절을 떠오르게 하는 묘사를 제공한다.

> 이 안에 '깨어 있고 고요함(惺惺寂寂)'의 뜻에 대해 누군가는 바로 생각을 떠난 마음의 체로 요약하고, 누군가는 공효의 발휘(用功)의 측면에서 요약하기도 한다. 그러므로 수행과 본성이 다 원만해지고 리와 행이 함께 창달되니 수행의 지름길로는 이보다 훌륭한 것이 없다. 그러나 뜻을 얻어 마음을 닦으며 생사에 집착하는 병통을 벗어나는 것이 요체인데, 어찌 명분 다툼으로 지견의 장애를 일으키는가. 만약 '생각을 떠난 마음의 체'를 얻으면 곧 부처의 지혜와 딱 들어맞게 되는데 어찌 삼현三賢이나 십성十聖 등의 점차로 깨달아가는 법을 논하겠는가.[44]

---

44) 此中惺惺寂寂之義, 或直約離念心體, 或約用功門說之. 故修性俱圓, 理行兼暢, 修行徑路, 莫斯爲最. 但得意修心, 脫生死病爲要, 何容名義諍論而興見障乎. 而今若善得離念心體, 卽與佛智相契, 何論三賢十聖漸次法門.
At this point, the aspects of alertness and calmness may be explained either in direct reference to the ineffable essence of mind (*che*) or in relation to their earnest application in practice (*yong*). Consequently, [relative] cultivation and [absolute] nature are both fully consummated, and principle and practice are mutually pervasive. On the roads and byways of practice, there are none that are more important than these [viz., alertness and calmness]. The only thing you need is proficient cultivation of the mind, which brings liberation from the malady of birth and death. Why allow disputations over words and meanings and thus strengthen the obstruction of views? If you now skillfully recover the ineffable essence of mind, you will be in mutual concordance with the wisdom of the buddhas; so why talk about a gradual progression through the three stages of worthiness and the ten stages of sanctity? (버즈웰 로버트 주니어(Buswell, Robert E. Jr) 역, 『중국과 한국에서의 선 이데올로기의 형성: 불교외전 금

지눌은 삼매三昧(*samādhi*)와 지혜(*prajñā*) 간의 비 이원론적 관계를 설명하면서 했던 것처럼 그의 저작 도처에서 체용 개념 틀을 환기시켰다.

[45]답하기를, "법의 정의(法義)을 세운다면 리理에 들어가는 것은 천 가지 문이 있겠지만 선정禪定과 지혜智慧가 아닌 것이 없다. 그 대강의 요점(綱要)을 취하면, 다만 자성自性의 체와 용 두 가지의 의미이니, 앞에서 텅 비어 고요하지만 신령스럽게 안다고 말한 것이다. 선정이 곧 체요 지혜는 곧 용이다. [용은 어디까지나] 체의 용이므로 지혜가 정에서 분리되지 않으며, [체 역시 어디까지나] 용의 체이므로 선정이 지혜를 벗어나지 않는다. 선정이 지혜이므로 고요하나 항상 아는 것이며, 지혜가 곧 선정이므로 알면서도 항상 고요한 것이다.[46]

강삼매경(*The Formation of Ch'an Ideology in China and Korea: The Vajrasamsamādhi-sūtra, A Buddhist Apocryphon*)』, Princeton University Press, 1989, pp.149~150)

45) 저자는 인용한 한문 원문 마지막 부분에 "如曹溪云, '心地無亂自性定, 心地無癡自性慧.' 若悟如是, 任運寂知, 遮照無二, 則是爲頓門箇者, 雙修定慧也."을 포함시켰으나 번역은 제시하지 않아 제외하였다.-역자 주
答. 若設法義, 入理千門, 莫非定慧, 取其綱要, 則自性上體用二義, 前所謂空寂靈知, 是也. 定是體, 慧是用也. 卽體之用故, 慧不離定, 卽用之體故, 定不離慧. 定則慧故, 寂而常知, 慧則定故, 知而常寂.

46) Jinul: If we were to consider these [two] dharmas and their attributes, of the thousands of approaches for accessing the principle, there are none that do not involve *samādhi* and *prajñā*. Taking into account only their essentials, from the standpoint of the self-nature they then are characterized as the two aspects of essence and function -this is what I have previously called the void and the calm, numinous awareness. *samādhi* is the essence; *prajñā* is the function. Because [prajñā] is the functioning of the essence, *prajñā* is not separate from *samādhi*. Because [samādhi] is the essence of the function, *samādhi* is not separate from *prajñā*. Because where there is *samādhi* there is *prajñā*, [samādhi] is calm yet constantly aware. Because where there is *prajñā* there is *samādhi*, [prajñā] is aware yet constantly calm.(버즈웰, 같은 책, p.230)

'조문지신祖門之信'이라는 꼬리표 아래 깨달음으로 직접 들어가는 정신正信의 접근이 '교문지신敎門之信'의 점진적 접근과 대립되는 것으로 확립된 것은 한국 선불교의 기반에서였다. 아래에서 소개되는, 오랫동안 지눌의 저작으로 여겨진 텍스트에서 『대승기신론』의 '올바른 대승적 믿음'은 일종의 절대적 믿음으로 여겨지는데 기독교적 개념인 '신앙의 도약(leap of faith)'[47]과도 닮아 있다. 이것이 '조문지신'이라는 꼬리표에 주어진 것이며 '교문지신'과 구분되는 것이다. 교문지신은 『성유식론』 등에서 천명된 세간적世間的(*laukika*) 형태의 믿음으로 교리의 이성적 구조들에 근거해 있으며 건전한 활동과 명상에 근거한 영혼의 개선 가능성, 결국 성불하는 것을 상정한다.

아래의 텍스트는 『진심직설眞心直說』[48]로 두 가지 종류의 믿음이 명백히 구분되어 있다.

진심정신眞心正信

어떤 이가 물었다. "조문祖門의 믿음과 교문敎門의 믿음이 어떻게 다릅니까?"

말하였다. "여러 가지가 같지 않으니 교문에서는 사람과 하늘이 인과를 믿게 한다. [그리하여] 복락福樂을 즐기는 이는 온갖 선행(十善)이 오묘한 원인이며 인간과 하늘에서 태어나는 것이 즐거운 결과라고 믿는다. 공적空寂을

47) 이성에 의한 판단과 추론에 근거하지 않는 신앙을 가리킨다. 다시 말해 이성적으로 증명할 수 없는 신의 존재에 대한 의심을 극복한 신앙을 가르킨다.-역자 주

48) 최연식은 최근의 연구에서 이 책의 저자를 지눌로 보는 것에 대해 의문을 제기하고 대신 12세기 금金 나라의 선승인 정언政言이 저자라고 주장했다. 버즈웰은 『지눌 선집 Chinul 知訥: Selected Works』, 89쪽에서 최연식의 논문(최연식, 「『진심직설』의 저자에 대한 새로운 이해」, 『진단학보』 94집, 2002, pp.77~101)을 언급하였다.

즐기는 이는 생멸의 인연이 바른 원인이며 고집멸도苦集滅道가 성스러운 결과라고 믿는다. 불과佛果를 즐기는 이는 삼겁三劫과 육도六度가 큰 원인이며 정각正覺을 이룸으로써 바른 결과라고 믿는다. 조문의 올바른 믿음(正信)은 앞의 것과 같지 않다. 온갖 유위有爲의 인과를 믿지 않고 오직 스스로가 본래 부처라는 것을 믿을 뿐이다. 천진한 자기 성품이 사람마다 갖추었으며 묘체妙體가 낱낱이 원만히 이루어져서 남에게 구할 필요가 없이 원래 스스로에게 갖춘 것이다."[49]

그리하여 우리는 여기서 믿음(信)과 실천(行)에 관한 하나의 체용론적 모델을 가지게 된다. 조문지신은 체 방면에서의 접근으로 돈오적,

49) 『진심직설眞心直說』(HBJ4. 715c115; T48. p.999b13~999c7). "眞心正信 或曰, "祖門之信與敎門之信有何異耶." 曰, "有多種不同. 敎門令人天信於因果. 有愛福樂者信十善爲妙因, 人天爲樂果. 有樂空寂者信生滅因緣爲正因, 苦集滅道爲聖果. 有樂佛果者信三劫六度爲大因, 菩提涅槃爲正果. 祖門正信非同前也. 不信一切有爲因果, 只要信自己本來是佛. 天眞自性人人具足, 涅槃妙體箇箇圓成, 不假他求從來自備."
Someone said: "How does the faith of the patriarchal teaching and the faith of the doctrinal teaching differ?" Response: "They differ significantly. The doctrinal teaching allows humans and celestials to believe in the law of cause-and-effect. Those who want to enjoy the fruits of merit believe in the ten kinds of wholesome actions as the marvelous cause, and that rebirth as a human or celestial is the happy result. Those who enjoy empty quiescence believe in arising and ceasing and causes and conditions to be the correct cause, and take suffering, arising, cessation, and the path to be the noble result. Those who enjoy Buddhahood believe that the practice of the six perfections through the three incalculably long eons are the great cause, and that bodhi and nirvnirvāṇa are their direct result. The correct faith of the patriarchal teaching is not like these. One does not believe in all kinds of conditioned causes and effects. It only demands the faith that one is originally Buddha. This nature is originally replete in every single person. The marvelous essence 體 of nirvāṇa is fully perfected in every case. One does not need to look at the provisional other to find what is originally endowed in oneself."
이 텍스트의 완전한 영역은 버즈웰의 『빛을 뒤좇아서: 지눌의 한국적 선불교 *Tracing Back the Radiance: Chinul's Korean Way of Zen*』, Kuroda Institute(University of Hawai'i Press, 1991), p.119 이후를 보시오.

비언어적, 비개념적, 리理의 접근이며 교문지신은 용에 의한 접근으로 점수적, 언어적, 관습적인 접근이다.

이러한 패러다임이 적용된 지눌의 저작에 있는 예들은 더 길게 인용할 수 있으며 한국적 전통에서 지눌을 따랐던 자들, 기화己和(1376~1431)와 휴정休靜(1520~1604)같은 영향력 있던 승려들의 글에 있는 예들로 더욱 보충될 수도 있다.

10. 체용 패러다임의 신유학적 설명

만약 체용 패러다임이 초기 중국 경전에서 처음으로 탄생했고 불교에 병합되고 변모되는 과정에서 심화되었다고 함으로써 동아시아 사상에서의 체용 개념 사용과 연구에 대한 광범위한 역사를 특징지을 수 있다면 물속의 물고기처럼 체용의 바다에서 헤엄쳤던 신유학의 개념들과 더불어 체용 개념은 신유학적 철학을 위한 커다란 기반이 되었다고도 말할 수 있다. 신유학에서 체용이나 더 좁은 의미를 지닌 유사 개념들에 의하여 제한되지 않거나 그와 관련하여 언급되지 않는 것은 없다. 모든 것을 체용이란 주제 위에서 말한다면 주희의 저작들에서 체용이 해석학적 도구로서 가진 영향의 종합적인 정도, 그리고 그 적용의 범위와 다양성이 가장 충분하게 촉진되었다는 것은 명확하다. 그는 아마도 이정二程 형제로부터 받은 영향에 근거해서 이러한 방향으로 밀렸을 것이다. 그들 이전의 선불교와 화엄종에서도 그랬듯이 신유학자들은 가끔 체용이란 용어를 썼지만 그들의

철학적 체계는 주로 유사하지만 더 집중된 구조인 리기理氣를 통해 천명되었다.[50)]

신유학들은 리를 도道 안에 포함된, 심층적이며 유도誘導적인 질서(pattern) 부여를 지칭하는 것으로 여겼다. 그러나 그것은 도덕적 담론 그리고 이기적 관계와 적절하게 생명을 고양하는 관계가 가지는 경쟁적 역학 관계에서의 수기修己의 문제들에 대해 더 큰 관심을 가진 것이었다. 신유학자들은 존재의 유도적 패턴 부여의 측면(理)을 동적인 변화의 구체적이고 역사적인 과정과 지속적으로 차별화된 다수로 분열되는 것과 구분했다. 그들은 후자를 한때 생명성과 감정이라는 힘을 위한 용어로 사용되었던 기氣로 여겼는데 이제는 존재의 질료로서 일반화된다. 그 구체적이고 동적인 역사성에서 기는 그 자체로 질적인 차이들을 포함하며 상대적 투명성(淸)과 혼탁함(濁)의 측면에서 묘사된다.

체용 해석학에서 틀이 잡혀질 경향성이 아주 농후함을 보여주었던 초기 불교의 교리적 질문들과 논쟁들과 마찬가지로 한국 신유학의 저작들이 집중했던 것은 유학적 체용론의 궁극적 난제였던 듯하다. 그것은 『중용中庸』에서 파생된 사단四端과 칠정七情 사이의 관계에 관한 난제로 리와 기는 물론 도심道心과 인심人心이라는 체용의 유사 개념을 통해 재평가된 것이었다. 이것은 물론 조선 중기 퇴계 및 그의 다양한 논쟁자들과 지지자들이 관여했던 사단칠정론四端七情論을 가

50) 주희와 후대의 한국 사상가들이 간간히 했던 진술들은 그들이 꽤 의식적으로 리와 기를 체와 용의 유사 개념으로 이해하였음을 보여준다. 체용은 더 기원적이며 광범위한 포용성을 가지는 원형이며 리기는 더 특정적인 응용으로 이해하였던 것이다.

리키는 것이다.

그러나 더 중요한 것은 유교 내부의 논의와 논쟁에서 체용 개념의 집중된 용법이다. 체용은 유교, 불교, 도교 각 단일 전통의 어떤 개념보다도 더 넓고 깊은 것이 사실이다. 그것은 (한국뿐만 아니라 중국과 일본에서도) 세 전통 모두에 대한 기초적인 지적 기반으로 봉사했으며 유학자와 불교도가 서로의 체계를 평가(토론, 논쟁, 비판)하는 매개 개념으로 봉사했다. 나의 최근의 저서 『한국의 위대한 불교-유교 논쟁: 삼봉 정도전과 함허득통 기화의 논변들(*Korea's Great Buddhist-Confucian Debate: The Treatises of Chŏng Tojŏn* (Sambong) *and Hamhŏ Tŭkt'ong* (Kihwa))』에서 보였듯이 당시 각각 유학과 불교의 지도자였던 정도전鄭道傳(1342~1398)과 기화己和(涵虛得通, 1376~1433)가 어떤 것이 '진정한' 종교인가에 대한 논쟁을 벌일 때 그들은 전적으로 체용 패러다임을 통해 했다. 간단히 말해서 체용 개념은 체와 용간의 일관성 문제에 관한 것이며 정도전과 기화 둘 다 상대의 체계를 체용 패러다임 내에서 일관성이 결여된 것으로 비난했다.

11. 결론

내가 여기서 제공한 것들은 체용 틀의 약간의 용법들에 대한 간단한 예들을 추출한 것에 불과하며 동아시아 불교에서의 용법 중 중요한 몇몇 예들에 주로 집중하였다. 그러나 여기서 다룰 수 있는 훨씬 더 많은 것들이 있다. 우선 주로 『논어論語』와 『맹자孟子』와 같은 유가 경전에서 체용과 유사한 개념 발전의 정확한 성격을 명백히 그려낼 수 있을 것이다. 그리고 이를 『도덕경道德經』과 『장자莊子』에서 발전된 모델과 비교할 수도 있을 것이다. 『도덕경』과 『장자』에서 체용의 구조는 여전히 암시적이지만 다양한 방식으로 확실히 입증될 수 있다. 이 논문에서 어느 정도 보았듯이 동아시아 불교에서의 그 초기적 응용은 길장과 같은 저자들이 주로 공과 색, 지혜와 방편과 같은 중요 불교 개념의 이원론적 수용을 향해 한 것으로 체용을 통해 중국적 심성에서 재통합되었다. 『대승기신론』과 불성佛性 관련 문헌에서 체는 『논어』와 『맹자』의 인仁 개념에서 보이는 함의를 가지는데 그것은 순수한 타고난 인간의 본성과 동일시되며 교묘하면서도 교묘하지 않은 방식으로 작용한다. 송 대 신유학이 그 '도심道心'과 '인심人心'이란 짝, 즉 기본적 심성의 순수한 기능과 칠정七情에서 일어나는 혼돈이란 짝에서 채용한 것은 바로 이 모델이었다. 이는 (후에) 사단칠정四端七情 논쟁으로 발전된다.

(번역: 김학재)

제 2 장

중국제도 및 전통사상과 교류한 불교

중국 불교제도와 그 변천
- 승제僧制를 중심으로 -

지화추안(紀華傳)

시작하며

규범을 제정한 주체가 누구인지에 따라 필자는 중국 불교제도를 불제佛制, 승제僧制, 왕제王制 3종류로 귀납한다. 불제는 석가모니불이 제정한 계율을 기초로 형성된 제도 규범으로서, 주로 승려의 행위와 위의威儀를 규범화하는 데 사용되었다. 불제는 인도 불교제도의 주요 내용으로, 이들 제도는 불교 전적의 번역과 함께 중국으로 전파되었다. 중국불교는 불제를 기초로 하여 중국 특색의 승제와 왕제를 만들어냈다. 인순법사印順法師의 설명에 따르면, 불교가 중국에 전파된 이후 불교제도는 두 방향으로 변화하기 시작하는데, 첫째는 '국가 관할제'이고, 둘째는 '선승禪僧 총림제叢林制'이다.[1] 전자는 중국의 특수한 정교政敎관계 하에서 형성된 정부의 불교 관리를 위한 종교법규이

1) 印順, 「泛論中國佛教制度」, 『妙雲集』, 台北正聞出版社, 1992, pp.5~7.

다. 후자는 중국불교 총림이 스스로를 관리하는 과정에서 형성된 관련 제도이다. 불교가 중국에 전파된 2천 년의 시간 동안 불제, 승제, 왕제는 모두 끊임없이 변화를 겪고 있으며, 중국불교의 흥망성쇠와 변화에 공동으로 영향을 주고 있다. 따라서 이 세 가지 측면으로부터 중국 불교제도의 변화를 연구해야만 더욱 전면적인 인식이 가능할 것이다. 지면의 제약으로, 본고는 중국불교 승제와 그 변화에 관하여 중점적으로 논의를 진행한다.

1. 불제, 승제, 왕제 개론

중국불교의 역사에서 불제, 승제, 왕제 3가지 제도의 지위와 기능을 살펴보면, 승제와 왕제가 불제에 비해 더욱 중요했던 것으로 보인다. 일찍이 근대의 고승 능해법사能海法師는 "승제가 불제보다 중요하다"[2]라고 말한 바 있고, 중국의 특수한 정교관계와 불교 발전의 역사를 살펴보면 왕제는 분명 불제와 승제를 능가하여 지고무상의 권위를 누렸다. 세속을 벗어난 불교는 세속 정권에 종속될 수밖에 없었고, 이는 독특한 특색의 중국적 불교제도를 형성하였다.

2) 능해법사는 다음과 같이 말했다. "於藏地學法, 雖極困難, 仍堅持素食, 因素食爲漢地傳統, 僧制重於佛制故."(『能海上師傳』, 上海佛學書局, 1996, p.61)

(1) 불제 개론

율제律制라고 불리기도 하는 불제는 불교의 계율과 위의를 가리키는 것으로, 부처에 의해 정립되어 사중제자四衆弟子의 일상생활에서의 행위를 규범화하고 단속하는 데 사용된다. 불교에서 계율의 계와 율은 서로 다른 함의를 지닌다. 계의 음역어는 시라尸羅로, 출가신도와 재가신도가 준수해야하는 규범이다. 소승불교에는 오계五戒, 팔계八戒, 십계十戒, 구족계具足戒의 구분이 있고, 대승불교에는 섭율의계攝律儀戒, 섭선법계攝善法戒, 섭중생계攝衆生戒의 삼취정계三聚淨戒로 대표되는 보살계가 있다. 율의 음역어는 비나야毗奈耶로, 바라제목차波羅提木叉(교단에서 승려가 반드시 지켜야하는 금지조문 및 위반자에 대한 처벌)와 건도犍度(승단에서의 수계受戒, 포살布薩, 안거安居 등 의식 방법 및 일상생활의 여러 규범) 두 부분을 포함한다. 이는 교단의 질서를 유지하기 위해 규정된 여러 가지 금계 및 규율 위반에 대한 처벌의 내용을 다룬다. '계'와 '율'을 '계율'로 병용하면 불교 교단을 유지하는 도덕적, 법률적 규범을 가리킨다. 불제는 주로 상술한 계율을 대표로 하는 갈마羯磨(수계, 참회懺悔, 결계結界 등 계율 행위와 관련된 일종의 선고 의식), 포살제도布薩制度(15일마다 승중들이 한데 모여 계경戒經을 설하고 대중 앞에서 저지른 잘못을 참회하는 일) 등으로, 원시 승단의 생활 제도이자 수행 제도였다. 불교경전에는 '佛制比丘六物'(율장에서 규정하는 비구가 반드시 지녀야 하는 6가지 생활용품), '佛制比丘三衣', '佛制過中不食', '佛制斷肉戒', '佛制一食戒' 등의 서술이 자주 출현한다. 인도불교에서 계율을 제정하는 것은 부처의 특권이며, 승려가 이를 스스로 제정할 수 없다. 따라서 불전에는 "부처께서 만약 규정하지 않으시면 승려는 규정할 수 없다. 만약 부처께서 규정하셨다면 승려는 이를 어길 수 없다(佛若不制, 僧不得制. 若佛制已, 僧不得違)", "계는 오직 부처께서 정하신다(戒唯佛制)"와 같은 구절이 있다. 도선율사道宣律師는 "본래 올바른 계율과 밝은 금계는 오직 부처께서 제정하시는 것이요, 성현은 조용히 입을 다물고 다만 크게 받들 줄 알 뿐이다"[3]라고 하였다. 찬녕贊寧은 "불제비니는 대중의 잘못을 바로잡는 것으로 나라의 형벌과 같아서 하나의 규범을 이룬다(佛制毘尼, 糾繩內衆, 如國刑法, 畫一成規)"[4]라고 주장했다. 『마하승기율摩訶僧祇律』에는 '佛制'라는 단어가 총 15회 출현하는데, 이들은 모두 불제계율佛制戒律을 가리킨다. 일찍이 찬녕은 다음과 같이 말하였다. "금계는 세속을 제도하는 틀이다. 무릇 보살계가 청정하(게 갖추어지)면 번뇌를 떠난 명칭을 드러낸다. 벽지불계가 완성되면 스승이 없는(無師) 지혜를 이끌어낸다. 성문계를 구족할 때 (심·혜)구해탈을 기약할 수 있다. 내중계가 굳건하면 인천人天에 떨어지지 않음에 감응한다. 이것으로 말미암아 보면, 계법(이 구족되는) 시기가 큰 (의의가) 있다. 미는 것과 따르는 것으로 말하자면 이치를 찾는 것이, 곧 비니이다. 목차木叉는 성문의 가르침의 율전이 원인이고, 별해탈이 과보이다. 곧바로 시기를 논하면, 삼세제불이 함께 제정하신 것이다. 공간적으로 말하면 시방의 공간에서 다함께 실행하는 것이다. 그래서 과

3) 唐 道宣, 「四分律比丘含注戒本序」(T40, p.429). "原夫正戒明禁, 唯佛制開, 賢聖緘默, 但知祇奉."
4) 宋 贊寧, 『大宋僧史略』 권1, (T54, p.237). "佛制毘尼, 糾繩內衆, 如國刑法, 畫一成規."

거칠불이 모두 우파리에게 계율을 촉루하셨다."[5] 비니毗尼는 선치善治로 의역하며, 계율을 가리킨다. 목차木叉는 정식 명칭이 바라제목차波羅提木叉이고 별해탈別解脫이라고도 번역하며, 계율의 명칭 중 하나이다. 우파리優波離는 부처의 십대제자 중 한 명으로 엄격하게 계율을 지키는 것으로 이름났으며, '지율제일持律第一'로 칭송받았다. 석가모니불 열반 이후 제1차 경전결집 때에 우파리가 율부를 암송했다. 찬녕의 주장에 따르면, 계율은 모두 삼세제불이 제정한 것이며, 과거칠불은 모두 제자 우파리에게 계율을 부촉付囑하였고 불멸 이후 계를 스승으로 삼았다.

석가모니불 재세 시절에는 승단의 규모가 비교적 작았고 승단 생활이 비교적 자유로웠으며 개인의 자수자증自修自證을 중시하였다. 계율은 승려의 잘못된 사상과 행위에 대한 조복調伏으로서 주로 개체를 겨냥하였고, 단속 기제는 대체로 개인의 자발적 억제에 의지하였다. 승단의 조직과 관리 측면에 대한 언급은 매우 적고, 담당자나 담당업무에 관한 어떠한 서술도 없다. 당시 승단 제도와 관련된 규정으로, 불교 계율의 열 가지 이익(法戒十利) 가운데, 섭승攝僧, 극섭승極攝僧, 영승안락令僧安樂 등 세 가지 항목이 승단 관리와 관련된다.[6] 여기에는 승인의 출가수계出家受戒, 포살布薩, 안거安居, 자자自恣, 피혁皮

5) 宋 贊寧, 『宋高僧傳』 권16, (T50, p.811) "禁律乃度世之檢括也. 且夫菩薩戒淨則彰離垢之名, 辟支戒完則引無師之智, 聲聞戒足時俱解脫而可期, 內衆戒堅招感人天之不墜, 由是觀之, 戒法之時大矣哉. 自所推能從言索理, 則毘尼也, 木叉也, 因則聲教律焉, 果則別解脫焉. 直以時論, 三世諸佛咸同制也. 橫從界說, 十方淨刹悉共行之. 所以優波離過去七佛, 咸以戒律囑累之."

6) 법계십리는 攝僧, 極攝僧, 令僧安樂, 折伏無羞人, 有慚愧者得穩住持, 不信者能信, 正信者得益, 於現法漏盡, 未生諸漏令不生, 正法久住를 가리킨다.(『摩訶僧祇律』 권1, T22, p.228)

革, 의衣, 약藥, 가치나의迦絺那衣, 방사房舍 등 9개 건도犍度의 관련 계율이 포함된다. 불교 초기의 승단은 부처의 권위와 법인 계율을 핵심으로 하는 일종의 평등한 민주 집단이었으며, 실제로 엄격한 조직 기구는 존재하지 않았다. 이에 대해 태허대사太虛大師는 "부처 재세 시절에는 일체를 부처에 근거하였다. 여러 곳에 흩어져 머물던 승중은 포살, 갈마를 거행할 때에 모두 부처의 율제를 유일한 기준으로 삼았다"라고 설명하였다.[7] 이후 승단이 확대됨에 따라 사람 수가 증가하였고, 경제 양식과 거주 방식에도 모두 변화가 발생하였다. 또한 이에 따라 승단을 더욱 잘 관리하기 위해서 상좌上座, 사주寺主, 도유나都維那의 3강을 설립하기 시작하였다. 상좌는 사원의 위존位尊과 숙덕宿德이 담당하며, 사원 내의 승중들과 사원의 사무를 관리 감독한다. 사주는 사원의 경영과 관리를 관장하는 직책이고, 도유나는 사규에 따라 일상의 여러 일을 지도(指授)하는 직책이다.

인도불교는 역사적인 변화에 따라 기본적으로 불제를 승단 수학의 근거로 삼았다. 가령 나란타사那爛陀寺에는 크고 작은 승단들이 두루 포함되어 있었는데, 『대당서역구법고승전大唐西域求法高僧傳』권상에서 당시 나란타사의 사원 관리 업무와 민주적 공무 논의 상황에 대하여 다음과 같이 묘사하고 있다. "사원 안에서 가장 연장자인 상좌를 존주로 삼으며 그의 덕은 논하지 않는다. 여러 문의 열쇠는 매일 밤 봉인하여 상좌에게 맡기고 사주, 유나에 따로 두지 않는다. 사원을 지은 사람은 사주라고 이름하고, 범어로는 비가라사미毘訶羅莎弭라고 한다. 사문과 승려의 여러 일을 맡아 관리하는 자는 비하라파라毘訶羅波

7) 太虛, 『眞現實論宗用論』, 『太虛大師全書』 40책, p.1092.

羅라고 부르며, 호사護寺로 번역한다. 건치健稚를 울리고 음식을 관리하는 자는 갈마타나羯磨陀那라고 부르며, 수사授事로 번역한다. 유나維那라고 말하는 것은 약칭이다. 중승에게 일이 생기면 모두를 모아 공정하게 처리하는데, 호사로 하여금 한 사람 한 사람 앞을 순행하며 알리게 하면, 모두는 합장하고 각자 그 생각을 펼쳐야 한다. 만약 한 사람이라도 불허하면 일을 이룰 수 없고, 중전에 백추白槌를 치는 법은 결코 없다. 만약 허락을 받지 못한다면 이치로서 깨우치게 하고, 강제로 압력을 가하는 일이 없다."[8] 사원의 삼강三綱은 위에서 설명한 바와 같고, 그들의 의사 절차는 인도불교 시기 실행된 평등하고 민주적인 조직 형식을 보여준다.

그러나 부처가 계율을 제정한 정신과 원칙에는 융통성이 있었다. 불제에는 '자잘한 계율은 버릴 수 있다(小小戒可舍)'라는 언급이 있고, 또한 '지역에 따른 율법(隨方毗尼)'의 설법도 있다. 즉, 부처가 금지하거나 허락하지 않은 일이라도 서로 다른 지역과 풍속의 인정에 따라 허락하거나 폐지할 수 있다는 것이다. 가령 『오분율五分律』의 기록에 근거하면, 부처는 일찍이 "비록 내가 제정한 바라도 너희 지역에서 청정하다고 여기지 않는 것이라면 마땅히 사용하지 않는다. 비록 내가 정한 바가 아니라도 너희 지역에서 반드시 행해져야 하는 것이라면 행하지 않을 수 없다."[9]라고 설하였다. 또한 "비록 부처가 정

8) 唐 義淨, 『大唐西域求法高僧傳』 권상, (T51, pp.5~6). "寺內但以最老上座而爲尊主, 不論其德. 諸有門鑰每宵封印, 將付上座, 更無別置寺主, 維那. 但造寺之人名爲寺主, 梵云毘訶羅莎弭. 若作番直典掌寺門及和僧白事者, 名毘訶羅波羅, 譯爲護寺. 若鳴健稚及監食者, 名爲羯磨陀那, 譯爲授事, 言維那者略也. 衆僧有事集衆平章, 令其護寺巡行告白一一人前, 皆須合掌各伸其事. 若一人不許則事不得成, 全無衆前打槌秉白之法. 若見不許以理喻之, 未有挾强便加壓伏."

9) 『五分律』 권22, (T22, p.153). "是我所制, 而於餘方不以爲淸淨者, 皆不應用. 雖非我

한 것이 아닐지라도 여러 지역에서 청정하다고 여기는 것은 행하지 않을 수 없다."[10]라는 구절이 있다. 이로 인하여 불제 이외에 승제(청규제도 등)와 왕제(불교에 대한 국가의 관리제도)라는 두 가지 측면의 제도가 생겨나게 되었고, 이들 둘은 중국 불교의 특징을 더욱 잘 구현하였다.

(2) 승제 개론

승제는 중국불교 승단에서 계율 이외에 불교계 지도자가 제정한 총림 관리제도를 가리키는 것으로, 영향력이 가장 컸던 승제는 선종 청규禪宗淸規이다. 송대의 찬녕은 불제계율과 승제를 구분하고, 중국 승제의 연혁을 상세히 논하면서 "편취 이외에 따로 승제가 있음(篇聚之外別有僧制)"을 지적한 바 있다. "불법이 유행하면 그 때에 따라 헤아려 판단한다. 비니毗尼의 처결이 합당하면 비니에 따르고, 별법別法의 처리가 나오면 별법을 따라야 한다. 따라서 부처께서 비구를 꾸짖으며 말씀하시길 '내가 제정한 여러 가지 과오에서 교묘하게 피해간다면 지금은 방비니를 세우고 열반 후에는 미래교를 세운다. 율의 범위에 포함되지 않고, 편과에 실리지 않은 것이라 생각되면 비부比附하여 구하는 것이다'라고 하셨다. 그러므로 편취의 밖에 따로 승제가 있는 것이다. 지금 시대의 비구들은 총림에 살거나 사원에 머물며 중승과 함께 법규를 세우고 행동거지를 단속하며 과실에 걸리지 않게

所制, 而於餘方必應行者, 皆不得不行."

10) 宋 贊寧, 『宋高僧傳』 권10, (T50, p.771). "雖非佛制, 諸方爲淸淨者不得不行也."

한다."[11] 비니는 여러 악법을 멸하고 악도를 멀리 떠남을 뜻하는 것으로, 부처가 설한 바의 계율을 가리킨다. 예를 들어 『능엄경楞嚴經』에서 설한 "비니를 엄정하게 하여, 삼계에 널리 모범이 된다.(嚴淨毗尼, 弘範三界)"와 같다. 찬녕은 불제 밖에 별개의 승제라는 것이 존재한다고 명확하게 강조하였으며, 또한 승제 제정의 원칙이 곧 '불법을 행하는 것은 때에 따라 규제하고 단속하는 것(佛法流行, 隨時制斷)'임을 지적하였다. 불교가 유행하는 상황에 근거하여 그 지역에 따라 승니를 단속하는 적합한 조문 제도를 제의, 제정한다는 것이다.

중국불교 승제는 역사적으로 동진東晉의 고승 도안道安이 정한 승니궤범僧尼軌範에서 최초로 시작된다. 그는 행향行香, 정좌定坐, 상강上講, 육시예참六時禮懺, 포살布薩, 회과悔過 등의 규정을 수립하여 후대 중국불교 사원의 승제에 기초를 마련하였다. 따라서 찬녕은 이에 대해 "새로이 길을 내고 황무지를 개척한 것으로, 도안이 승제의 시초이다.(鑿空開荒, 則道安爲僧制之始也.)"라고 평가하였다. 그 이후 역대의 제왕과 고승은 모두 승제를 중시하였다. 여산廬山 혜원법사慧遠法師는 『법사절도서法社節度序』, 『외사승절도서外寺僧節度序』, 『비구니절도서比丘尼節度序』를 제정하여 여산 승단의 교제敎制를 완비하였다. 『위서魏書』「석노지釋老志」의 기록에 따르면, 북위北魏 세종世宗이 영평永平 원년(508) 가을에 다음과 같은 조서를 내렸다. "승려와 속인이 이미 다르고 법과 율이 또한 다르다. 따라서 도와 교는 서로 드러내며 빛나

11) 宋 贊寧, 『大宋僧史略』 권2, (T54, p.241). "佛法流行, 隨時制斷. 合毘尼之繩糾, 則案毘尼; 堪別法之處量, 須循別法. 故佛訶比丘云; 巧避我制造種種過故, 許同時立方毘尼, 涅槃後立未來敎, 以爲律範所不圍, 篇科所不載, 則比附而求之也. 以是篇聚之外別有僧制焉. 今時比丘或住一林居一院, 皆和衆立條, 約束行止, 俾不罹於愆失也."

고 금禁과 권勸은 각각 마땅한 바가 있다. 오늘 이후로 중승이 살인 이상의 죄를 저지르는 경우에는 속법에 의거하여 판결한다. 나머지 범죄는 모두 소현昭玄에게 맡겨 내율승제로 다스린다 …… 만약 덕행이 없으면 본국으로 돌려보내고, 만약 떠나지 않으면 이 승제에 의거하여 죄를 다스린다."[12] 여기에서 '내율승제內律僧制'는 불교 계율과 승단 제도를 포함한다. 또한 남제南齊 문선왕文宣王은 『내율승제』 1권을 저술하기도 하였다. 『속고승전續高僧傳』「석법운전釋法雲傳」의 기록에 따르면, 양무제梁武帝가 보통普通 6년(525) 광택사光宅寺 법운法雲을 대승정大僧正으로 임명하고, "칙령으로 광택사 주지로 삼고 승제를 창립하여 후대의 준칙으로 삼았다."[13]고 하였다.

중국불교 역사에서 영향력이 가장 큰 승제는 선문청규禪門淸規로서, "숭상하는 바는 대소승에 국한되지 않고, 대소승의 차이가 없다. 마땅히 균형적으로 절충하여 제도의 범위를 설정하고 그 마땅함에 힘쓴다.(所宗非局大小乘, 非異大小乘, 當博約折中, 設於制範, 務其宜也.)"를 제정 원칙으로 한다. 다시 말해, 선문청규는 불제 계율의 정신에 기반을 두면서 동시에 중국 본토의 문화 풍속 및 선종 사상과 수행 방식에 부합하는 중국식 승제이다. 백장선사百丈禪師가 총결한 청규 제정의 4대 장점 가운데 두 번째 항목이 "승가의 형태를 훼손하지 않고, 불제를 따르기 때문(不毁僧形, 循佛制故)"인데, 이는 청규가 불교 계율의 기본 정신을 따랐음을 보여준다. 원대元代에는 동양덕휘東陽德輝가

12) 『魏書』 권114, 「釋老志」, 中華書局, 1975, p.3041. "緇素旣殊, 法律亦異. 故道教彰於互顯, 禁勸各有所宜. 自今已後, 衆僧犯殺人已上罪者, 仍依俗斷, 餘犯悉付昭玄, 以內律僧制治之 …… 若無德行, 遣還本國, 若其不去, 依此僧制治罪."

13) 唐 道宣, 『續高僧傳』 권5, (T50, p.643). "勅爲光宅寺主, 創立僧制, 雅爲後則."

칙령을 받들어 청규를 중수重修하여 『칙수백장청규敕修百丈淸規』를 편찬하였다. 원대 황제는 특별히 이에 관하여 다음과 같은 조칙을 반포하였다. “장차 각 사원 안에 많고 적은 동일하지 않은 『청규』는 폐지하도록 한다. 이들을 교정하여 하나로 귀납한 이 『청규체례』에 의거하여 체행을 정한다.(將那各寺裏增減來的不一的『淸規』休敎行, 依著這校正歸一的『淸規體例』, 定體行.)” 이 청규는 천하의 총림이 의거하는 기본적인 관리 제도가 되었다.

청대淸代 의윤儀潤은 『백장청규증의기百丈淸規證義記』에서, “백장회해는 선종을 융성하게 하고, 율제를 두루 숭상하였다. 일찍이 양 왕조 때에 광택사 법운이 조령을 받들어 집성한 승제는 잘 사용하기에 부족하였다. 따라서 결국 율장을 다시 살피고 균형적으로 절충하여 규범을 제정하고 시의에 맞도록 힘썼다.”[14]라고 하였는데, 여기에서는 분명 선종의 청규를 승제라고 칭하고 있다. 또한 태허대사太虛大師도 다음과 같이 설명하였다. “중국의 승제는 대략 2천 년의 역사를 지닌다. 오랜 기간 동안 많은 변화를 겪었으며, 현재 전해진 것은 대부분 당·송대에서 비롯된 선종총림제도이다. 그 외에 천태종天台宗, 율종律宗 등에서 전승된 것도 있지만 이들은 모두 선종 사원 제도의 영향을 받아 종속적 제도가 되었다. 따라서 오로지 선종총림만으로 중국 승제를 설명할 수 있다.”[15]

승제의 형성은 역사적 필연에 의한 것이었다. 인순법사가 지적한

14) 淸 儀潤, 『百丈叢林淸規元義』(『卍新纂續藏經』63, p.379). “(百丈懷海)盛宏禪宗, 兼崇律制, 嘗以梁朝光宅寺法雲奉詔所集僧制未盡協用, 遂重閱律藏, 博約折衷, 設規制範, 務合時宜.”

15) 太虛, 『眞現實論宗用論』, 『太虛大師全書』40, p.1097.

바에 따르면, "형식을 그대로 표절한 율제는 (중국에서) 통행되기에 어려운 부분이 있었다. 전체적으로 인도화 할 것인지, 아니면 중국화(本位化)할 것인지의 문제는 동진시기 말기에 이미 논쟁을 불러일으켰다. 현묘한 도리를 설하였던 남조南朝에는 당연히 아무런 혁신도 있을 수 없었다. 반면 율제를 강하게 실행하였던 북방에서는 새로운 제도가 출현하게 되었다."[16] "물론, 율律은 부처가 제정한 것이므로 그에 의거하여 받들어 행할 수밖에 없다. 그러나 율은 세속에서의 실단悉檀이므로 시간, 지역, 사람에게 알맞은 것이 더욱 중요한 것이다! 일부 율을 중시하는 이들은 옛 제도에 얽매여 변통을 알지 못하고, 또 일부의 학자들은 아예 율을 경시하고 논하지 않는다."[17] 불교 계율이 중국의 시간, 지역, 사람에 적응한 결과로 중국 특색의 청규가 탄생하게 된 것이다. 청규가 제정된 이후, 그것은 중국 승려가 준수해야 하는 중요한 행위 규범이 되었다. 또한 당대 이후, 중국에는 진정한 율종律宗이 없었고 이른바 율종 도량의 '전계傳戒'가 있을 뿐이었다. 불제계율에 대한 연구와 발전은 이미 사라졌고, 불제계율의 내용은 더 이상 중국 승려의 시야에 선명하게 나타나지 않았다. 따라서 능해법사는 중국에서 '승제가 불제보다 중요하다'고 말한 것이다.

(3) 왕제 개론

본고에서 왕제는 불교제도 체계 중 불제와 승제에 상대되는 개념

16) 印順, 「泛論中國佛教制度」, pp.5~7.
17) 印順, 「人間佛教要略」, 『印順集』, 中國社會科學出版社, 1995, p.159.

을 가리키는 것으로, 봉건군주제 시대에 황제로 대표되는 국가가 불교 사무 관리를 위해 제정한 관련 제도를 가리킨다. 승관제도僧官制度, 도첩제도度牒制度, 승적제도僧籍制度 등이 이에 속한다. 이는 『예기禮記』「왕제王制」의 "5방의 백성들이 언어가 서로 통하지 않고, 기호와 욕망이 서로 다르니, 그 뜻을 통하게 하고, 그 욕망을 통하게 해야 한다.(五方之民, 言語不通, 嗜欲不同, 達其志, 通其欲.)"에서와 같이 통상적으로 거론되는 군주전제 정치체제 혹은 황제의 예의나 제도 등을 의미하는 왕제와는 다른 개념이다. 왕제王制에 "천자의 나라는 사방 천리이다. (사방천리 안의) 이와 같은 모든 명칭이 속한 모든 도읍과 모인 대중은 천자를 벗어나지 않는다. 그러므로 경조라고 한다.(天子之國, 四方千里. 如是衆名, 不出天子所都大衆所聚, 故云京兆.)"라고 하였으니, 여기에서의 왕제는 후자를 가리킨다.

인류 사회의 역사를 살펴보면, 무릇 종교가 존재하는 국가에는 필연적으로 정교政教관계가 존재한다. 또한, 다양한 국가와 민족은 정치문화와 종교 문화 환경의 차이로 인해 각종 다양한 형태의 정교관계를 형성하게 된다. 간략하게 개괄하면, 정교관계는 크게 정교합일과 정교분리 두 가지 유형으로 구분된다. 정교분리의 유형은 또 다시 정교평등, 정주교종政主教從, 교주정종教主政從의 세 가지 하위 형식으로 구분된다. 고대 인도는 역사적으로 바라문교를 중심으로 하는 교주정종의 정교관계를 형성하였다. 이러한 역사적 전통에서 생성된 인도불교는 비록 바라문교처럼 전체 사회를 주도하지는 못하였으나, 세속의 국가정권에 의해 비교적 충분한 존중과 발전 공간을 부여받았다. 이러한 환경에서 형성된 불교는 자연히 승단 관리에 있어서 국가 정권의 간섭을 적게 받았고, 따라서 인도불교의 승단 관리는 주로 석가모니가 제정한 '불제'에 근거하여 관리되었다. 이때문에 인도 불교제도에는 '왕제'의 내용이 비교적 적다. 하지만 부처가 승단 관리 제도를 제정할 때에 당시의 국가 제도를 고려하여 이와 결합하기도 하였는데, 가령 『살바다비니비바사薩婆多毗尼毗婆沙』에는 다음과 같은 기록이 있다. "염부제의 일체 국법예의는 왕사성을 올바름으로 삼으며 아사세왕이 인왕의 제일이다. 부처께서 왕을 따르는 것은 여러 성인이 존중하기 때문이다. 부처는 왕사성에 계실 때에 인왕의 제계에 의거한다. 왕사국법에 5전五錢 이상은 중죄에 속하므로 부처는 이 법에 의거하여 도적질이 5전에 이르면 바라이죄를 부가한다. 이처럼 염부제 내에서 불법을 드러내야할 경우가 있으면 5전을 기준으로 죄를 주었고, 만약 전이 쓰이지 않는 경우에는 5전에 준하면 죄로 판단하였다."[18] 또한, 『사분율행사초비四分律行事鈔批』에서는 왕제가 분명하게 언급되었다. "5분(율)에서 '비록 내가 제정한 것이지만 다른 지역에서 행해지지 않는다'는 것은 부처께서 재세 시절 출가자에게 체발을 명하셨는데, 지금은 국왕이 허락하지 않는 것을 말한다. 따라서 행할 수 없다고 말한 것이다. 경景이 이르길 불제에 여름에 유행遊行한다고 하였는데, 지금의 왕제에는 만일 이유 없이 사원을 열흘 떠나면 모두 환속으로 판결하니 또한 행할 수 없다. 따라서 주석에서 '속왕이 승려를 위해 법제를 세우고 경본에 의거하지 않는다'라고 한 것이니 바로

18) 『薩婆多毗尼毗婆沙』 권3, (T23, p.517). "閻浮提一切國法禮義, 以王舍城爲正, 阿闍世王於人王第一. 佛爲法王, 衆聖中尊故. 佛在王舍城依人王制戒, 王舍國法, 五錢以上入重罪中, 佛依此法, 盜至五錢得波羅夷. 如是閻浮提內現有佛法處, 限五錢得罪, 若國不用錢, 准五錢成罪."

그러한 뜻이다."[19] 이에 근거하면, 인도의 종교적 전통에 따라 당시의 사회적 환경에서 세속 정권은 결코 승단의 생활을 간섭하지 않았고, 불교는 출세한 종교로서 세속 정치를 초월하는 특권을 가졌다. 또한 불교 승단의 관리 제도는 주로 불제였으나 왕제와 승제의 개념이 이미 생성되었고, 불제 내부에도 세속 제도에 대한 고려가 존재하여 왕제와 승제에 일정한 공간을 남겨주었음을 알 수 있다.

역사적 전통에 따르면, 중국은 자고이래로 정주교종의 정교관계를 형성하였다. 따라서 인도에서 중국으로 전파된 불교는 새로운 형태의 중국식 정교관계 전통에 어떻게 적응할 것이냐의 문제를 우선적으로 해결해야 했다. 또한 중국 봉건군주제의 국가 정권이 점차 강력해짐에 따라 중국의 사회적, 정치적 환경은 불교의 중국 내 생존과 발전에 직접적인 영향을 미치게 되는데, 이에 적응할 수 있을 것인가의 문제에도 직면해 있었다. 따라서 도안대사道安大師의 '나라의 주인에 의지하지 않으면 법사가 설 수 없다(不依國主, 則法事難立)'는 주장은 불교계의 개탄이면서 또한 중국 정교관계에 대한 객관적인 총결이라고 할 수 있다. 물론, 여러 제왕들은 한편으로 불교의 전파와 발전이 사회 교화를 진작시키고 사회와 국가 정권을 안정화하는 데 도움이 된다는 것을 인식하기도 하였다. 따라서 대다수의 봉건제왕은 자신의 권력이 통제할 수 있는 범위 내에서 불교의 발전을 보호하고 지지하고자 하였다. 그러나 그와 동시에 불교를 국가 사무 관리 체계

19) 大覺, 『四分律行事鈔批』 권4, (『卍新纂續藏經』42, p.719). "五分雖我所制餘方不得行者, 謂佛在時有出家者, 佛令爲剃髮, 今則國王不許, 故言不應行. 景云, 如佛制夏竟遊行, 今時王制, 若無故離寺十日, 皆判還俗, 又不得行也. 故注云, 俗王爲僧立制, 不依經本, 卽其義也."

의 내부로 포섭하였고, 또한 불교의 일부 업무를 대상으로 전문적인 관리 기구와 관련 제도를 수립하기도 하였으며, 결국에는 중국 불교 제도 역사에서의 '왕제'의 영역을 형성하였다. 이와 동시에 불교 승단의 내부에서도 불교 조직의 자발적인 관리 요구로 인해, 불제를 기초로 한 각종 승단 관리 제도가 만들어지기 시작하였고, 점차 중국불교의 승제라는 한 계통을 형성하였다. 인순법사가 언급한 바와 같이, 불교가 중국에 전파된 이후, 불교 제도는 '국가 관할제'(왕제)와 '선승 총림제'(승제) 두 방향으로 변화한 것이다. 특히, 전자에 관하여 그는 "국가 관할제, 이는 불교의 발달로 인하여 승중이 그에 따라 마구 범람하여 사회와 국가에 영향을 미치게 되었고, 국가는 앞장서서 간섭하지 않을 수 없게 되었다"고 지적하였다.[20] 그에 따르면, '왕제'는 또한 봉건사회의 국가 정권이 외래불교를 수용하는 것에 있어서의 전제이자 결과로 볼 수 있다. 중국불교 역사를 살펴보면, 불교 관리를 둘러싸고 일련의 국가 종교 관리제도가 형성되었다. 그러므로 왕제는 중국 불교제도 가운데 중국화의 특색을 가장 두드러지게 보유하고 있다고 할 수 있으며, 그 내용에는 주로 승관제도僧官制度, 시경도승제도試經度僧制度, 도첩제도度牒制度, 승적제도僧籍制度, 황계제도皇戒制度 등이 포함된다.

20) 印順,「泛論中國佛教制度」, pp.5~7.

2. 승제: 총림청규제도叢林淸規制度의 변화와 불교의 쇠락

선종청규로 대표되는 승제는 불교 중국화의 중요한 내용으로서 중국불교 역사에 긍정적으로 작용하였다. 그러나 천여 년에 걸친 군주제 시대가 변화함에 따라 선종청규는 국가 통치에 적응하였고, 동시에 봉건전제사회의 영향을 깊숙이 받았다. 이러한 상황은 중국불교가 불교의 근본정신을 벗어나고 위배하게 만들었고, 불교는 불교 본연의 민주 정신과 평등 정신을 점차 잃어버리게 되었다. 청말淸末에 이르러 중국화된 승제의 악습은 더욱 심각해졌다. 세속의 가정과 유사한 체도剃度, 사법嗣法제도, 집권화된 주지제도 및 사원 경제의 사유화 경향 등의 악습은 불교의 발전을 엄중하게 제약하였다.

군주제가 몰락함에 따라, 불교계가 어떻게 군주제 시대의 불교에 쌓여있던 먼지와 때를 청산하고 청규의 민주, 평등정신을 회복하며, 시대 발전에 적합한 새로운 승단 관리 제도를 건립할 것인가의 문제는 불교의 건전한 발전과 관계된 중요한 사항이다.

(1) 군주제 시대 중국 불교 승제의 변화

중국역사를 살펴보면, 선종청규는 불교의 존재를 유지하는데 중요한 기능을 하였다. 당대에 선종이 흥기하여 정형화된 이후 천여 년의 시간 동안, 선종청규는 일정 정도의 손익이 있었으나 결론적으로 중국불교 발전사에 있어서 대단히 중요한 기능을 발휘하였고, 한전漢傳 불교의 기타 여러 종파에 의해 인용, 통행되었다. 이는 승니가 총림에서 정상적이고 청정한 생활을 보내는 것을 보장하였고, 또한 총림의 안정을 유지하였다. 청말에 이르러, 온 국가와 민족은 급격하게 쇠퇴하였다. 불교의 여러 종파는 모두 쇠락의 길을 걸었고, 단지 선종의 총림청규제도만이 겨우 불교의 생존을 유지하였다. 청말 불교 쇠락의 원인을 단순히 선종의 청규제도로 귀결하는 사람도 있지만, 이는 역사적 사실에 부합하지 않는다. 이에 대해 인순법사는 다음과 같이 말하였다. "별도로 선원을 세운 선승은 당대唐代에 산림농촌의 환경에 적응하고 부처의 승제를 참조하여 총림제도를 창설하였다. '하루 일하지 않으면, 하루 먹지 않았으며(一日不作, 一日不食)', 그들은 '토지를 개간(辟土開荒)'하여 경제적 자족을 추구하였다. 이 제도는 진실한 참오參悟의 신심信心과 정진精進에 합치되어 분명 상당히 성공적이었다. 불교 사상계는 이미 고착화, 보수화로 인해 쇠락의 길을 걷게 되었으나, 이 총림제도 덕분에 간신히 불교를 최근까지 유지했다."[21] 남회근南懷瑾 또한 다음과 같이 주장하였다. "오랜 세월이 지난 후세의 입장에 서서 보면, 만약 그(백장회해)가 당시 결연히 제도를 바꾸지 않고 승중들에게 인도 원래의 걸식제도를 지키게 하였다면, 불교가 어찌 그 규모를 보존하여 현재까지 전해질 수 있었겠는가?"[22]

긍정적인 측면에서 보면, 송·원·명·청 시기의 불교는 이미 중국의 정치, 경제, 문화, 사회 각 방면에 적응하여 교화를 돕고 사회 민심을

21) 印順,「泛論中國佛教制度」,『印順法師佛學著作系列』, 中華書局, 2011, pp.5~7.
22) 南懷瑾,「禪宗叢林制度與中國社會(八)-叢林與宗法社會」,『南懷瑾著作珍藏本』 5권, 複旦大學出版社, 2000, p.497.

안정시키는 데 큰 기능을 발휘하였다. 이로 인해 이 시기에는 폐불廢佛 운동이 전혀 발생하지 않았다. 중국 역사에서 이른바 '삼무일종三武一宗'의 법난法難이라고 일컬어지는 네 차례의 폐불이 모두 남북조 시기와 당오대시기에 발생하였다는 점은, 그 이후 불교가 중국의 사회, 정치, 문화에 적응하여 군주제 시대의 요구에 부응하였음을 보여준다.

군주제 시대 불교 청규의 변화는 불교가 봉건제왕시대의 통치에 적응하도록 만들기는 하였으나, 또한 수많은 폐단을 야기하였다. 소만수蘇曼殊·장태염章太炎은 『고불자서告佛子書』에서 다음과 같이 주장하였다. "사문이 속인에게 절을 하고 예의에 마땅함이 끊어진 것은 원공遠公 이래로 오랫동안 지속되었다. 송대에 칭신稱臣의 법도가 처음으로 생겨나 청대에는 결국 제왕에게 절을 하는 예의가 성행하였으니, 이는 모두 승중이 스스로를 욕되게 한 것이지 타인이 강제로 할 수 있던 것이 아니다. 오늘날에 이르러서는, 재관이 앞에 있으면 삼가며 예배하고, 눈으로는 보시[檀施]를 살피고, 귀명歸命하며 의지한다. 『동계록同戒錄』을 간행하는 경우에는 계원戒元, 계괴戒魁 등의 명칭은 사용하지만 속과俗科에 빌붙어 있으니 더더욱 비웃음을 산다. 무릇 유속儒俗의 일민逸民은 천자의 신하로 임하지 않는 경우가 있고, 백련白蓮 사명邪命 또한 귀유貴遊를 흘겨볼 수 있다. 어찌 성스러운 가르침이 쇠미해져서 도리어 이류의 아래에서 나오는가."[23] 불교는 사

23) 『古佛子書』 "至於沙門拜俗, 禮所宜絶, 遠公已來, 持之久矣. 宋世始有稱臣之法, 淸代遂隆拜帝之儀, 斯皆僧衆自汙, 非他能强. 及至今日, 宰官當前, 跪拜惟謹, 檀施在目, 歸命爲依. 乃至刊『同戒錄』者, 有戒元, 戒魁等名, 依附俗科, 尤可鄙笑. 夫儒俗逸民, 尙有不臣天子 ; 白蓮邪命, 且能睥睨貴遊. 何意聖敎衰微, 反出二流之下."

회 속의 종교였고, 불교의 생존과 발전은 국가라는 큰 환경과 떨어질 수 없었다. 이 때문에 2천 년에 가까운 시간 동안 봉건이라는 해악은 이미 불교 내부에 깊이 영향을 미쳤다.

근대로 진입한 이후 중국사회에는 거대한 변화가 발생하는데, 특히 봉건군주제에서 민주공화제로 사회제도가 변화하였고, 이는 전통의 승제로 하여금 엄준한 도전에 직면하게 하였다. 선종청규로 대표되는 전통 승제는 천여 년 동안의 군주제 시대에도 큰 변화를 겪어왔다. 그 가운데 두 가지 측면의 변화가 불교에 큰 영향을 주었다. 첫째, 원시 청규의 평등정신이 점차 총림 내에서 등급이 엄격한 제도로 변화하였다. 당대唐代의 백장청규百丈淸規는 '보청普請'의 법을 실행하여 상하가 고르게 일하였고, 엄격한 존비의 구별이 없었다. 당송唐宋 시기에는 삼강三綱제도를 실행하여, 중대한 사원 업무(寺務)가 발생하면 반드시 수좌首座, 사주寺主, 유나維那 삼강이 공동으로 협의하였다. 그러나 송원宋元 이후, 총림제도가 변화함에 따라 수좌와 유나는 팔대집사八大執事의 하나가 되어 실제 권력이 감원監院이나 지객知客 등에 미치지 못하였고, 반면 주지住持 지위는 눈에 띄게 격상되어 주지를 중심으로 하고 양서兩序를 보조로 하는 사원 관리 제도가 만들어졌다. 주지 아래에 좌우의 양서직사兩序職事로 양분되는 형태는 세속의 황제 이하 문무 양반대신의 구성과 유사하였다. 이는 불교에서의 함께 머물고(身和共住), 다투지 않으며(口和無諍), 뜻을 함께하여 도모하고(意和同事), 같은 계를 닦으며(戒和同修), 견해를 함께하고(見和同解), 이익을 고르게 나눈다(利和同均)는 '육화경六和敬' 정신을 위배한 것이다. 불교 승단 또한 세속의 군주제와 점차 유사해졌으며, 원시 청규의 민주, 평등 정신을 잃어갔다. 둘째, 사원의 형식에 있어서, 시방총림十方叢林 이외에 점차 자손총림子孫叢林, 체도총림剃度叢林, 전법총림傳法叢林, 전현총림傳賢叢林 등 각종 유형의 양식이 출현하였고, 시방총림의 현명한 사람을 뽑고 유능한 사람에게 직무를 맡기며(選賢任能), 민주선거를 하는 등의 제도적 특징도 사라져갔다. 이들 사원은 세속가정의 족보族譜와 유사하게 법사法嗣 전승을 중시하여 법계法系 종보宗譜를 형성하였고, 이렇게 만들어진 전승관계 집단은 시방승사의 재산을 점유하여 자손이 재산을 사유화하는 전승제도를 만들어냈다. 자손총림제도는 불교가 천백 년에 걸쳐 중국 종법사회에 파고들어가는 과정에서 형성된 기형이라고 말할 수 있으며, 이는 불교 사원 재산은 시방이 공유한다는 전통을 완전히 위배한 것이다.

(2) 집권화된 주지제도 및 부법付法제도의 폐단

중국의 한전불교 사원에는 전통적으로 시방총림과 자손총림의 구분이 있었다. 송대에 총림은 갑을도제원甲乙徒弟院, 시방주지원十方住持院, 칙차주지원敕差住持院 세 종류로 나뉘었다. 갑을도제원은 자신이 제도한 제자가 교대로 주지를 하면서 차례로 전수하였는데, 갑을원甲乙院으로 약칭하고, '순자손묘純子孫廟'라고도 불렀다. 이는 일종의 스승과 제자(師資)간에 전승하는 세습제로서, 체도총림 혹은 자손총림으로도 불렀다. 이 사원에는 주지도중住持徒衆 이외에 시방승중十方僧衆의 입주入住를 허락하지 않았다. 시방주지원은 여러 지역의 학식과 덕행이 뛰어난 사람을 공동으로 초빙하여 사원의 업무를 주관하게 하였는데, 약칭 시방주지원이라고 하였다. 시방주지원의 주지는 대중의 추천을 기반으로 관리의 감독 하에 선거를 통해 정해지므로 시방총림이라고 불렀다. 불교 총림은 대부분 이 제도를 지속적으로 사용하였고, 후대에 점차 시방총림과 자손총림의 분립제도를 형성하였다.

자손총림과 시방총림 이외에도 재산 속성과 주지 전승 방식이 자손묘와 동일한 사원들이 있었고, 법파法派 전승과 동일한 본가사원本家寺院들도 있었다. 그러나 사원의 규모가 비교적 크고, 재력이 탄탄하여 때로 본사원과 기타 자손묘의 사미沙彌에게 구족계를 전하는 것을 윤허하기도 하였다. 이러한 사원은 '반은 자손묘이고 반은 시방총림(一半子孫廟, 一半十方叢林)'의 성질에 속하여 '반자손묘半子孫廟'라고 약칭하였다. '반자손묘'는 기타 승중의 입주를 허락했다. 그러나 강령집사는 모두 주지제자이고, 시방승중은 사원관리에 평등하게 참여할 권한이 없었으며, 승단 재물을 평등하게 향유할 수도 없었다.

청말, 시방총림과 자손총림에 대한 국가의 관리 소홀로 인해 유명했던 일부 시방총림이 이름만 남기고 사라졌고, 다수는 선현選賢 혹은 전현傳賢 등의 분파로 변화하였다. 일부 대총림은 호칭은 비록 시방이었지만 사원의 주지나 수좌 등이 대부분 하원下院을 소유하였고, 자손총림으로 기능하며 시방총림의 제약을 받지 않고 자유롭게 제자를 체도할 수 있었다. 자손총림은 명칭이 매우 다양했다. 주지에 체자剃子, 법자法子, 계자戒子 등 차이가 있었고, 이는 체파剃派, 법파法派, 계파戒派 등의 차이를 만들었다. 자손식의 계승으로 주지는 전통 대총림의 사원 재산을 독점하였고, 시방상주十方常住의 재산을 사원의 주지 혹은 그들 무리의 사적 소유로 만들어서 불교의 공적 재산을 가족의 유산과도 같이 치부하며 스승에게서 제자로, 손제자로 전해주었다. 근대에는 역사적으로 승려가 사원의 재산을 매각하고 권력자와 결탁하는 현상이 자주 발생하였고, 이는 불문의 타락을 심각하게 유발하였다. 여러 사원들에서 체도파의 주지가 제자를 받지 않고, 법파의 주지가 법을 전수하지 않는 일이 자주 발생하였다. 그러다가 갑자기 망하게 되면 여러 무리가 들고일어나 주지가 되려고 다투거나 혹은 다른 종파가 기회를 틈타 이를 점령하는 등 여러 가지 상황들이 숱하게 발생하였다. 결론적으로, 불법이 근대 사회에 적응하지 못한 데에는 총림제도의 폐단을 중요한 요인으로 꼽을 수 있다.

부법付法은 중국불교 중 선종과 천태종 등의 전통이다. 이른바 부법이란 법을 전할 것을 부탁하는 것(付囑傳法)을 의미한다. 근기根器가 있거나 마음을 밝혀 본성을 깨달은(明心見性) 제자를 선택하여 법을 전수하고, 교법을 전승하게 하며 온전하게 지켜갈 것을 부탁하는 것이다. 선종과 천태종은 모두 『부법장인연경付法藏因緣經』 등의 저작에 근거하고 기타 저술을 참고하여 부처 입멸 이후 가섭迦葉, 아난阿難 등 인도의 여러 조사에서부터 역대로 전승한 전법세계傳法世系를 상세하게 열거하였다. 가령, 선종은 보리달마를 인도 제28대 조사, 중토 초조로 간주한다. 이로부터 차례로 전법수인傳法授人한 것을 부법상승付法相承이라고 부른다. 부법제도의 연원에 관하여, 소만수 · 장태염은 『고불자서』에서 다음과 같이 설명하였다.

"부법장이란 (다음과 같다.) 본래 승중이 넓고 많아지므로써 사람(들)이 기강을 기대하였다. 옛날 (부처가) 쌍림에서 멸도를 보이셨으나 가섭이 아직 섭파에 있으면서 7일이 지나서 부음의 소식을 들었다. 스스로 생각하기를 여래가 일찍이 가사와 납의를 나에게 주어서 성스러운 이익을 만족하여 부처와 다름이 없었으니 마땅히 정법을 보호하리라.(『선견율비바사』 제1) 이것이 어찌 법을 부촉하는(付法)의 문장을 밝힌 것이랴, 바로 덕이 있는 스승이어서 많은 바람이 귀착한 바이기 때문이다. 이 (중국)땅의 천태종은 본래 용수로부터 이어져서 서로 격하여 주고 받으면서 일이 달라도 친하게 의지한다고 말한다. 선종이 비록 전등이 있지만, 6조가 입멸한 후로부터 이미 의발을 전하여 부촉하는 일이 없어졌다. 만약 내증을 따져서(計) 법을 얻는다면 혹은 죽림이나 사탕수수와 같(이 많)으니 어찌 반드시 한 사람에게 국한하겠는가? 만약 세속의 정을 따진다면 남겨진 의발이 다툼의 단서가 되니, 이에 계를 나타내어 선의 문헌에서 드러나게 한 것이다. 그렇다면 법장이 귀결되는 사람은 마땅히 학도들이 공적으로 선출하는 것이어서, 반드시 (명성을) 듣고 (수행을) 닦음에 부족함이 있다면, (아직) 다른 승려를 더불어 권청하는 것이 방해가 되지 않는다.(오직 재관과 거사들에게 (명성을) 듣고 선출하는 일이라면, 선출하는 것이 반드시 세속법보다 깊이가 있다고 할 수 없기 때문이다.) 어찌 은밀히 전승을 나타내어서 쟁송을 일으키기에 이르는가. 사법嗣法을 구함에 (사람들이) 나무라고 싫어함을 지키지 않는다. 만약 이와 같다면, 세속의 선비가 마땅히 관(직)을 구하는 것과 무엇이 다르겠는가. 그러므로 상인上人이라는 칭호를 얻은 것이리라."[24] 부법은 본래 마음을 밝혀 본성을 깨달은 제자가 감험勘驗하고

24) 소만수 · 장태염, 「告佛子書」, 『蘇曼殊文集』, 線裝書局, 2009, p.12. "付法藏者, 本以僧衆宏多, 須人綱紀, 在昔雙林示滅, 迦葉猶在葉波, 過七日已, 乃聞音耗, 自念如來曾以袈裟納衣施我, 聖利滿足, 與佛無異, 當護正法(『善見律婆娑第一』). 此豈明有付法之文. 正以耆年有德, 衆望所歸故也. 此土天台一宗, 自謂直接龍樹, 而受授相隔, 事異親依. 禪宗雖有傳燈, 然自六祖滅後, 已無傳付衣鉢之事. 若計內證, 則得法者,

증명하는 것이었다. 선종은 6조 이후에 한 가르침에서 다섯 개의 분파(一花五葉)가 되어 선문이 광범위하게 전파되자, 더 이상 의발衣缽을 부전付傳하지 않았고 그로써 분쟁을 면할 수 있었다.

부법은 송대에 이르러 선사가 개당설법開堂說法(처음으로 사원 주지를 맡는 의식)을 할 때에 자신의 득법사승得法師承을 공개적으로 밝혀야 하는 것으로 변하였다. 염향설법拈香說法 때에 첫 번째, 두 번째 향은 일반적으로 황제, 태자 혹은 지방관 등을 축복하고, 세 번째 향은 '품 안에서 꺼내어(懷中取出)' 자기 득법사부의 법유法乳 은혜에 보답해야 한다. 청말에 이르러 부법은 제자가 개당설법을 할 때로만 제한되지 않았다. 『정법안장正法眼藏』 등의 법권法卷을 전하는 것을 부법의 근거로 삼았는데, 고대에 제자의 깨달음에 대해 인증하였던 형식은 이미 사라지고 제자를 모집하고 스승의 유업을 지키는 형식으로 완전히 변화하였다. 태허는 다음과 같이 설명하였다. "여러 사원의 체파剃派, 법파法派가 서로 전승하는 것은 속세의 가정에서 자손을 중시하는 것과 같았다. 만약 도제徒弟가 없으면 속인들과 마찬가지로 후대와 단절된다는 두려움을 느꼈고 그래서 도제를 모집하였는데, 도제는 많으면 많을수록 좋고, 나이가 어릴수록 좋은 것으로 쳤다. 이렇게 도제를 과도하게 받아들였다. 그들은 단지 향화香火를 끊임없이 이어지게 할 것만을 꾀할 뿐, 출가의 본분사本分事에 있어서는 전혀 명성이 들리지 않았다. 계를 전하는 대사大寺는 계를 받은 제자의 많

或如竹林竿蔗, 豈必局在一人. 若計俗情, 則衣缽所留, 爭端卽起, 懸絲示戒, 著在禪書. 然則法藏所歸, 宜令學徒公選, 必若聞修有闕, 未妨兼請他僧(惟不令宰官居士與聞選事, 以所選必深於世法者故). 何取密示傳承, 致生諍訟. 管求嗣法, 不護譏嫌. 若爾者, 與俗士應擧求官何異, 而得稱爲上人哉."

고 적음을 영광으로 삼았다. 법을 접한 적이 있다면 최소한 한 사람에게는 법을 전수해야 했고, 한 사람에게도 전하지 못하면 법사를 단절시킨 죄과罪過가 생겼다. 그러나 전법의 의식은 단지 조사祖師 근원을 한 권으로 기록하는 것에 불과했다. 법을 인수인계 하는 것은 일종의 근거로 작용하여 조규祖規와 조산祖産을 계승하고 지키는 일원이 되게 하였고, 실제 불법과는 큰 관계가 없었다. 따라서 중국에 현존하는 승제는 각각의 크고 작은 가족 승사僧寺를 이루었으며, 그들이 중요하게 생각하는 것은 제자를 모집하여 계승하고 조규와 조업祖業을 지키는 것이었다."[25)]

상현象賢은 불교가 날로 쇠멸하는 원인이 체도와 사법제도 때문이라고 지적하면서 다음과 같이 주장하였다. "과거의 사원 제도에는 비록 '체剃'의 법도가 있기는 하였으나 어질고 능력있는 이를 선발하여 각각 전종專宗 문정門庭을 세우고, 학자들을 모아 각종 교리를 연구하는 경우가 대부분이었다. 후대에 이르러 유폐流弊가 더욱 심해져서 짐승같이 교활한 무리들이 서로 다투고, 사원의 권력에 몰래 의지하여 시방 공중의 상주를 사유물로 삼았다. 우민 정책을 행하고 교리 연구를 단절시켜서 오늘날 승가 가운데 글을 알지 못하는 자가 열에 아홉이고, 글을 아는 자가 열에 하나인 지경에 이르렀으니, 지식에 있어서는 어떠하겠는가? 설령 한, 둘의 걸출한 이가 있다하더라도 좌에 올라 현묘함을 논함에 주소注疏를 뒤적거려 읽는 것에 불과하다. 깨닫지 못한 제자를 가르침에, 교리에 있어서는 어떠하겠는가."[26)] 관용

25) 太虛, 『眞現實論宗用論』, 『太虛大師全書』 40책, pp.1098~1099.

26) 象賢, 『中國佛教今漸衰滅當以何法昌明振興』, 『海潮音』 第8年 第9期, 1927. 9. "古者寺院制度, 雖有'剃'法, 類多選賢與能, 各樹起專宗門庭, 召集學者, 研究各宗之教

寬容은 청말 불교의 쇠락을 승중을 무리하게 거두는 것(濫收徒衆), 제도를 어겨서 계를 전하는 것(違制傳戒), 사법제도(嗣法制度), 독경과 참회법회가 돈벌이 수단으로 전락한 것(資易經懺) 등의 네 가지의 원인으로 귀납하였다. 그 가운데 세 번째 항목 '사법제도嗣法制度'에 대하여 다음과 같이 설명하였다. "이미 부처의 가르침의 문門에 혼란스럽게 들어간 것이다. 그러므로 또한 그 계를 받고, 이에 사방으로 달리면서 간략하게 제산諸山의 가풍과 백장의 청규를 학습한다. 몇몇 지식을 배우고 첫 직함을 영광스럽게 여기며 반에서 으뜸이 되니(班首), 마의 자손이 모두 나의 권속이다. 주지가 지위를 물려주는 것이 내가 아니면 그 누구이겠는가. 용화삼회(의 설법)은 사법嗣法의 세례를 받은 것(과 같은 것)이니, (세례를) 받으면 범왕이 세 번 간청하여 법왕이 보좌에 오르는 때이다. 자격은 도덕과 숭고함을 묻지 않고, 학식을 묻지 않는다. 비록 사리불의 지혜와 목건련의 신통이 있다고 해도 여래의 염화미소를 받지 않는다면 어찌 마음에서 마음으로 도장을 찍으랴. 곧바로 사람으로서 재산을 전하는 것이 되니, 불법의 존엄은 사적으로 서로 주고받을 수 있게 되었다. 오호라, 법파法派를 위하여 일체를 맡음으로써 영산회상의 죄인이 됨을 알지 못하는구나!"[27] 그러

理. 逮後流弊滋甚, 爭奪橫生, 狡猾之徒, 竊據一寺之權, 將十方公衆常住, 視爲私有, 行秦贏愚民之策, 杜絶教理之硏求, 致今日僧伽不識字者十之九, 識字者十之一, 知識云何哉. 縱有一二傑出之士, 登座談玄, 不過翻讀注疏而已. 教不領解之弟子. 教理云何哉."

27) 寬容, 「西藏宗喀巴大士之革命與今日整頓支那佛教之方針」, 『晨鍾特刊』 第2期, 1927. 12. "旣混入佛教之門矣, 而又受其戒矣, 於是奔走四方, 略有學習諸山之家風, 百丈之淸規. 識得幾頁知識, 頭銜榮升班首, 魔子魔孫, 悉吾眷屬, 主持遜位, 舍我其誰, 龍華三會, 到嗣法洗禮受卽梵王三請, 法王登寶座時也. 資格可以不問道德崇奉, 可以不問學識, 雖有値舍利弗之智慧, 目犍連之神通, 而不蒙如來之拈花微笑, 何以心印心, 卽是以人傳財, 佛法尊嚴可以私相授受. 嗚呼! 以爲法派可以任持一切, 而不知此乃靈山會上之罪人也."

나 그 근원은 모두 주지제도에 있어서 시방총림과 자손총림이 명확하게 구분되지 않고 사법제도가 혼란스러웠던 것에서 야기된 것이다.

사법제도와 연계되어 일부 이름난 사원은 더 나아가 하나의 방두房頭로 변하였고, 사원은 종법 사회의 엄연한 대규모 가정이 되었다. 예컨대, 사원의 주지는 여러 명의 도제를 받는다. 대도제와 그의 문하는 대방大房이라고 불리고, 이도二徒의 문하는 이방二房이 되며, 도제의 아래에는 또 다시 도자徒子와 도손徒孫을 받는다. 오랜 시간이 지나 각 방房은 사원의 재산과 지위를 다투기 위해 경쟁적으로 체도를 하는데, 출가의 동기도 묻지 않고 품행의 좋고 나쁨은 상관없이 단지 많은 사람을 모아 세력을 확장하여 상대방을 압도하는 데 몰두한다. 이미 출가한 사람도 수행을 하지 않고, 계율은 유명무실해졌으며, 출가인은 출가인답지 못하다. 이러한 현상을 일컬어 '방두환房頭患'이라고 하였다.[28] 옹정雍正 10년(1732), 귀주성貴州省 평월平越의 왕사준王士俊(자는 작삼灼三)은 하동총독河東總督 겸 하남순무河南巡撫로 부임하였다. 13년(1735) 그는 황제에게 상소를 올려 유명한 모 사원을 전면적으로 보수할 것을 건의하며 계획도를 제작하여 황제의 비준을 요청하였다. 옹정은 해당 사업을 매우 중시하여 상세하게 지시를 내리고 왕사준이 업무를 처리하도록 명하였다. 황제의 비답은 다음과 같았다. "짐이 살펴보니, 도면에 문두 25방이 있는데, 절과의 거리가 비교적 멀고 산발적으로 흩어져 자리하며 모두 이 절의 내부에 있지 않다.(朕覽圖內有門頭二十五房, 距寺較遠, 零星散處, 俱不在此寺之內. 向來直省 房頭僧人類多不守清規,

28) 鄧子美, 「新世紀佛教複興的組織基礎(一)-二十世紀中國佛教教會社團的組建」, 『法音』, 1999, 第5期.

妄行生事, 爲釋門敗種.)" 황제는 이 사원을 일총림으로 수축할 것을 요구한다. "이들 방두가 사원 밖에 흩어져 자리하여 살펴 단속하기에 어렵게 해서는 안된다. 마땅히 모든 방옥은 사원 담장 밖에 포개어 짓고, 좌우 양측에 요사채(寮房)를 짓도록 하라."[29] 이러한 유지의 내용을 통해, 방두 현상이 당시 직성直省 등지에서 이미 많이 출현하였고, 청말에 이르러 더욱 보편적으로 발생하였음을 알 수 있다. 또한, 직성에서 '방두의 승인들이 청규를 지키지 않고 망령되게 행동하고 사건을 일으켜 석문의 패근이 되는 경우가 많았다(房頭僧人類多不守淸規, 妄行生事, 爲釋門敗種)'은 사법제도 및 사원 경제의 사유화가 초래한 심각한 폐단을 보여준다. 사원 성질의 혼란으로 인하여 사원의 소유권, 관리권, 사용권 등을 포함한 사원 재산의 성질이 청말 민국시기에 이르러 매우 혼란스러워졌다. 사원 내의 승중은 법사法嗣와 체도제자 등의 원인으로 인해 끊임없이 사원의 재산을 다투려 소송을 일으켰고, 이는 오랫동안 해결되지 못했다. 또한 국가나 지방은 사원의 재산을 공유재산으로 간주하여 교육 및 공익사업을 추진할 때에 임의로 절의 재산을 침해하고 불교의 권익을 손상시키기도 하였다.

(3) 군주제 시대 세속 정권에 대한 불교의 의존적 지위 및 변이

중국불교의 역사에 있어서 불교 관리제도의 중요한 구성부분으로

29) 溫玉成, 『少林史話』에 수록된 「雍正皇帝 聖旨圖片」, 金城出版社, 2008, p.222. "不應令此等房頭散處寺外, 難於稽查管束. 應將所有房屋俱拆造於寺牆之外, 左右兩旁作爲寮房."

서의 왕제는 중국 고대 정교관계를 직접적으로 반영한다. 따라서 역대 왕조에서 정교관계가 변화하면 왕제의 내용 또한 변화하였다. 불제에 근거하여 '사문은 왕신세가와 친하게 지내서는 안 된다(沙門不得親於王臣勢家)'고 한다면, 승려들은 제왕이나 대신에게 의탁해서는 안 된다. 사실, 이는 인도불교가 세속 정권을 대하는 기본적인 태도를 보여주는 것으로, 이를 통해 의도적으로 정치를 멀리하고 정권의 간섭과 통제를 줄이려는 불교의 자각적인 의식을 엿볼 수 있다. 일본 학자 마키타 타이료牧田諦亮가 "불교는 외래종교로서 사문이 왕을 공경하지 않을 것을 주장한다. 인도불교는 원래 법주왕종法主王從의 불교이다. 중국으로 전해져 중국인의 불교로 변하였다"[30]라고 주장한 것과 같다. 중국 초기의 정교관계에서 불교는 종교로서의 주체적 독립성을 위해 많은 노력을 기울이기도 하였다. 가령, 동진東晉 시기 혜원慧遠은 「사문불경왕자론沙門不敬王者論」을 편찬하였는데, 이 논은 '재가在家', '출가出家', '(불교)의 종지를 구한다는 것은, (습속의) 교화를 따르지 않는다(求宗不順化)', '구극의 도를 체득하는 것은, (종교적 깨달음과 정치적 교화를) 따르지 않는다.(體極不兼應)', '몸이 없어져도 정신은 멸하지 않는다(形盡神不滅)' 등 5가지 측면에서 이론적으로 집권자가 불교를 억압하고 개조하려는 것에 대해 강력하게 반박하였다.

혜원에 따르면, 재가 신도는 반드시 예법을 준수하고 군주를 공경하고 부모를 섬기고 교화에 복종해야 한다. 그러나 출가하여 수행하는 사문은 마땅히 이와는 차이가 있으며, 세속의 법을 준칙으로 삼지 않는다. 출가 사문은 왕후를 공경하지 않고, 세속의 어두움을 깨트리

30) 牧田諦亮 저, 索文林 역, 『中國近世佛教史研究』, 台北華宇出版社, 1985, p.158.

고 탐욕과 집착의 망혹妄惑을 초탈한다.

봉건 군주 집권주의의 강대한 국가, "온 하늘 아래에 왕의 땅 아닌 곳이 없고, 온 나라의 영토 안에 왕의 신하 아닌 이 없네.(溥天之下, 莫非王土, 率土之濱, 莫非王臣.)"로 묘사되는 중국의 군주전제를 직면하여, 이러한 정치적 환경에서 형성된 중국불교의 흥망성쇠는 제왕의 호오好惡와 밀접한 관계를 맺었다. 따라서 도안대사는 "임금에 의존하지 않으면 법사를 세우기 어려워라(不依國主, 則法事難立)"라고 개탄했던 것이다. 이러한 원칙은 중국불교가 불교와 세속 정권의 관계를 처리하는 데에 있어서 중요한 의미를 지닌다. 『원사元史』에 이르길, "불교와 도교가 중국에서 행해진 것은 천수백 년인데, 그 성쇠는 매번 당시 군주의 호오와 관계가 있었다. 따라서 불교는 진, 송, 양, 진 때에, 황노는 한, 위, 당, 송 때에 그 공효가 볼만하였다."[31] 라고 하였는데, 이 구절은 중국 역사에서의 정치와 종교의 관계를 날카롭게 개괄한 것이다. '사문불경왕자론' 논쟁에서부터 후에 빈번하게 발생하였던 멸불태승滅佛汰僧 사건에 이르기까지, 또 '임금에 의존하지 않으면 법사를 세우기 어려워라(不依國主, 則法事難立)' 개념의 확립에 이르기까지, 도첩度牒, 계첩戒牒, 사자의賜紫衣, 사사호賜師號, 사사액賜寺額 등의 제도가 실시되고, 남송 때에 오산五山과 십찰十刹 양식이 형성되고, 청대 옹정황제가 제왕의 신분으로 직접 불교 내부 업무에 간섭하고, 삼봉일파三峰一派 법맥을 끊는 등등의 역사적 과정을 살펴보면, 출세 해탈을 종지宗旨로 하는 불교이지만, 자신들에 대한 정치권력의 주동적 분란과 개조

31) 『元史』「釋老傳」, 권220, 中華書局, 1976, p.4517. "釋, 老之敎, 行乎中國也, 千數百年, 而其盛衰, 每系乎時君之好惡. 是故, 佛於晉, 宋, 梁, 陳, 黃老於漢, 魏, 唐, 宋, 而其效可觀矣."

를 벗어나기 어려웠고, 결국 황제를 중심으로 하는 세속 정권에 의지하여 그 곁에서 순종하는 역할을 할 수밖에 없었다는 것을 분명하게 확인할 수 있다. 이에 대하여 리샹핑李向平은 "중국 전통의 정치 문화 양식에 근거하면, 왕조 정치는 대부분 신학 종교와 일치되었다. 왕조 정치는 '미신을 수단으로 가르침을 세우려는(神道設教)' 의도에서 출발하여 필연적으로 각종 종교의 교의를 자기 궤도 내부로 포섭하고, 그것이 예의의 가르침과 교화의 가르침의 책임과 의무를 지게 만든다. …… 어떠한 종교도 황제를 능가하여 천하를 지배하려는 의기로 천하에 군림할 수 없다. 따라서 중국의 정치와 중국의 종교는 왕권 천자에 복종, 순종하는 정교합일의 특수 관계를 형성하였고, 종교의 신앙은 대부분 국가 관념 및 정치 신앙으로 전환되었다."[32]

중국 고대 봉건 사회에서 국가는 시종일관 불교에 대한 통제와 개조를 시행하였고, 불교계는 그에 대해 항쟁하였다. 가령, 남북조南北朝시기 양무제 소연蕭衍은 스스로 최고 승관을 겸임하고자 하였으나 후에 불교계의 반대에 부딪혀 포기하였다. 당대唐代의 '치배군친致拜君親' 사건 또한 상징적인 사건이다. 당 용삭龍朔 2년(662) 고종高宗은 "도사, 여관, 승니들은 군황후 및 황태자, 부모들에게 절을 올리도록 하라.(令道士女冠僧尼於君皇后及皇太子其父母所致拜)"는 칙령을 내렸는데, 이는 당시의 정교 관계에 일대 파란을 불러일으켰고, 불교 승려들의 반향反響은 극도로 격렬했다. 그들은 여러 가지 방식을 동원하여 이 칙령에 대한 반대를 제기하였고, 결국 재경관원在京官員 천여 명이 표결하는 방식을 통해 고종이 '군주에게 절하는(拜君)' 명을 회수하도록

32) 李向平, 『救世與救心』, pp.2~3.

하는 데에 이르렀다. 그러나 송 · 원 이후에 이르러 봉건 집권 정치가 점차 발달함에 따라 불교에 대한 관리와 간섭도 점차 심화되었다. 불교의 자주성과 독립성은 갈수록 약해졌고, 국가에 대한 의존성은 점차 강해졌다. 이로 인해 결국 불교는 스스로를 관리, 통제할 수 있는 능력을 완전히 상실하는 지경에 이르렀고, 이후 국가 관리 제도가 느슨해지자 필연적으로 불교 단체도 해이해지고 붕괴하는 상황이 초래되었다. 이 점에 대하여 정부의 지지와 보호가 결여된 것이 중국불교의 최후의 쇠락을 야기하였다고 주장하는 이들도 있다. 가령, 대성법사大醒法師는 다음과 같이 주장한다. "불교는 원시시기와 초기 흥성기에 인도에서 정부의 전폭적인 보장을 받았고, 그로 인해 융성하게 널리 퍼질 수 있었다. 중국불교의 극성기에도 전적으로 당시 정부의 도움을 받았다. 현재 일본의 불교나 태국, 스리랑카의 불교와 같은 경우에도 모두 정부의 힘을 얻어 크게 흥성할 수 있었다. 그러나 현재 중국의 불교는 오히려 정부의 보호와 원조가 사라졌다."[33] 이것이 최후의 쇠락을 초래하였고, 청대에 이르러 건륭황제는 불교가 제왕과 국가에 빌붙어 원인을 결과로 뒤집고 본말이 전도되는 것을 비판하게 되었다. 그러나 역사를 살펴보면, 불교에 대한 국가 정권의 관리와 통제는 후대로 올수록 점차 강화되었다. 이는 오히려 최종적으로 불교 자체의 생명력을 나약하게 만들었고, 결국 정부의 보살핌 하에서만 겨우 유지할 수 있는 상황으로 치달았다. 정부가 갑자기 몸을 빼고 빠져나와 더 이상 돌보지 않자, 필연적으로 불교는 급격히 쇠퇴하는 양상을 보였다.

---

33) 大醒, 「民國十八年的中國佛教」, 『現代僧伽』 제43, 44기 합간, 1929.

국가 정권이 불교에 대한 관리, 간섭을 강화하는 과정은 사실, 불교 조직의 생명력을 해치는 과정이기도 했다. 국가가 불교 조직에 대한 관리 제도를 과도하게 엄격하고 세밀하게 하면서 불교 조직의 자발적인 통제, 관리 능력은 점차 약화되었다. 불교가 중국으로 전파되었던 초기에 '사문불경왕자론'이 있었다면, 송대 이후에는 황제가 부처께 절하지 않는 행위를 정당화하기 위해 승려들이 주동적으로 '현재불은 과거불에 절하지 않는다.(現在佛不拜過去佛)'라는 구실을 만들어주어 낯간지럽게 치켜세우는 상황으로 변화하였다. 또한 불교 전파 초기에 승려들은 초연히 출세出世하였다면, 후대의 승려들은 제왕으로부터 사호師號나 자의紫衣, 심지어는 국사國師나 제사帝師 등의 영예로운 칭호를 하사받고 사찰의 편액을 내려 받기를 갈구하였다. 그들은 이를 더할 나위 없는 영예와 심리적 만족으로 느꼈고, 이것이 습관으로 굳어져 예삿일이 되었다. 이처럼, 후대로 올수록 불교는 국가 정권에 전적으로, 고도로 의존하는 상태에 처하여 독립적인 지위를 전혀 갖추지 못하였고, 제왕이나 권신과의 관계에 있어서도 일종의 기형적 상태를 보여주었다. 따라서 민국시기에 정교분리가 제창된 이후, 갑자기 황제가 사라져버리자 불교계는 일순간 익숙하지 않은, 어색한 느낌을 갖게 되었다. 군주제 시대의 사원에서는 아침저녁 독경에 국가의 풍조우순風調雨順과 인민백성, 황제만세를 축원하였는데, 민국 이후 몇 십 년 동안에도 적지 않은 사원들은 황제를 '대총통大總統'이라는 말로 바꾸어 이전과 동일하게 축복을 기원하였다. 오랜 기간 동안 불교가 국가 정권의 엄격한 관리, 통제를 받음으로써 불교의 '출세하여 해탈을 구하고(出世求解脫)', '자력으로 살면서 자재함을 구하며(自力更生求自在)', '널리 법을 펼쳐 사람들을 제도하고 사회를 교화한다(弘法度人化社會)' 등의 정신은 날로 위축되었고, 전체 승단은 총체적으로 세속화되는 경향을 보였다. 또한 바로 이러한 원인 때문에 태허대사는 불교 개혁의 목표가 주로 '과거 군주제 환경에서 양성되어 유전된 악습을 뿌리 뽑는 것'이라고 주장하기도 하였다.

3. 근대 중국불교의 승제 개혁

중국불교 승제는 봉건군주제와 중국 종법제도의 영향을 깊이 받았다. 사원주지와 좌우 양서직사兩序職事의 구성이 조정에서의 문무 양반 대신과 완전히 유사하다는 점 이외에도, 방장方丈 승좌升座 및 중대한 법사 활동의 의식에서 깃발(幡蓋) 등의 번잡한 의장은 봉건시대의 황제 및 지방관이 성대한 예식을 거행할 때의 낡은 규범과 관습을 닮았다. 일부 옛 판본의 불경 앞면에는 '황제의 계획은 영원히 튼튼하고, 제왕의 길은 멀리 번성하리. 법의 수레바퀴 쉼 없이 구르고, 부처는 더욱 빛나리.(皇圖永固, 帝道遐昌. 法輪常轉, 佛日增輝.)'라는 내용이 찍혀있는 경우가 많으며, 청대에 지어진 사원 대웅보전의 정면과 후면에도 종종 이러한 대련이 있다. 긍정적으로 평가하자면 불교의 애국, 애교 정신을 반영한 것으로 설명할 수 있겠으나, 표현 형식에 있어서 매우 분명하게 봉건적 색채를 지닌다. 청대 불교 사원에는 항상 '황제만세만만세(皇帝萬歲萬萬歲)'의 위패를 봉안하였고, 이는 민국시기에도 줄곧 대웅보전 내에 안치하였다. 1930년대에 들어와 대계도

戴季陶가 보화산寶華山에서 이러한 관습을 고치기도 하였지만, 대다수의 사원에서는 여전히 예전의 습관을 그대로 따랐다. '황제' 두 글자를 '대총통'으로 바꾸고, 나머지는 봉건 사회 때와 완전히 동일하게 따르는 경우도 있었다. 불교에 남겨져 내려온 낡은 관습은 봉건군주제 시대의 산물로서 불교 전통의 민주, 평등 관념과는 완전히 반대되는 것들이었다.

청말의 체도, 사법제도의 변화는 봉건종법제도의 영향을 더욱 많이 받았다. 명대의 승려 원실圓實은 『개고록慨古錄』을 편찬하여 당시 불문의 타락을 전면적으로 폭로하기도 하였는데, 이러한 현상은 청말에 이르러 더욱 심각해졌다. 가령, 승관僧官과 방장方丈의 선발은 품덕品德이나 재학才學에 근거하지 않고, 권세에 영합하는 일이나 세속의 대인 관계에 기대어 이루어졌다. 수십 년 동안 계단戒壇은 열리지 않았다. 총림의 규율은 그 위엄이 완전히 바닥에 떨어졌다. 사적으로 창설된 암원庵院이 많아졌고, 제멋대로 횡포를 부리는 악한 세력에 의해 장악되어 결국 범죄의 소굴이 되기도 했다.[34] 자손총림이 이처럼 많은 폐단과 인과因果의 죄과를 지니고 있었기 때문에 역대의 조사 고승대덕들은 일체의 대가를 아끼지 않고 시방총림의 순결성을 보호하고자 하였다. 『금산규약金山規約』, 『백장청규百丈淸規』, 『고민규약高旻規約』, 『초산규약焦山規約』 등 수많은 청규를 제정하여 악행을 원초적으로 차단하고, 자손총림의 만연을 방지하였다. 누구라도 시방총림에서 수도收徒하는 것을 엄금하였으며, 주지의 경우에도 예외는 없었다. 자손총림이 형성된 것은 사실 중국 종법제도의 영향을 깊

34) 圓實撰, 『慨古錄』(『卍新纂續藏經』65, p.368)

이 받은 결과이다. 태허대사는 이에 대하여, "중국민족과 중국불교의 최대 약점은 가족성이 너무 깊다는 데 있다. 중국불교의 사찰도 하나 하나의 가족으로 변화하였고, 이는 중국 사찰의 치유할 수 없는 응어리이다. 만약 이 병을 치료할 수 있다면, 중국 불교는 부흥할 수 있을 것이다"[35] 라고 밝혔다. 인순법사 또한 "중국불교가 쉽게 전진하지 못하게 하는 가장 큰 장애물은 사원의 가족화(家庭化)이다. 중국은 종법사회 국가였고, 이러한 가족 의식은 불교를 변질시켰다. 불교는 현자賢者에게 전승하지 않고 자식에게 전승하였는데, 그 결과 통화의 경우와 마찬가지로 저질의 통화가 양질의 통화를 타도하는 식의 현상이 벌어졌다. 주지의 자격 또한 더 이상 덕학德學이 아니라 접대와 빌붙기로 변했다"[36] 고 지적하였다.

지봉화상芝峰和尙은 「근본 율학으로 오늘날의 불교제도를 정리한다(本律學以整理今日佛教之制度)」에서 불교를 정리하기 위한 세 가지 전제를 제시하였다. 첫째는 군주제 시대의 청규를 폐지하는 것이다. 지봉은 해당 글에서 군주제 시대의 청규를 폐지해야하는 필요성과 절박성을 제기하였다. 그는 군주제 시대의 청규를 폐지하지 않는다면 불교 정리에 착수할 수 없다고 주장했다. 또한 불교의 정리 작업이 쉽지 않은 것은 외부 사람이 방해하고 있기 때문이 아니며, 유일한 장애물은 승가 내부가 정리를 받아들이지 않는 것이라고 설명했다. 그들이 정리를 받아들이지 않는 까닭은 그들이 '노조청규老祖清規'를 고수하기 때문이다. '노조청규'를 고수하는 것은 정신 타락의 호신부

35) 太虛, 「建設中國現代佛教談」, 『太虛大師全書』 第9編, 『制議』 第33册, p.277.
36) 印順, 「泛論中國佛教制度」, 『教制教典與教學』, 台北正聞出版社, 1982, p.13.

가 되었으며, 불교 교학義學의 부진과 율학律學의 쇠락도 모두 노조청규로부터 부여받은 것이다. 따라서 군주제의 청규를 폐지하는 것은 불교 정리 개혁의 희망이다. 그러므로 새롭게 설립된 제도는 "마땅히 관대한 태도를 취하고 현대 세계의 사조를 융합해내야 한다." 또한 "풀어야 할 것은 풀고, 제재해야 할 것은 제재하는" 석가 노조의 뜻에 부합하여 이로부터 "부처의 계율과 태허대사의 승가제도론에 대하여 힘써 연구할 시간을 가져야 할 것이다." 그래야만 비로소 "시대에 부합하고, 계율에 부합하는 완벽한 저작을 만들어낼 수 있을 것이며, 이로써 세계적인 불교를 건설하려는 시도가 가능해질 것이다."[37] 라고 하였다. 그러나 전통의 힘은 매우 강력한 것이므로 군주제 시대에 형성된 '노조청규'를 완전히 폐지하는 것은 근본적으로 불가능하다. 또한 청규 자체의 긍정적인 요소는 지속적으로 계승, 발양發揚되어야 할 것이다.

태허대사가 제기한 불교 개혁 목표는 주로 '과거 군주제 환경에서 양성되어 유전된 악습을 뿌리 뽑는 것'이었다. 그 과정은 비록 매우 험난할 것이지만 개혁에 대한 그의 사고의 맥락은 중국불교 발전의 역사와 현실에 부합하는 것이다. 당시 불교계의 상황에 대한 태허대사의 분석에 따르면, 중국민족의 일반적인 문화 사상은 조상을 특별히 숭상하는 가족제도를 중심으로 하는 이른바 종법사회였고, 이는 불교에도 영향을 미쳤다. 특히, 명말청초 이래로 각사各寺의 조사祖師를 숭상하는 사원으로 변화하였고, 체파剃派와 법파法派 두 종류의 전승을 형성하였다. 주요 목적은 조규祖規를 지키고 조산祖産을 수호하

37) 芝峰, 「本律學以整理今日佛教之制度」, 『現代僧伽』 2권 합정본 66책, 1929~1930.

는 것이었다. "따라서 현재의 중국 승제는 각각의 사원이 되었고, 이는 흡사 변형된 가족의 모습과도 같다. 각 사찰은 저마다의 가풍을 일으켰고, 스스로 일가를 이루고, 홀로 일국을 이루었다. 대사원大寺院이나 혹은 몇 개의 하원下院(작은 사찰)을 통솔하는 권한이 있는 경우를 제외하고도 모든 사원은 각각이 독립되어 서로를 간섭할 수 없었다. 그러나 도중徒衆의 교화에 중점을 두고 그들로 하여금 불법을 수양하고 배우며 자도도타自度度他하게 하는 일은 결코 하지 않았다. 오직 법파와 체파의 계승을 중시하고 조규祖規를 준수하고 조기祖基를 지킬 것만을 생각하였다."[38] 이처럼 청말의 중국불교 승제는 이미 세속화되고 가족적인 단체로 변화하였다. 이러한 종교 단체는 문화를 전파하고 사회를 교화하는 기능을 완전히 상실하였으므로 사회에 의해 버림받는 것도 당연한 결과이다.

총림제도의 일련의 변화는 직접적으로 불교 정신의 변화를 야기하였고, 청말에 이르러 불교는 전면적인 쇠락의 길을 걷게 된다. 따라서 철저한 개혁을 감행하지 않는다면 불교는 더 이상 근대사회에 적응하기 어려웠다. 이 점을 고려하여 근대시기의 태허법사는 불교 '혁명'을 제기하였는데, 그 내용은 '교리혁명', '승제혁명', '사산寺産혁명' 등의 세 가지 측면을 담아내었고, 그 가운데 '승제혁명'과 '사산혁명'은 총림제도에 대한 개혁에 속한다. 태허의 자술에 따르면, 그의 개혁은 승제를 정리하는 데 뜻을 두고 있으며, 이를 위하여 『정리승가제도론整理僧伽制度論』, 『승제금론僧制今論』, 『건승대강建僧大綱』 등 승제 개혁에 대해 전문적으로 논술한 저술을 차례로 편찬하였다. 따라서 승제 개

38) 太虛, 『眞現實論宗用論』, 『太虛大師全書』 40책, pp.1098~1099.

혁은 그의 혁명에서 핵심적인 부분을 차지한다. 그의 개혁은 중국 전통 불교를 전면적으로 이해하여 승제를 혁신하고 시대에 부합함으로써 불교를 세계적인 문화로 만드는 것을 목표로 한다. 태허법사는 중국 불교사원의 가족화, 자손화 현상을 극도로 혐오하고 안타까워했다. 그래서 자신이 주지하는 사원에서 강력한 혁신을 진행하였고, 자손총림을 시방선현총림十方選賢叢林으로 바꾸었다. 그러나 그 과정에는 어려움이 매우 많았다. 그는 결국 불교 자신의 역량에만 기대어서는 개혁이 어려우며, 정부의 힘에 의존해야만 진정으로 승려를 가려내고, 사적 체도剃度의 금지와 사원 재산 개혁을 실행할 수 있다고 인식하게 되었다. 그는 "정부 주관의 기구가 정치적인 힘으로 집행하지 않는다면 효과를 보기 어렵다"고 주장한다.[39] 태허의 기대는 일정부분 사실적인 기초가 존재하므로 완전한 공상이라고 할 수는 없을 것이다. 불교계가 스스로 방만하고, 상호 조직과 협력이 부족하고, 각 사원이 일가라고 자칭하고 홀로 일국을 이루는 상황에서 철저한 개혁은 근본적으로 불가능하다. 국가의 역량에 의지하여 불교에 대한 국가의 관리제도(왕제)를 통해야만 명·청시대 이래로 지속되어온 불교의 폐단을 개혁할 수 있을 것이다.

(번역: 안소민)

39) 太虛, 『建設現代化中國佛教談』, 『太虛大師全書』 33책, p.278.

『제위파리경提謂波利經』에 미친 유가儒家 사상의 영향

- 오행설을 중심으로 -

허우광신(侯廣信)

1. 『제위파리경』[1]에 대하여

중국과 인도의 교류는 남북조시대에 이르러 더욱 빈번해졌다. 이로 인해 많은 불경이 중국으로 전해져 들어왔고, 대규모의 불경 역장譯場이 출현하였으며, 민간에서도 불교는 광범위하게 전파되었다. 일부 승려들은 전법傳法의 필요성에 따라 불교 의리義理와 중국 전통문화를 상호 융합시켰는데, 이는 새로운 경전을 짓거나 본래 존재했던 경전을 기반으로 대량의 경문을 찬술하는 방법으로 구현되었다. 이들 경문들은 당시 사회 각계에 깊은 영향을 미쳤는데, 『제위파리경』은 바로 그 중 하나이다.

1) 僧祐의 『出三藏記集』卷第四 「新集續撰失譯雜經錄」에 의하면 "누락된 경전의 목록을 새롭게 편찬하였는데, 경문이 없는 것들은 다음과 같다.(修新撰目錄闕經, 未見經文者. 如左)"라는 기록이 있다.(T55, p.32상) 그 뒤에는 "『提謂經』一卷"이라고 적혀있다.

승우僧祐의 『출삼장기집出三藏記集』에 의하면 본 경전은 일권본一卷本과 이권본二卷本이 존재하며[2], 북조시대 승려 담정曇靖이 송宋 효무제孝武帝(서기 460년 경)[3] 시기에 지었다고 기록되어 있다. 하지만 본 경전의 원본은 이미 유실되었고, 현재 4종류의 돈황사본만이 존재한다.[4]

1) 『제위파리경』의 기본 구조와 내용

돈황사본의 기록에 의하면 본 경전의 내용은 다음과 같은 5부분으로 구성되어 있다. 광설오계廣說五戒, 수계의궤受戒儀軌, 지재수계持齋守戒, 선구명사善求明師, 인과보응因果報應.

(1) 광설오계廣說五戒

이 부분은 유교의 '오행설五行說'을 기본 바탕으로 중국 전통문화 속의 '오방五方', '오제五帝', '오악五嶽', '오장五藏', '오상五常' 등의 내용을 그 안에 포함시키는 한편, 나아가 이를 불교의 '오계五戒'와 상호 연계하여 독자적인 특색을 갖춘 이론 체계를 확립시킨 것이다. 여

2) T55, p.39上.
3) 일본학자 船山徹는 해당 경전은 460년에 창작되었다고 여겼으며, 필자는 이와 같은 학설이 옳다고 생각한다. 船山徹, 『佛典はどう漢譯されたのか―スートラが經典になるとき』, 岩波書店, 2014, p.277.
4) 일본학자 牧田諦亮은 『疑經硏究』에서 돈황사본의 기본 상황에 대해 다음과 같이 정리하였다. 1. 영국박물관 소장 스타인본(S.2051 敦煌本 『佛說提謂經卷下』). 2. 프랑스 국가도서관 소장 펠리오본(P.3732 敦煌本). 3. 중국 국가도서관 소장 돈황본(『敦煌劫餘錄』霜字十五號, 『敦煌寶藏』BD03715號 『佛說提謂五戒經並威儀卷下』). 4. 러시아 동방연구소 상트페테르부르크분소 소장 돈황본(Дx-2718敦煌本). 이외에 蕭登福은 『佛道十王地獄說』에서 앞의 세 가지 판본의 사본에 대해 校訂을 진행한 바 있으나, 두 학자 모두 Дx-2718에 대한 정리 작업은 진행하지 않았다.

기에 유교의 '충', '효' 사상을 더하는 한편, 이를 '오계'와 결합시켜 '오계충효동등설五戒忠孝等同說', '오계성불五戒成佛' 등의 학설을 만들어냈다.

(2) 수계의궤受戒儀軌

이 부분은 '삼귀오계三歸五戒'를 중심으로 귀의歸依, 수계受戒의 의식과 과정을 강술하였다. 여기는 '삼귀의三歸依', '계수예배稽首禮拜', '칭명참회稱名懺悔', '전수오계傳授五戒', '장궤계長跪戒' 등 일련의 비교적 복잡한 종교의궤가 포함되어 있다.

(3) 지재수계持齋守戒

이 부분은 수계 이후에 행하여야 할 '연삼재年三齋', '월육재月六齋', '칠일재七日齋'에 대해 논하고 있다. '연삼재'는 일 년 중에 3개월은 지재持齋하여야 함을 지칭하고, '월육재'는 한 달에 6일은 재계를 유지해야 함을 지칭하고, '칠일재'는 수계 초기에는 재계를 지속적으로 유지해야 함을 뜻한다. 이들 재계는 초기 재법齋法과 밀접한 관련이 있다.

(4) 선구명사善求明師

이 부분은 『제위파리경』의 '사도론師道論'에 대해 논하고 있다. 유교와 도교 사상 중에는 모두 풍부한 사도 학설이 존재하는데, 이들은 모두 본 경전에 영향을 미쳤다. 『제위파리경』은 이들 학설을 기반으로 삼아 '명사설明師說'을 제창하였다. 해당 학설에는 '계사위중戒師

爲重', '봉사명사奉事明師', '사위부모師爲父母' 등의 내용이 포함되어있다.

(5) 인천과보因果報應

이 부분은 '오계십선五戒十善'과 '인천인과人天因果'에 대해 논하고 있다. 즉 '오계'를 지키면 '인人'이 될 수 있고, '십선'을 행하면 '천天'으로 올라갈 수 있다고 여겼으며, 계를 지키면 복을 받고, 계를 어기면 죄를 받는다는 관점을 제시하였다. 또한 일계一戒를 지키면 오복五福을 얻어, 다섯 선신善神이 영호營護해주며, 오계를 모두 지키면 25선신이 따라온다고 여겼다. 반대의 상황이 된다면 25악이 찾아오고, 25선신은 떠난다고 하였다.

2) 『제위파리경』의 전파

북위北魏 태무제太武帝의 멸법으로 인해 사원과 보탑은 파괴되었고, 경전들은 불타고 찢겨졌으며, 승려와 신도들은 살해당했다. 문성제文成帝 시기에 이르러 다시 불법을 부흥시키며 절과 탑을 보수하고 새로 지었으며, 승려들을 양성하였고, 경권들을 다시 편찬하고 정리하였다. 유불선 삼교가 융합된 『제위파리경』은 중국사회의 각 계층의 신앙 수요에 부합되었기 때문에, 북위 정권과 당시 불교계에서는 본 경전을 인가해주고 지지하였다. 따라서 본 경전이 출현한 이후, 승려와 속인들은 모두 홍법弘法에 필요한 경전을 만나게 되었고, 사농士農 계층들은 수도하는 데 필요한 경전을 만날 수 있게 되었다. 이외에도

『속고승전』에는 다음과 같은 기록이 있다.

> 수나라 개황시기 관양지역의 민간에서는 그 위에 『제위파리경』을 익혔다. 읍의는 각각 의발을 지니고, 매달 재회를 하였고, 의례와 범례를 바로 잡고, 서로 번갈아 점검하니 매우 잘 갖추어 모였다.[5)]

위의 글을 통해 수나라 개황 연간에 『제위파리경』은 이미 관중關中 지역에서 광범위하게 전파되었고, 민간에서는 본 경전을 수습修習하는 풍조가 성행하였음을 알 수 있다. 또한 각지에서는 독특한 특색을 가진 수행단체인 '의읍義邑'이 곳곳에 형성되었는데, '의읍'의 구성원은 정기적으로 월지재에 맞추어 수계하여야 하고, 의율儀律과 규범의 준수 여부를 상호 검사하고 살펴보았다. 이를 통해 당시 일반 백성들 사이에서도 불교는 널리 전파되었고 하나의 풍토로 자리 잡았음을 알 수 있다.

2. 오행설과 『제위파리경』

1) '오행설'의 발전

'오행'이라는 단어는 최초로 『상서尙書』「감서甘誓」의 "유호씨가 오

5) 『속고승전』(T50, p.428上) "隋開皇關壤, 往往民間猶習『提謂』. 邑義各持'衣缽', 月再興齋. 儀範正律, 遞相鑒檢. 甚具翔集云云."

행을 모멸하고, 삼정을 태만히 여겨 저버리니"[6]라는 글에서 발견된다. 여기에 기록된 내용은 우禹임금이 계啓에게 왕위를 계승한 이후 유호씨有扈氏가 반란을 일으키니 계가 이를 토벌하는 것인데, 토벌의 이유는 바로 "유호씨가 오행을 모멸하고, 삼정을 태만히 여겨 저버렸기" 때문이다. 루훙逯宏은 그의 논문인 「「감서」 가운데 '오행'과 '삼정'의 새로운 이해「甘誓」中'五行'與'三正'新解」[7]에서 '오행'과 '삼정'에 대한 분석과 논증 과정을 거쳐 '오행'은 곧 '오관五官'이라고 판단하였는데, 필자는 이와 같은 해석이 옳다고 본다.

최초로 '오행'에 대해 해석을 진행한 기록은 『상서尙書』「홍범洪範」의 "오행, 첫째는 물(水), 둘째는 불(火), 셋째는 나무(木), 넷째는 쇠(金), 다섯째는 흙(土)."[8]이다. 여기서는 또한 오행의 특징을 다음과 같이 묘사하였다. "물은 적시면서 내려가는 것이고, 불은 타 올라가는 것이며, 나무는 굽거나 곧은 것이고, 쇠는 따라서 바뀌는 것이며, 흙은 심고 가꾸는 것입니다."[9] 나아가 '오행'을 '오미五味'와도 대응시켰는데 그 내용은 다음과 같다. "적시면서 내려가는 것은 짠맛이 되고, 타 올라가는 것은 쓴맛이 되고, 굽거나 곧은 것은 신맛이 되고, 따라서 바뀌는 것은 매운 맛이 되고, 심고 가꾸는 것은 단맛이 된다."[10] 이와 같은 대응 관계는 다음과 같이 정리된다.

---

6) [淸]孫星衍撰, 陳亢, 盛冬鈴點校, 『尙書今古文注疏』, 北京; 中華書局, 2004(第2版), 2014(第8次印刷), p.210. "有扈氏威侮五行, 怠棄三正."
7) 逯宏, 『洛陽師範學院學報』, 第28卷 第4期, 2009, p.47.
8) [淸]孫星衍撰, 陳亢, 盛冬鈴點校, 앞의 책, p.210. "五行, 一曰水, 二曰火, 三曰木, 四曰金, 五曰土."
9) [淸]孫星衍撰, 陳亢, 盛冬鈴點校, 앞의 책, p.296. "水曰潤下, 火曰炎上, 木曰曲直, 金曰從革, 土爰稼穡."
10) [淸]孫星衍撰, 陳亢, 盛冬鈴點校, 앞의 책, p.296."潤下作鹹, 炎上作苦, 曲直作酸, 從革作辛, 稼穡作甘."

五行	水	火	木	金	土
五性	潤下	炎上	曲直	從革	稼穡
五味	鹹	苦	酸	辛	甘

'오행설'은 '오행'과 큰 차이가 있다. '오행설'은 자체적인 논리구조와 기능 계통을 갖추고 있다. 자체적인 논리구조란 세상 만물을 그 논리에 따라 5가지 종류로 구분하는 것이고, 기능 계통이란 이와 같이 5가지 종류로 구분된 사물들 사이에 존재하는 현상, 원리, 관계에 대해 해석과 설명을 진행할 수 있음을 의미한다. 전자는 '정태靜態적 분류체계'라고 칭할 수 있고, 후자는 '동력학적 기능 계통'[11]이라고 지칭할 수 있다. '오행설'은 춘추시기에 나름의 발전을 이루었으며, 전국시대 초기 자사子思와 맹자의 오행에 대한 관점은 기존과는 다른 면모를 보이고 있다[12]. 곽점초간郭店楚簡『오행五行』[13]이 발견될 당

---

11) 劉宗迪,「五行說考源」,『哲學硏究』, 2004, 第4期, p.35.

12) "대략적으로 앞서간 왕들을 본받으면서도 그 체통을 알지 못하고, 서서히 하면서 재주는 번다하고 뜻은 크며, 듣고 보는 것이 많아서 이것저것 많이 섞여 박식하다. 지나간 옛 것들을 상고하여 말을 만들어, '다섯 가지 행실'이라고 했는데, 매우 편벽되고 어긋나서 부류가 없으며, 깊숙히 숨어서 변설이 없으며, 얽어 닫아서 해설이 없다. 상고하여 그 말을 꾸미고 공경하여 이르기를, "이것이 진실로 앞선 군자의 말이다"라고 한다. 이는 자사가 먼저 부르짖고, 맹가가 이어서 부르짖어, 세속의 어리석고 망설이는 어두운 선비들이, 서로 다투어 그 그른 것을 알지 못하게 하고, 그것을 이어 받아서 전하였다. 이것이 중니와 자유를 위한 것이라고 후세에 더욱 두텁게 한 것은 자사와 맹가가 저지른 죄이다.(略法先王而不知其統, 然而猶材劇志大, 聞見雜博. 案往舊造說, 謂之 '五行', 甚僻違而無類, 幽隱而無說, 閉約而無解, 案飾其辭而祇敬之曰, '此眞先君子之言也.' 子思唱之, 孟軻和之, 世俗之溝猶瞀儒嚾嚾然不知其所非也, 遂受而傳之. 以爲仲尼, 子游爲玆厚於後世. 是則子思, 孟軻之罪也.)" [淸]王先謙撰, 沈嘯寰, 王星賢點校,『荀子集解』, 北京; 中華書局, 2012(第1版), 2012(第1刷), p.93.

13) "五行: 仁形於內謂之德之行, 不形於內謂之行; 義形於內謂之德之行, 不形於內謂之

시의 '오행'이 '인仁, 의義, 예禮, 지智, 성聖'을 지칭한다는 점을 통해서도 간접적으로 증명되듯이, 당시 오행설의 주안점은 '천인지제天人之際'의 교류에 있었으며, 이로 인해 '오행'은 유심唯心주의로 발전하게 되었음을 알 수 있다. 전국시대 중기 추연鄒衍은 도참圖讖 등 전설을 수용하여 '음양설'과 '오행설'을 결합시켜 '오행생승설五行生勝說'과 '오덕종시설五德終始說'을 제창하였다. 추연은 전자를 통해서 자연만물의 생멸변화를 해석하였으며, 후자를 통해서는 사회 발전과 왕조교체를 설명하였다. 이와 같이 오행설은 신비화의 색채를 띠게 되었다.[14] 이후 『월령月令』은 오행을 기본 구조로 삼아 당시의 모든 '五'와 관련된 여러 요소들을 그 안으로 융합시켜 일종의 사람과 하늘이 상호 소통하는 '전식세계도식全息世界圖式'[15]을 이루어냈다. 이는 전국시대 '오행설'에 대한 비교적 전면적인 총괄로서, 그 취지는 오행의 도식을 통해 천인관계의 조화로움을 꾀한 데에 있다. 즉 "자연율령으로 사회에 법을 세움"[16]으로서 인류사회가 자연과 조화롭게 발전하도록 도모한 것이다. 서한시기 동중서董仲舒는 '오행설'의 집대성자로서, 음양오행과 오덕종시설五德終始說 속의 신비로운 요소를 흡수하여 오행설과 정치를 상호결합시켜 새로운 오행설 체계를 구축하였으며, 왕권지상王權至上이라는 사상을 더욱 드높였다. 또한 그는 오행설을 바탕으로 자신만의 특색을 갖춘 천인감응 신학체계를 구축하였는데, 이

行; 禮形於內謂之德之行, 不形於內謂之□(行); □□(智形)於內謂之德之行, 不形於內謂之行; 聖形於內謂之德之行, 不形於內謂之行. 德之行五, 和謂之德. 四行和謂之善. 善人道也. 德天道也."

14) 鄭明璋, 「論董仲舒與陰陽五行學說的政治化」, 『管子學刊』, 2006, 第4期,p.64.

15) 葛志毅, 「試論先秦五行世界圖式之系統化」, 『大連大學學報』 第24卷 第1期,p.20.

16) 葛志毅, 앞의 책, p.24. "以自然律令爲社會立法."

는 "유교 윤리 중의 부권과 종교의 신권 그리고 왕권을 삼위일체로 융합시킨 것"[17]이다.

2) '오행설'과 『제위파리경』의 관계

오행설의 내용은 다양하고 복잡하여 천문, 지리 등 각 분야를 포괄하고 있다. 이러한 양상은 『제위파리경』에서 유독 두드러진다.

(1) 『제위파리경』 속 오행설의 총도식總圖式

현존하는 돈황사본 『제위파리경』[18] 중의 펠리오본, 즉 P.3732 사본의 권수 부분에는 해당 경전의 오행설 총도식을 다음과 같이 온전하게 구현하고 있다.

□難[19]曉[20]難[21]了, 離[22]□□□□□□□□□□□佛一戎[23]有萬萬[24]□□

17) 鄭明璋, 「論董仲舒與陰陽五行學說的政治化」, 『管子學刊』, 2006, 第4期,p.67. "把儒家倫常的父權和宗教神權以及王權三位一體."

18) 일본학자 牧田諦亮과 대만학자 蕭登福은 모두 『提謂波利經』 3개의 돈황사본에 대해 정리 작업을 진행한 바 있으나, 그들이 성과는 모두 錯字, 漏字, 漏句, 繁簡不別, 字形과 원문이 다른 내용에 대한 오류 교정 작업에 집중되어있다. 기존 저작들에 나타나는 오류를 수정하는 작업을 통해 현재와 미래의 학자들에게 더욱 완벽하고 전면적이며 직관적이고 심도있는 연구를 진행하도록 도와주기 위해서 여기에서는 경문 사본에 의거하여 본 경전의 佚文에 대해 정리 작업을 진행하였다. 본문에서의 點校와 注釋이 字體와 字型에서 앞의 두 학자들과 차이점이 있거나, 새로운 해석과 관점 제기가 필요한 부분은 주석에서 하나하나 명기하였다.

19) 본래의 글자에서는 왼쪽 부분만 판독이 가능하였는데, 그 모양이 '難' 자의 왼쪽 부분과 동일하다. 牧文(牧田諦亮의 교정을 지칭, 이후 牧文으로 약칭)과 蕭文(蕭登福의 교정을 지칭, 이후 蕭文으로 약칭)에서는 모두 이 글자가 수록되어있지 않다. 상하문맥을 통해서 볼 때, 이 글자는 '難'일 것이라고 추정된다.

20) 원문에는 '曉'로, 蕭文에는 '時'로 기록되어 있다.

21) 원문에는 '難'으로, 蕭文에는 '唯'로 기록되어 있다.

□□□□□□□ (煞戒)[25]治在東方, 盜[26]戒治在北方, 婬戒治在西方, 酒戒治在南方, 兩舌戒治在中央. 在天爲五星, 在地爲五嶽, 在世爲五帝, 在陰陽爲五行, 在人爲五藏.

경문은 그 시작부분에서부터 '오계五戒' 즉 살계煞戒, 도계盜戒, 음계淫戒, 주계酒戒, 양설계兩舌戒를 각기 '오방五方'의 동방, 북방, 서방, 남방, 중앙이라는 방위에 각각 대응시켰다. 또한 '오성五星', '오악五嶽', '오제五帝', '오행五行', '오장五藏'의 각 요소를 다시 각기 동방, 북방, 서방, 남방, 중앙이라는 다섯 방위에 다음과 같이 각기 대응시켰다.

장자가 부처에게 말하였다. 무엇[何等[27]]이 오성, 오악, 오제, 오행, 오장입니까? 부처가 말씀하였다. 동방은 시성이니, 한어로는 세성이다. 남방은 명성[明[28]星]이니, 한어로는 형혹[熒或[29]]이다. 서방은 금성이니, 한어로는 태백이다. 북방은 보성이니, 한어로는 진성이다. 중앙은 존성이니, 한어로는 진성이다. 이것이 오성이다. 북방은 태백이니, 한어로는 대악으로 음양이 교대

22) 원문에는 '離'으로, 蕭文에는 이 글자가 기록되어 있지 않다.
23) 원문에는 '戒'로 적혀 있으며, 牧文, 蕭文에는 모두 '戒'라고 적혀 있다. 이후 모두 동일.
24) 원문에는 '万万'으로 적혀 있으며, 牧文, 蕭文에는 모두 '萬萬'이라고 적혀 있다. 이후 모두 동일.
25) 상하의 문맥에 따라 '煞'이라는 두 글자를 증보하였다. 또한 '煞'은 '殺'과 같다.
26) 원문에는 '盜'로 적혀 있으며, 牧文, 蕭文에는 모두 '盜'라고 적혀있다. 이후 모두 동일.
27) 원문에는 '等'로 적혀 있으며, 牧文, 蕭文에는 모두 '等'이라고 적혀있다. 이후 모두 동일.
28) 원문에는 '明'으로 적혀 있으며, 牧文, 蕭文에는 모두 '明'이라고 적혀 있다. 이후 모두 동일.
29) '惑'과 같다.

하기 때문에 대代악이라고 이름한다. 남방은 작악이니, 한어로 작이란, 얻는다는 것이다. 만물이 성숙하여 획득할 수 있기 때문에 작악이라고 이름한다. 서방은 노악[𠑷[30]嶽]이니, 한어로는 화악이다. 화란 떨어진다는 것이니, 만물이 쇠락하기 때문에 노악이라고 이름한다. 북방은 상생산이니, 한어로는 항악이다. 악이란 산이고, 항이란 항상한 것이다. 음양이 오랫동안 항상하다가, 만물이 마침내 끝나기 때문에, 항산이라고 이름한다. 중앙은 화산이니, 한어로는 숭산이다. 네 방위의 가운데이니, 도덕을 숭상할 만하기 때문에, 숭산[嵩[31]山]이라고 이름한다. 이것이 오악이다. 오제란, 제는 주인이다. 동방은 태호[太皞[32]]이니, 한어로는 청제이고 호제라고 한다. 남방은 염제이니, 한어로는 적제[赤帝[33]]이다. 서방은 호명제이니, 한어로는 소제이다. 북방은 진흡(제)이니, 한어로는 전욱이다. 중앙은 오제이니, 한어로는 황제이다. 이것이 오제이다. 오행의 동방은 목이고, 남방은 화이고, 서방은 금이고, 북방은 수이며, 중앙은 토[圡[34]]이다. 이것이 오행이다. 오장은 간은 목이고, 심장은 화이고, 폐는 금이고, 비장[脾[35]]은 토이고, 신장은 수이다. 이것이 오장

---

30) '老'와 같다. 牧文에서는 '華'로, 蕭文에는 이 글자가 수록되어 있지 않다.
31) 본 글자의 본래 형태는 상하구조로 이루어져 있으며, 위에는 '山', 아래는'高'라고 적혀있다. 현재 중악中嶽이 숭산嵩山을 지칭한다는 점으로 볼 때, 이는'嵩'자라고 판단된다. 또한 韋昭의 『國語』注에 의하면 "옛날에는 崇자와 통용되었다.(古通用崇字)"라고 한다. 해당 경문의 예는 또한 "漢言崇山. 四方之崇, 可崇道德"라는 말이 있는 것으로 볼 때, '崇'이기도 하다.
32) 본 글자는 좌우구조로 이루어져 있으며, 왼쪽 부분은 '日', 오른쪽 부분은 다시 상하 두 부분으로 나뉘어져 있다. 윗부분은 '罒'이고 아랫부분은 '幸'이다. 또한 '嗥'의 속자의 오른쪽 부분은 이 글자의 오른쪽 부분과 동일하다. 또한 '嗥'와 '皞'자의 오른쪽 부분은 동일하고 왼쪽 부분만 차이가 있다. 또한 '皞'의 異體字로는 '暤'가 있는데, 이를 통해 '皞'의 왼쪽 부분에도 '日'이 있음을 알 수 있다. 따라서 경문 속의 원래 글자는 '皞'일 것이다.
33) 牧文에는 이 '帝' 자가 없는데, 번역과정에서 누락된 것으로 보인다.
34) 원문에는 '圡'로 적혀 있으며, 牧文, 蕭文에는 모두 '土'라고 적혀있다. 이후 모두 동일.
35) 원문에는 '脾'로 적혀 있으며, 牧文, 蕭文에는 모두'脾'라고 적혀 있다. 이후 모

이다.[36)]

위의 인용문에 근거하여 이들 관념 사이의 대응 관계를 다음과 같이 정리할 수 있다.

五戒	煞戒	酒戒	两舌	婬戒	盜戒
五方	東方	南方	中央	西方	北方
五星	始星(歲星)	明星(熒惑)	尊星(鎭星)	金星(太白)	輔星(辰星)
五嶽	太山(岱嶽)	霍嶽	和山(崇山)	鬼嶽(華嶽)	長生山(恒嶽)
五帝	太皞(青帝)(浩帝)	炎帝(赤帝)	五帝(黃帝)	浩明帝(少帝)	振翕(顓頊)
五行	木	火	土	金	水
五藏	肝(木)	心(火)	脾(土)	肺(金)	腎(水)

이를 통해 '오계'는 우선 '오방'과 대응하고, '오성', '오악', '오제', '오행', '오장' 역시 '오행'과 대응하며, '오방'이라는 중간요소를 통해서 상호간에 대응관계가 성립됨을 볼 수 있다. 하지만 이러한 표면적이고 형식적인 통일은 이들 사이에 관련성이 발생하는 원인 중의 하나에 불과하며, 경문의 내용에 따르면 여기에는 더욱 심층적인 원인이 존재한다.

부처가 말씀하셨다. 오계는 깊고 깊으며 두루 광대하다. 그 정신이 신

두 동일.

36) 長者白佛言, 何等爲五星, 五嶽, 五帝, 五行, 五藏. 佛言, 東方爲始星, 漢言爲歲星. 南方爲明星, 漢言爲熒或. 西方爲金星, 漢言爲太白; 北方爲輔星, 漢言辰星; 中央爲尊星, 漢言鎮星; 是爲五星. 東方太山, 漢言岱嶽, 陰陽交代, 故名代嶽. 南方霍嶽, 漢言霍者, 獲也. 萬物熟成可獲, 故名霍嶽. 西方鬼嶽, 漢言華嶽, 華者, 落. 萬物衰落, 故名鬼嶽. 北方長生山, 漢言恒嶽. 嶽者, 山. 恒者, 常. 陰陽久常, 萬物畢終, 故曰恒山. 中央和山, 漢言崇山. 四方之崇, 可崇道德, 故曰名嵩山. 是爲五嶽. 五帝者, 帝, 主也. 東方太皞, 漢言青帝, 亦爲浩帝; 南方炎帝, 漢言赤帝; 西方浩明帝, 漢言少帝; 北方振翕, 漢言顓頊; 中央五帝, 漢言黃帝; 是爲五帝. 五行者, 東方木, 南方火, 西方金, 北方水, 中央土, 是爲五行. 五藏者, 肝爲木, 心爲火, 肺為金, 脾爲土, 腎爲水, 是爲五藏.(p.3732)

> 묘하며, 만물이 (이로부터) 생하지 않음이 없고, 이루지 못할 바가 없으며, 들어가지 못할 바가 없다. 구미와 팔극의 미세함은 무간에 들어가고, 변화는 때가 없으며 형상없는 형상을 만든다.[像[37]無像之像]. 오계의 신묘함은 사색이 아직 형성화되지 않음을 일으킨다. 그러므로 천시의 시삭이 되고, 만눌의 처음이 되고, 중생의 아버지가 되고, 대도의 뿌리가 되니, 오계가 이것이다.[38]

'오계'는 불가의 수행자가 반드시 준수해야 할 5가지의 기본적인 행위 규범이다. 하지만 해당 경문을 통해서 볼 때 여기에서의 '오계'는 이미 본래의 뜻을 뛰어넘었음을 알 수 있다. 즉 본래 형이하적이고, 조정 가능한 행위 규범에서 형이상적이고, 근원적이며, 영원하고, 유일한 정신주체로 상승하게 된 것이다. 그 특징은 심원광대하며, 신묘무궁하고, 만물을 화생化生시키고, 다다르지 못한 곳이 없으며, 천지보다 먼저 생겨 천지를 만들고, 천지를 만들되 천지에게서 나오지는 않은 '만물 중 가장 먼저 생겨난 것(萬物之先)'과 '대도의 뿌리(大道之根)'인 것이다.

이러한 형이상적이고, 근원적이고 영원한 '오계'가 형이하적인 세계에 내려오게 되면, 각기 '천', '지', '인', '세', '음양' 다섯 방면에 작용하여 이를 통해 이와 상응하는 '오성', '오악', '오장', '오제', '오행'이 발생하게 되는 것이다. 이렇게 되면 '오계'와 '오성', '오악',

37) 이 글자의 왼쪽 부분은 본래 '彳'이며, '亻'가 아니다.

38) 佛言, 五戒甚深彌大, 其神神妙, 無物不生, 無所不成, 無所不入. 九彌八極, 細入無間. 變化無時, 像無像之像. 五戒之神, 起四色之未形, 故爲天地之始. 萬物之先, 衆生之父, 大道之根, 五戒是也.(P.3732)

'오장', '오제', '오행' 사이에는 더욱 고차원적인 연계가 생겨, 우주의 본체와 세상만물 사이의 생성하는 것과 생성되는 것의 관계로 변모하게 되는 것이다. 이와 같이 『제위파리경』과 '오행설'의 전체적인 구도가 형성되었고, '오행설'은 『제위파리경』에서 그 역할과 의의가 가장 충분하게 구현되었음을 알 수 있다.

(2) 양설계兩舌戒 위주의 구성

기존의 '오계'에는 경중輕重과 주차主次의 구분이 없는 반면, 『제위파리경』에서는 '양설계'가 '나머지 4계의 아버지(四戒之父)'라는 관점을 명확하게 제시하였다.

> 장자가 부처에게 말하였다. '양설계가 가장 무거우니 이를 없애주시기를 청합니다.(兩舌戒爲冣[39]重, 願除[40]廢之.)' 부처가 장자에게 말씀하였다. '양설계는 폐지할 수 없으니, (그 잘못이) 가장 무거운데 머물러서(所任[41]冣重), 그것이 매우 크게 키워지는 것이다. (나머지) 네 가지 계의 아버지이며, 사행의 어머니이다. 양설계는 사람에게 있어서는 비장의 정신이다. 오미를 공평하게 다루며, 오장을 조화시켜서 (먹은 것을) 잘 소통하게 하고 기운을 지켜서 한 몸을 기른다. 비장을 치료하지 않는다면, 위장의 기운이 소통하지 않아서, 물과 곡식이 (제대로) 소화되지 못하고(水槃[42]不化), 그러면 병이 된다. (양

39) 원문에는 '冣'로 적혀 있으며, 牧文, 蕭文에는 모두 '最'라고 적혀 있다. 이후 모두 동일.
40) 원문에는 '願'로 적혀 있으며, 牧文, 蕭文에는 모두 '願'라고 적혀 있다. 이후 모두 동일.
41) 원문에는 '任'으로 적혀 있으며, 牧文에는 '住'라고 적혀 있다. 이후 모두 동일.
42) 원문에는 '槃'로 적혀 있으며, 牧文, 蕭文에는 모두 '穀'이라고 적혀 있다. 이후 모두 동일.

설계도 이와 같으니) 폐지할 수가 없다.[43)]

부처님이 제위의 '양설계'에 대한 폐지 요구를 거절한 이유는 해당 계가 매우 중요하기 때문이다. 이는 나머지 4계의 '아버지'이자, 나머지 4행의 '어머니'로서, 4행이 의존하는 모체이자 근본이며, 나머지 4계를 통합시키고 그 안에서 주도적인 역할을 수행할 수 있는 계이다. '양설계'는 오행의 '토'와 대응하며, 표면적으로는 '사행四行'을 언급하고 있지만 실질적으로는 '사계四戒'를 지칭하고 있으며, 오행에서의 '토'가 차지하는 독특한 위치를 통해서 '양설계'가 가장 중요하다는 사실을 반증하고 있는데 예를 들면 다음과 같다.

무엇을 사행, 사계라고 하는가? (불)살계는 목행木行이다. (불투)도계는 수행水行이다. (불사)음계는 금행이다. (불음)주계는 화행이다. 양설계는 토행이다. 사람에게는 오장이 된다. 토는 목을 생성하고, 목은 화를 생성하고, 화는 금을 생성하고, 금은 수를 생성하고, 수는 토를 생성한다. 토(圡[44)])는, 사행이 이 (토)를 지니고서 이루어진다. 목이 토가 아니면 생할 수 없고, 화는 토가 아니면 불탈 수 없으며, 수는 토가 아니면 멈출 수 없고, 금이 토가 아니면 이루어질 수 없다. 토에서 생하고 토에서 죽는다.(生扵[45)]圡, 死扵圡)[46)]

43) 長者白佛言, 兩舌戒爲㝡重, 願除廢之. 佛告長者, 兩舌戒不可廢, 所任㝡重, 所養甚大, 四戒之父, 四行之母. 兩舌戒在人爲脾中神, 主平五味, 調和五藏, 通榮衛氣, 以養一身. 戒不治者, 腎氣不行, 水槃不化, 則成爲病. 不可廢也.(P.3732)

44) 牧文에는 이 '圡' 자가 없는데, 번역 과정에서 누락된 것으로 보인다.

45) 원문에는 '扵'로 적혀 있으며, 牧文, 蕭文에는 모두 '於'라고 적혀 있다. 이후 모두 동일.

46) 何謂四行四戒者. 煞戒者木行, 盜戒水行, 婬戒金行, 酒戒火行, 兩舌戒圡行. 在人為五藏, 圡生木, 木生火, 火生金, 金生水, 水生圡. 圡, 四行持之而成. 木不圡不生, 火不圡不焚, 水不圡不停, 金不圡不成. 生扵圡, 死扵圡.(P.3732)

여기서 주목해야 할 점은 다음 두 가지가 있다. 첫째는 오행상생의 순서이고, 둘째는 오행에서 '토'가 가장 중요하다는 사실이다.

우선 첫 번째 문제부터 살펴보면, 경문에서 언급하고 있는 오행상생의 순서는 전통 유교사상에 나타나는 오행상생의 순서와는 차이가 있음을 발견할 수 있다.

> 하늘에 오행이 있으니, 목화토금수가 이것이다. 목은 화를 생하고, 화는 토를 생하고, 토는 금을 생하고, 금은 수를 생한다.[47]
>
> 오행은 오관이다. 서로 따라서 생하는 것이면서 서로 가로막고 이기는 것이다.[48]

『춘추번로春秋繁露』에는 오행상생의 순서가 "수생화木生火, 화생토火生土, 토생금土生金, 금생수金生水, 수생목水生木"이라고 기록되어 있는데, 이것이 바로 소위 '비상생比相生'으로 처음과 끝이 다시 이어져 순환의 체계를 만들어 낸다. 오행상극의 순서는 목승토木勝土, 토승수土勝水, 수승화水勝火, 화승목火勝木으로 바로 소위 '간상생間相生'인 것이다. 또한 다음과 같은 내용이 있다.

> 하늘에는 오행이 있다. 첫째는 목이라고 하고, 둘째는 화라고 하고, 셋째는 토라고 하며, 넷째는 금이라고 하고, 다섯째는 수라고 한다. 목은 오행의 시작이다. 수는 오행의 마침이다. 토는 오행의 가운데이다. 이것이 하늘의

47) 蘇輿撰, 鐘哲校, 『春秋繁露義證』, 北京; 中華書局, 1992(第1版), p.315. "天有五行, 木火土金水是也. 木生火, 火生土, 土生金, 金生水."
48) 상게서, p.362. "五行者, 五官也, 比相生而間相勝也."

차제이다. 목은 화를 생하고, 화는 토를 생하고, 토는 금을 생하고, 금은 수를 생하며, 수는 목을 생한다. 이것이 부자(와 같)다.[49]

여기에서는 오행의 '시작(始)', '끝(終)', '중심(中)'을 규정하였다. 이 중 '시'와 '종'을 통해 오행의 순환방향을 결정하였고, '토'를 '오행지중'으로 규정하여 그 지위와 중요성을 강조하는 방법을 통해 이와 상응하는 '양설계'가 오계 속에서 지니는 위치와 역할을 간접적으로 강조하였다. 동중서는 오행들 간에 존재하는 이와 같은 순서를 '하늘의 순서(天之次序)'라고 보았는데, 즉 하늘의 권위를 빌려 해당 순서는 바꾸지도 못하고 바꿔서도 안 된다는 점을 표명한 것이다. 더불어 해당 순서를 '부자父子'의 순서에 비유하였는데, 이는 곧 유교의 윤리를 도입한 것으로, 오행을 통해 하늘과 사람을 연결시켜, '천인합일'과 '천인상감天人相感'의 목적에 다다르고자 한 것이다.

『제위파리경』에 나타나는 오행상생의 순서는 앞서 언급한 기존 순서와는 다른 양상을 띠는데 그 내용은 다음과 같다. 즉 "토생목土生木, 목생화木生火, 화생금火生金, 금생수金生水, 수생토水生土"로서, 그 차이점은 '토생금'과 '화생금', '수생토'와 '화생토', '수생목'과 '토생목'에 있다. 즉 본 경문과 기존 오행상생설과는 단지 '목생화'와 '금생수'가 동일하다는 점 외에 나머지 3가지 상생방식이 차이가 나는데, 이는 다음과 같은 도식으로 정리할 수 있다.

49) 상게서, p.321. "天有五行, 一曰木, 二曰火, 三曰土, 四曰金, 五曰水. 木, 五行之始也. 水, 五行之終也. 土, 五行之中也. 此其天次之序也. 木生火, 火生土, 土生金, 金生水, 水生木, 此其父子也."

『春秋繁露』:　木→火→土→金→水→木

▼　▼　▼　　▼

『提謂波利經』:　土→木→火→金→水→土

表4 : (→ : 상생을 뜻함. ▼ : 해당 요소가『提謂波利經』에서는 상응하는 요소로 바뀌었음을 뜻함.)

이와 같은 사실을 통해 담정曇靖은 유교의 '오행설'을 자신의 경전에 도입하여 중국신자들로 하여금 불교의 내용을 이해하는 데 도움을 주고자 하였음을 알 수 있으나, 그 상생방식의 차이점을 통해서 볼 때 그는 전통적인 '오행설'을 온전하게 이해하지 못하였다는 사실을 알 수 있다.

다음으로 '오행 중에는 토가 가장 중요하다(五行土爲貴)'라는 관념과 관련된 문제에 대해 살펴보면 다음과 같다. 본래 오행의 각 요소들 사이에선 높고 낮음, 귀천, 주主와 차次의 차이가 없었으며 상호간에 연계되어있고, 영향을 주며 공통적으로 통일된 순환 계통을 구성하고 있었다. 하지만 서한 시기에 이르러 이러한 상황에 변화가 발생하게 되었다. 동중서는 "오행 중에 가장 귀중한 것은 토이다.(五行莫貴於土)", "토는 오행의 주인이다.(土者五行之主)"라는 관점을 다음과 같이 제시한 바 있다.

> 오행은 토보다 귀한 것이 없다. 토는 사계절에 소속되는[命] 바가 없으니, 화와 더불어 공명을 다투지 않는다. 목은 봄을 지명하고, 화는 여름을 지명하고, 금은 가을을 지명하고, 수는 겨울을 지명한다. 충신의 의와 효자의 행은 토에서 (장점을) 취한 것이다. 토는 오행에서 가장 귀한 것이니, 그 뜻을

더할 수 없다네.[50]

'토'가 오행 중에서 가장 '귀'하게 된 이유는 다투지 않고 나누지 않는 그 특성에 기인한다. 토는 다른 '사행四行'과 '공功'을 다투지 않으며, 다른 '사행'과 사계절의 '명名'을 나누지 않는다. 또한 '충', '효'라는 의義 역시 '토'에서 취한다. '토'가 지니고 있는 이러한 고귀한 덕행 덕분에 이는 오행 중에서 가장 '귀'한 것이다.

> 토는 하늘의 팔과 다리이다. 그 덕이 가장 아름다우니 한때(한계절)의 일로써 지명할 수 없다. 그러므로 오행이지만 사계절인 것이니, 토가 이것(=각각의 계절)에 겸한다. 금목수화는 비록 각각의 직능이 있지만, 토가 원인이 되지 않으면 (각각 직능을) 할 수 없다. 만약 시고 짜고 맵고 쓴맛도 단맛이 원인이 되지 않으면 맛을 이룰 수가 없다. 단맛이 오미의 근본이다. 토가 오행의 주인이다.[51]

동중서가 생각하는 '천'은 자연물로서의 하늘일 뿐만 아니라, 신성한 의미로서의 하늘을 포함하며, 지고무상의 권위와 능력을 갖춘 존재이다. "하늘은 만물의 조상으로서, 만물은 하늘이 없으면 생겨나지 못한다."[52] 이와 같이 '천'은 곧 지상신至上神이자 만물의 창조자이다.

---

50) 蘇輿撰, 鐘哲校, 『春秋繁露義證』, 北京; 中華書局, 1992(第1版), p.316. "五行莫貴於土. 土之於四時無所命者, 不與火分功名. 木名春, 火名夏, 金名秋, 水名冬. 忠臣之義, 孝子之行, 取之土. 土者, 五行最貴者也, 其義不可以加矣."

51) 상게서, p.322. "土者, 天之股肱也. 其德茂美, 不可名以一時之事, 故五行而四時者. 土兼之也. 金木水火雖各職, 不因土方不立, 若酸鹹辛苦之不因甘肥不能成味也. 甘者五味之本也. 土者, 五行之主也."

52) 상게서, p.410. "天者萬物之祖, 萬物非天不生."

‘토’는 땅으로서, ‘천’의 ‘다리와 팔(股肱)’의 역할을 수행하는 가장 신임하는 중신이자 ‘천’의 조력자로서 ‘천’을 도와 만물을 관리한다. 그러므로 ‘토’의 덕행은 높으면서도 ‘아름다우(美)’며, 그 덕행은 일시적인 언어로는 모두 다 표현할 수 없을 만큼 높은 경지에 올라서 있는 것이다. 따라서 ‘오행’과 ‘사시四時’에서 ‘토’는 통섭의 직능을 담당하고 있다. 나머지 ‘사행’인 금, 목, 수, 화 역시 각자의 직능이 있지만, 이는 마치 신맛, 짠맛, 쓴맛, 매운맛 모두 ‘단맛(甘)’이 없으면 맛을 완성하지 못하듯이, ‘토’가 없는 나머지 사행은 제 역할을 발휘할 수 없을 뿐만 아니라, 존립 자체가 어려워지는 것이다. 따라서 ‘첨미甛美’는 ‘오미’의 근본이며, ‘토’는 ‘오행의 주인’임을 알 수 있다.

『제위파리경』에는 이와 같은 ‘오행 중에 가장 귀한 것은 토’, ‘토는 오행의 주인’이라는 관점이 계승되어 있다.

> 토는 사행이 (함께) 지녀서 이루어진다. 목은 토가 없으면 생성할 수 없고, 화는 토가 없으면 불타오를 수 없으며, 수는 토가 아니면 멈출 수 없고, 금은 토가 아니면 이루어질 수 없다. 토에서 생하고 토에서 죽는다.[53]

‘토’는 ‘오행의 주인’으로서 나머지 ‘사행’은 ‘토’와 더불어 생성되어야 효용을 발휘한다. ‘토’가 없는 ‘목’은 생장할 수 있는 기반을 잃게 되고, ‘토’가 없는 ‘화’는 불을 피울 수 있는 장소를 잃게 되고, ‘토’가 없는 ‘수’는 멈출 수 없게 되며, ‘토’가 없는 ‘금’은 그것이 숨

53) 圡, 四行持之而成. 木不圡不生, 火不圡不焚, 水不圡不停, 金不圡不成. 生扵圡, 死扵圡.(P.3732)

겨져 있는 장소 자체를 잃게 된다. 만물은 '토'로부터 생겨나고 '토'에서 사라진다. 이와 같은 사실을 통해 '토'가 '오행'에서 맡은 주요한 지위와 역할을 증명할 수 있다.

지금까지 논한 '토'와 '양설계'에 관한 내용에서 볼 수 있듯이, 『제위파리경』이 '오행 중에 토가 가장 중요하다'라는 사실을 지속적으로 증명하고자 한 이유는 결국 '오계' 중에서 '양설계가 가장 중요하다(兩舌戒最貴)'라는 사실을 증명하고자 하기 위함이라는 것을 알 수 있다. 이렇게 되면 '양설계'는 '오계'에서 홀로 두드러지게 되고, 나머지 '사계'와 다른 차원에 위치하게 되며 가장 주도적인 위치를 점하게 되는 것이다.

이외에도 『백호통의白虎通義』에도 이와 상응하는 논의가 등장한다.

> 토는 왜 사계의 왕이 되는가? 목은 토가 아니면 생하지 않고, 화는 토가 아니면 환하게 타지 않으며, 금은 토가 아니면 이루어질 수 없고, 수는 토가 아니면 높아지지 않는다. 토가 작은 것이 (자라는 것을) 돕고, 쇠하게 되는 것을 돕는다. 그 도가 역(법)으로 이루어지기 때문에, 오행을 번갈아가며 왕이 되는 것도 마땅히 토인 것이다.[54]

비교의 편의성을 위해 앞의 두 문헌에서 언급하는 관련 내용들을 다음과 같이 정리하여 그 차이점을 살펴보고자 한다.

54) [淸]陳立撰, 吳則虞點校, 『白虎通疏證』「五行」, 北京; 中華書局, 1994(第1版), p.190. "土所以王四季何. 木非土不生, 火非土不榮, 金非土不成, 水非土不高, 土扶微助衰, 曆成其道, 故五行更王亦須土也."

『白虎通』「五行」	『提謂波利經』
土所以王四季何	土 四行持之而成
木非土不生, 火非土不榮, 金非土不成, 水非土不高,	木不土不生, 火不土不焚, 水不土不停, 金不土不成
土扶微助衰, 曆成其道, 故五行更王亦須土也.	生於土, 死於土.

表5

위의 표에서 볼 수 있듯이 필자는 오행과 관련된 문단들을 상호 대응하는 3부분으로 나눠보았다. 제1부분에서 『백호통』의 관점은 "토는 사계절의 왕이다."이며, 『제위파리경』의 관점은 "토는 사행의 주인이다."이다. 여기서의 사계는 사행과 서로 대응하므로 이를 통해 볼 때 양자의 관점은 같다고 할 수 있다. 제2부분에서는 두 문헌 모두 각자의 근거를 나열하였다. 문장의 구조를 통해서 볼 때 양자는 동일하며, 용어 사용 측면에서도 『백호통』이 사용한 '非'나 『제위파리경』이 사용한 '不'은 모두 '떠나다, 없다'라는 뜻이라는 점을 통해서 볼 때, 양자는 동일하다고 할 수 있다. 제3부분에서 『백호통』은 기능적인 관점에서 '오행'의 '왕'은 '토'가 되어야 한다는 점을 논증하였고, 『제위파리경』은 발생과 소멸의 관점에서 '사행'은 '토'로부터 기원하며, 마지막에는 모두 '토'에 귀속된다는 사실을 들어 "토는 오행의 주인이다."라는 관점을 재차 논증하였다. 따라서 두 문헌은 비록 그 논증의 관점에는 차이가 있으나 결론은 모두 같다는 것을 알 수 있다.

이상의 분석을 통해서 『제위파리경』의 "양설계가 가장 중요하다."라는 학설이 성립되기 위해선 유교의 '오행설'의 영향을 반드시 받았다는 점이 그 전제가 되어야 함을 알 수 있다.

3. 결론

우리는 『춘추번로』와 『백호통』에서 '오행도식五行圖式'과 "양설계가 가장 중요하다.(兩舌戒最重)"라는 주장과 상응하는 단서 및 내용을 발견할 수 있었다. 이들 논의들은 우선 사상적으로 일맥상통할 뿐만 아니라, 개별적인 문구와 단어 사용에 있어서도 놀랍도록 유사한 부분들이 발견된다. 이를 통해 '오행설'은 『제위파리경』에 많은 영향을 미쳤음을 발견할 수 있다. 오행학설은 비록 춘추, 전국, 진한秦漢이라는 각 시대를 거쳐 발전을 이루어왔으며, 남북조시기에 이르러서도 여전히 강한 생명력을 유지하여 사회의 각 계층과 각종 학설에 중요한 영향을 미쳤다. 이외에도 '불계佛戒', '오계'는 『제위파리경』에서 이미 원래의 의미를 뛰어넘어 본래의 형이하적이고 구체적인 행위 규범과 준칙에서 형이상적이고 독립적이며, 유일하고 절대적이며 영원한 정신적 근원이자 주체인 '도道'로 변모하였다. 이러한 근원 혹은 주체는 만물을 생성하는 동시에 만물 속에 융합할 수 있다. 만물 속에 융합했을 때, 위의 관념은 다시금 각기 상응하는 구체적인 규범으로 변모하게 된다. '오행'은 해당 경전에서 때로는 '오장'이 '오덕五德(오상五常)'의 표준에 따라 다섯 개의 연속되어 운행하는 과정을 공동으로 구성하여 조화롭고 통일된 상태로 다다름을 의미한다. 또한 어떤 때는 유교의 '인仁', '의義', '예禮', '지智', '신信'을 의미하기도 한다.

『제위파리경』의 내용을 통해 남북조시기 유불사상이 상호 흡수하고 융합된 사실을 발견할 수 있으며, 이를 통해 두 사상 관계의 발전 상황을 볼 수 있다. 당시의 불교는 더 이상 인도 혹은 서역에서 전파되어 들어온 원시불교의 모습이 아닌, 중국본토의 사상과 문화가 융합된 불교로 변모하였으며, 이를 통해 스스로 중국에서 생존하고 발전할 수 있는 방법을 찾았다고 할 수 있다. 한편으로 불교는 그 자체의 거대한 포용력으로 인하여 중국 본토의 유교사상을 끊임없이 흡수하여 자체적으로 학설을 보완하고 발전시켜 그 속에는 중화문명의 모체가 끝없이 융합할 수 있게 되었다. 다른 측면에서 당시 유교의 일부 특정 학설들은 여전히 당시 사회에서 강인한 생명력과 광범위한 영향력을 유지하고 있었기 때문에, 외래종교로서의 불교는 당시의 시대적 상황에서 자리를 잡고 발전을 이루려면 이러한 중국본토의 사상과 문화를 익히고 참조, 흡수하고 융합시켜야 했다. 유교와 불교 사이의 이러한 상호 간의 학습, 참고, 흡수, 융합, 창조, 발전과정을 통해 불교문화가 성숙해졌으며, 이는 수당隋唐문화의 번영에 견실한 기반을 다지게 해주었다.

(번역: 홍성초)

제 3 장

교학의 전개와 신앙의 변용

근대 화엄교학의 발전

치우까오싱(邱高興) · 한차오중(韓朝忠)

들어가는 말

근대 화엄승중은 종문을 부흥시킬 때, 주로 두 가지 방식을 채용하였다. 하나는 경전을 강석하고 화엄교학을 널리 전파하는 것이고, 다른 하나는 화엄대학을 개설하여 올바른 인재를 양성하는 것이었다. 양자는 밀접한 관계로서 특히 화엄교학의 전파는 매우 중요하다. 그것은 승려를 교육하는 전제이자 기초일 뿐만 아니라, 승려 교육의 목적이자 의의이기도 하다. 그러나 화엄교학의 발전과정에서 종문의 거장(예를 들면, 월하月霞, 응자應慈 등의 스님) 및 그 문인(예를 들면, 지광智光, 자주慈州 등의 스님)의 꾸준한 노력 외에도, 종문 밖의 승중僧衆(예를 들어, 태허太虛, 홍일弘一 등의 스님) 및 불교 거사(예를 들어, 주숙가周叔迦, 윤운범尹云凡, 방동미方東美 등 거사)도 모두 정도는 달라도 근대 화엄교학의 끊임없는 발전을 추동했다.

1. 경전 강해와 화엄 고덕古德의 법의法義 전파

근대 화엄종이 부흥한 첫 번째 상징은 월하, 응자 등의 스님으로 대표되는 화엄교학의 연구가 한꺼번에 출현한 것이었다. 화엄경론을 강연했던 스님들은 선종처럼 엄격한 법맥의 전승체계가 있지는 않았지만 역사적으로 화엄을 중흥시켰던 조사들과 같이 모두 "마음으로 화엄에 계합하여 현수종에 귀의하였다[心契華嚴而歸宗賢首]".

(1) 월하月霞 스님의 경전 강의

월하 스님(1858~1917)은 근대 화엄종을 중흥시킨 조사로서, 일생동안 "삼십여 년 동안 법을 널리 전파하고, 백여 부의 대승경론과 소승경론을 강의하였다."[1] 주로 강의한 경론으로는 『화엄경』, 『능엄경』, 『유마경』, 『원각경』, 『법화경』, 『능가경』, 『마하반야』 등의 대승경론이 있다. 그 가운데에서도 다시 『화엄경』, 『능엄경』과 『능가경』을 위주로 하였지만, 가장 공을 들였던 경전은 『화엄경』과 『능엄경』이라고 할 수 있다.

청淸 광서光緖 24년(1898), 월하 스님은 구화산九華山 취봉翠峰에 위치한 초가집에서 대중에게 팔십 권본 『화엄경』을 강연하였는데, 삼년 간의 시간을 들여 비로소 완결하였다. 또한 『능엄경』도 월하 스님

1) 持松, 「月霞老法師傳略」, 『持松法師論著選集』, 荊門; 荊門市政協學習文史委員会出版, 1999, p.75.

이 평생토록 중시했던 경전인데, 스님은 1893, 1911, 1915, 1916, 1917년에 호북성湖北省의 한양漢陽, 공산洪山, 한구漢口와 안휘성安徽省 구화산, 그리고 북경北京 등지에서 나누어 총 다섯 차례 강의하였다. 그 중, 가장 먼저 호북성 귀원사歸元寺에서 『능엄경』을 강의하기 시작할 때가 월하 스님이 36세밖에 되지 않았지만, 원적圓寂하셨던 해에도 스님은 한구에서 이 경전을 강연하였다. 이를 통해 그가 『화엄』못지않게 『능엄경』에 대해 힘썼던 것을 알 수 있다. 월하 스님이 이토록 『능엄경』을 중시했던 까닭은 한편으로는 송대 이후 화엄문인의 일관된 전통에서 비롯된 것이다. 송대 화엄을 중흥시켰던 자선子璿 대사는 화엄을 전파할 때 『능엄경』 강연을 특별히 중시했다. 그러므로 "자선은 『능엄경』을 중시하였다 …… 그 이후에 화엄교의에 관심을 두는 자가 이 경전을 함께 중시하도록 영향을 주었다."[2] 다른 한편으로 이 경전은 『화엄경』과 마찬가지로 모두 용수 보살이 용궁에서 얻어서 세간에 전해준 것이라고 전해진다. 또한 이 경전에서 거론하고 있는 법신불 사상도 화엄교의와 서로 계합하지만, 이 경전에서 주창하고 있는 지계, 선정 등 수행방법과 이론도 바로 『화엄경』에서 이러한 일면이 부족한 것을 보충하고 있다. 동시에 근대 불교에서 광선狂禪이 유행하는 폐단과 계율의 치폐馳廢 등의 현상을 대치하는 것도 가능했으므로 『능엄경』은 월하 스님에 이르러서 『화엄경』과 동등한 지위를 부여받아서 널리 강연되었다.

따라서 월하 스님이 『화엄경』과 그 관련 경전인 『능엄경』, 『원각경』, 『유마힐경』, 『대승기신론』 등에 대해 강해했던 것을 통해, 화엄

2) 魏道儒, 『中國華嚴宗通史』, 南京; 鳳凰出版社, 2008, p.204.

종의 기본교의가 비로소 널리 알려졌으며 화엄종 교리의 본래 면모가 중시되었다.

(2) 응자應慈 스님의 경전 강의

응자 스님(1873~1965)은 자칭 화엄좌주華嚴座主로서 월하 스님의 법제로서 월하 스님보다 15세가 적으며 두 사람 모두 야개冶開 스님 슬하에서 기별記別을 받았다. 월하 스님은 당해 천녕사天寧寺에서 『화엄경』을 연구할 때 일찍이 야개 스님의 동의를 얻어서 응자 스님이 그를 따라서 화엄교리를 연구하도록 하였으며, 월하 스님 일생의 홍법사업에서 응자 스님이 가장 도움이 되었다. 민국 2년(1913) 응자 스님은 월하 스님과 함께 상해 합동화원哈同花園으로 가서 『금강경』, 『원각경』, 『유마힐경』, 『대승기신론』등 경전을 강연하였다. 민국 3년(1914)에 상해 화엄대학이 성립되고 나서 스님은 또한 『능엄경』과 『능가경』 등의 경전 강의를 전담하였다.

민국 6년(1917) 월하 스님이 원적하시고 나서, 응자 스님은 법형法兄인 월하 법사의 염원을 삼가 받들어 화엄교학을 계속 전파하였으며, 일생 동안 진당晉唐 삼역三譯의 『화엄경』과 화엄경론을 전파하는 것을 자신의 임무로 여겼다. 민국 8년(1919) 남경南京에서 『화엄경』을 강의하였고, 거의 일 년이 다 되어서야 완결했다. 민국 15년(1926) 정파靜波 스님의 요청에 응하여 강소성 상주常州 청량사淸涼寺 경내에서 '청량학원淸涼學院'을 창건하고, 『사십이장경四十二章經』, 『대승기신론』, 『능엄경』, 『능가경』, 『법화경』 등의 경론을 주로 강의하였다. 민국 17년(1928) 상해 '청량학원'으로 가서 팔십 권 『화엄경소연의초華嚴經疏演義鈔』를 강의하여, 두 해가 지나서야 완결을 하였다. 민국 19년(1930) 상주 영경사永慶寺에서 당역唐譯 팔십 권 『화엄경』을 강연하였는데 그 기간에 사찰 내부에 군대가 주둔하는 바람에 계속 경전을 강의할 수 없게 되어 어쩔 수 없이 무석無錫 용화암龍華庵으로 옮겼으며, 민국 20년(1931) 봄이 되어서 비로소 강연을 마쳤다. 이 해 사월에 다시 오대산五臺山을 조례하였으며 벽산사碧山寺 경내에서 『범망경』을 강연하였고, 7월 소주蘇州 계당사戒幢寺에서 『능엄종관정소본연楞嚴宗灌頂疏本緣』을 강의하였다. 민국 21년(1932) 스님은 상숙常熟 흥복사興福寺로 돌아갔으며 사찰 안에서 『법화경』과 『범망경』을 승중에게 강해했다. 민국 22년(1933) 여름에 영파寧波 천동사天童寺에서 『화엄경현담華嚴經懸談』을 강의했으며 민국 25년(1936)에 비로소 완결이 되었다. 민국 25년(1936) 여름에 상숙 보엄사寶嚴寺에서 당역 사십 권 『화엄경』을 강의했으며, 민국 26년(1937) 봄에 강의가 끝난 이후 오대산을 조례하면서 광제사廣濟寺의 초청으로 당역 팔십 권 『화엄경』을 강의했으며 다시 항일 전쟁이 일어나서 중도에 그만두게 되었다.

민국 27년(1938) 응자 스님은 상해의 옥불사玉佛寺에서 사십 권 『화엄경』을 강의하여 일 년이 지나서 완결하였다. 민국 28년(1939) 상해 숭덕회崇德會에서 다시 사십 권 『화엄경』의 전문을 강의했다. 민국 29년(1940) 스님은 다시 상해 소빈만小濱灣에서 '육십화엄학원'을 창립했으며, 진역晉譯 육십 권 『화엄경』을 전문적으로 강해하는 임무를 맡아서 삼 년이 지나서야 완결하였다. 민국 34년(1945) 상해 자운사慈雲寺에서 삼십 권 『화엄경소초』를 강의했다. 민국 36년(1947) 남경에서

『화엄경탐현기』와 『화엄경소초』를 강의했으며, 남통南通과 항주杭州 두 지역에서 「보현행원품」을 강연하였다. 민국 37년(1948) 남경에서 화엄법회를 주최하면서 진역 육십 권 『화엄경』을 강연하였다. 1951년 상해에서 「보현행원품」과 『화엄경』 「현수품」 등의 경론을 강의하였다. 이 후 원적하실 때까지 십수 년 간 응자 스님은 건강상의 이유로 다시 강단을 열어 법을 강의할 수는 없었다. 하지만 일생동안 스님은 모두 사십 권 『화엄경』을 네 번 강의하였고, 팔십 권 『화엄경』을 세 번 강의하였고, 육십 권 『화엄경』을 한 번 강의하였고, 팔십 권 『화엄현담』을 세 번 강의하였고, 이십 권 『화엄탐현기』를 한 번 강의하였다. 기타 소품 경론, 예를 들어 『화엄법계관華嚴法界觀』, 『능엄경』, 『범망경』, 『인왕호국반야경』, 『법화경』, 『대승기신론』 등에 대한 강의는 더욱 많았다. 이 밖에도 응자 스님은 화엄종을 널리 전파하기 위해서 또한 상해 장유교蔣維喬, 이원정李圓靜 등의 거사와 함께 '화엄소초편인회華嚴疏鈔編印會'를 조직하여 이사장을 역임하였고, 『청량국사화엄소초清涼國師華嚴疏鈔』의 출판 작업에 힘써서 총 6년에 걸쳐서 완성하였다. 스님은 평생의 홍법 행위도 진실로 그가 80세에 스스로 지은 경구警句인 "환화같은 자취의 사바세계 팔십 년 종지를 널리 펼치고 가르침을 통하게 하는 이 두 가지는 들은 바가 없네. 항상 발우에 온 세상의 밥을 빌은 것을 부끄러워하며, 화엄법계의 마음을 널리 심었네"[3]와 같았다.

3) 沈去疾著, 『應慈法師年譜』, 上海; 華東師範大學出版社, 1990, p.64. "幻跡娑婆八十春, 弘宗演教兩無聞. 常慚一缽千家飯, 遍種華嚴法界村"

(3) 월하의 법맥을 계승한 화엄승중의 홍법활동

월하 스님의 문인은 매우 많았는데 그 가운데 걸출한 자로 상성常惺, 지광智光, 자주慈舟, 지송持松 등이 있다. 그들은 월하 스님이 원적하신 이후에도 여전히 그 스승의 "현수의 가르침을 널리 전파한다[敎弘賢首]"는 염원을 받들어 각지로 흩어져 경전을 강의하고 설법하여 화엄종의 교리를 전파하였다.

① 지광智光 스님(1889~1963)

민국 3년(1914) 지광 스님은 상해 화엄대학에 입학하여 월하 스님을 따라서 화엄교의를 공부했다. 민국 6년(1917) 월하 스님이 입적하신 이후 지광 스님은 민국 10년(1921) 태주泰州 북산사北山寺에서 외부세계와 단절하고 홀로 화엄교리를 연구하는데 전념하였다. 민국 18년(1929) 지광 스님은 홍콩으로 가서 사십 권 『화엄경』을 강연하였고, 다음으로 태현泰縣으로 가서 『미타경』, 『인왕호국반야경』, 사십 권 『화엄경』 등을 강연하였다. 민국 23년(1934) 지광 스님은 초산焦山 정혜사定慧寺 주지를 맡아 이때부터 스님은 초산을 주둔지로 삼아 인재를 양성하고 화엄교리 및 대소승경론을 강의하였다. 민국 26년(1937) 항일 전쟁이 일어난 이후 지광 스님은 태현으로 돌아가 고향인 황가장黃柯莊에 은거하였는데, 그 시기에도 속가 제자에게 사십 권 『화엄경』을 강의하였다. 1949년 이후, 지광 스님은 제자인 남정南亭 스님과 함께 대만으로 가서 화엄종을 전파하였으며 화엄경론을 강의하였을

뿐만 아니라 매월 화엄공회華嚴供會를 주최하여 제자 수천 명을 감화하여 귀의시켰다.

② 자주慈舟 스님(1877~1958)

상해 화엄대학 학승이다. 월하 스님을 따라서 일찍이 『화엄경』을 연구하였다. 민국 20년(1923) 가을에는 상해 영산사靈山寺에서 「보현행원품」을 강연하였다. 민국 19년(1930) 여름에는 한구漢口와 무창武昌의 두 불교 법회에서 『대승기신론』을 각기 한 차례씩 나누어 강연하였다. 민국 22년(1933) 가을 스님은 복건성 고산鼓山의 '법계학원'에서 『화엄경』을 강연하여 4년이 지나서야 완결하였다. 민국 26년(1937) 다시 북경 '법계학원'에서 『화엄경』을 강의하기 시작하여 두 해가 지나서 완성했다. 민국 31년(1942) 북경 극락암極樂庵에서 「보현행원품」을 강의하였다. 자주 스님은 평생 "화엄종의 가르침을 널리 전파하고, 사분율을 지켜[敎弘華嚴, 戒持四分]", 근대 화엄종 문인의 모범이 되었다. 그는 엄격하게 계율을 지켰고, 교리 연구에 투철하여 대강大江 남북의 승려들이 수없이 앙모하는 동시에 그 자신의 매력으로도 수많은 스님들을 감화시켜 화엄교리를 연구하는 데 가담하였다.

(4) 기타 화엄승의 홍법 활동

근대 화엄종의 부흥은 월하 법맥의 승중이 주요 대표이지만, 이 밖에도 "마음으로 화엄에 계합하여 현수종에 귀의하였던[心契華嚴而歸宗賢首]" 화엄승들이 있다. 예를 들면 양주揚州 장생사長生寺의 가단可端

스님은 자칭 '화엄승'으로 양주에서 화엄 강단을 처음 열어 화엄교의를 강연하였으며, 화엄대학을 창건하여 정규 인재를 양성했다. 또한 상서祥瑞 스님, 체공體空 스님, 월징月澄 스님 등도 있는데 모두 각기 다른 방식으로 근대 화엄교학의 발전을 촉진시켰다.

① 가단可端 스님(생몰년 미상)

가단 스님은 어린 시절 제한諦閑 스님이 창립한 관종학사觀宗學社에 들어가 공부하였으며 졸업 후에도 한 마음으로 화엄교의를 연구하는데 전념하는 자칭 화엄승이었다. 민국 8년(1919) 양주에서 『화엄경』을 강의하였으며 두 해 동안 강의를 완성한 다음에 양주 장생사 주지로 천거되었으며 이 사찰 경내에 화엄대학을 창립하였다. 주로 『화엄경현담』, 『청량소초』, 『화엄경』, 『유마힐경』 등의 경전을 강의하였으며 양주에서 가장 먼저 화엄교의를 전파했다. 더욱 높이 평가할 만한 점은 가단 스님이 민국 12년(1923)에 화엄대학을 창립하는 동시에 『불광월간佛光月刊』을 창간하여, 처음 새로운 형식의 홍법 수단으로 화엄교학을 전파하여 화엄종의 영향력을 넓히고 화엄교의의 보급을 크게 확대하였다는 것이다. 『불광월간』은 민국 12년(1923) 창간된 이후 매월 한 권을 발행하였는데, 간행물은 화엄교리를 위주로 하는 동시에 기타 불교 종파의 교의도 함께 간행하였다. 이 간행물이 지속된 시간은 길지 않았지만, 근대 화엄종이 홍법의 패러다임을 개선시키는데 있어서도 적극적인 모범이 되었다는 점에서 의의가 있다.

② 상서祥瑞 스님(생몰년 미상)

상서 스님은 일곱 차례나 오대산을 조례하였고 문수법문에 감화되어서 교종教宗을 전파하려는 뜻을 세웠으며, 최종적으로는 현수종을 전파하는 것을 사명으로 삼아 혼심의 힘을 쏟았고 의지가 변함이 없었다. 상서 스님은 민국 15년(1926) 강소성 도솔사兜率寺에서 현수종학원을 창립했으며 이것을 도량으로 삼아 학원 안에서 화엄경론 및 여러 대승경전을 몸소 강의하였다. 저서로는 『현수오교약설賢首五教略說』이 있으며, 화엄의 교판사상을 해설한 것이다.

이 밖에도 월하의 법맥 밖에서 화엄교학을 전파했던 교승들, 예컨대 체공 스님, 월징 스님 등도 경전을 강의하는 법회나 간행물 등의 새로운 매개를 통해 쉴 새 없이 화엄교의를 전파했다. 그들은 비록 월하 법맥의 화엄승들처럼 조직적인 전체 행위로 화엄종을 전파하지는 않았으며 그 홍법도 개인의 자발적인 행위가 대다수였지만, 그들도 기타 화엄승들과 마찬가지로 모두 근대불교가 쇠락하는 것에 아픔을 느껴 교종의 현묘한 교문을 일으키지 못하면 불교를 중흥시킬 수 없을 것이라 판단했다. 동시에 또 그들 모두가 내면에서 화엄교리를 깊이 계합한 것에서 출발하여 화엄에 마음을 귀의하였고, 동시대의 화엄승들과 함께 근대 화엄종이 부흥하는 중심 역량을 구성하였다.

2. 묵은 것은 버리고 새로운 것을 만드는 태허太虛 스님의 새로운 화엄의 길

화엄승들은 화엄교리를 보급시키고 고덕의 원의를 다시 실현시키기 위해 대강大江 남북南北에서 화엄경론을 널리 강연하는 것을 중시할 때, 근대불교 새로운 유파의 대표 인물인 태허 대사는 불교 부흥의 길에서 그가 일관되게 추진했었던 혁신적 조치와 같이 화엄교리의 연구에서도 독보적으로 새로운 길을 열었다. 이것과 전통 화엄승들이 화엄교리에 대해 '복고'를 주장한 것은 선명한 대비를 이룬다.

화엄종은 우주의 만유 및 그 상호관계를 총체적으로 네 가지 유형, 즉 사법계事法界, 이법계理法界, 이사무애법계理事無碍法界, 사사무애법계事事無碍法界로 나눈다. 화엄종의 '사법계'관에 대해 태허 스님은 화엄 사법계는 "그 말하는 바가 아직 마음과 경계[心境]에 딱 들어맞지 못하니, 별도로 삼중법계三重法界를 법의 근본으로 세우고, 서로에게 회귀하여 만나고 이어지는 것으로 그 뜻을 살핀다"[4]고 보았다. 그는 화엄종의 사법계 교설이 마음과 경계에서 말하는 바가 구경에는 미치지 못한다고 여겼으므로 '삼법계'의 관觀을 별도로 세워서 법계현의法界玄義에 부합하고자 하였다.

① '삼법계'의 내용 해석

첫째는 물아법계物我法界이다. "물物은 '각각의 체상[各個體相]'이고

4) 太虛, 『太虛大師全書』 第10卷, 北京: 宗教文化出版社, 2005, p.385.

아我는 '개체주의'이다. 이 각각의 체상과 개체주의의 범위를 벗어나지 않는 것이 바로 '물아법계'이다."[5] 이러한 물아법계와 '사법계'가 포함하는 내용은 서로 같지만 차이점은 '물아법계'는 심心과 심소연心所緣의 경계가 대립한다는 측면에서 출발한 것이지만 '사법계'는 '법이法爾'에서 전체 우주 만유의 일체 존재의 측면에서 제기한 것으로서 마음과 경계[心境]의 대립을 강조하지는 않는다.

둘째는 심연법계心緣法界이다. "심心은 '사려와 앎의 영묘한 지각[慮知靈覺]'이고 연緣은 '전변하는 의지[轉變依持]'이다. 일체법에 관하여 사려와 앎의 영묘한 지각이 전변하는 의지의 영역을 벗어나지 않는 것이 바로 '심연법계'이다."[6] 둘째 단계인 '심연법계'는 첫 단계인 '물아법계'의 기초에서 다시 한발 나아가서 "경계는 마음에서 발생한다[境由心生]"거나 "마음만 있을 뿐 경계는 없다[心有境無]", 즉 일체의 외부 경계가 모두 마음의 전변이고, 모두 마음에 의거해서 있다는 것을 설명하려는 의도이다. 여기서 화엄 사법계 가운데 '이사무애법계'에서 강조하였던 이치와 사물[理事]이 일치하는 뜻을 포함하고는 있지만 이사무애법계와는 뚜렷한 차이점이 있다. 태허 스님은 여기에서 '만법이 오직 마음뿐[萬法唯心]'이라는 사상을 특별히 강조하고자 하였고, 법계가 바로 내 마음이라는 것을 나타내고자 하였다. 이것은 유식종의 '아뢰야식연기' 사상과는 서로 일치하지만 화엄종 사법계에서 '이치'가 지칭하는 '법성法性'과는 현격한 차이가 있다. 왜냐하면 법성의 측면에서 본다면 아뢰야식도 그것에 포함되는 것이기 때문이다.

---

5) 太虛, 위의 책, p.385.
6) 太虛, 위의 책, p.386.

셋째는 성여법계性如法界이다. "성性은 '상주하고 편재하는 진실[常遍眞實]'을 나타낸 것이고 여如는 '변이하는 공허한 환상[變異虛幻]'을 부정한 것이다. 변이하는 공허한 환상인 일체법이 아니면 일체법은 오직 상주하고 편재하는 진실일 뿐이니, 억지로 '성여법계'라고 이름하였다. 명언상名言相도 떠나고 심연상心緣相도 떠나서 법계가 소멸[泯絶]하였으므로 말도 없고 깨달음도 없다."[7] 마음과 경계의 관계에 대해 분석을 마치고 태허 스님은 이 한 가지 관문觀門 가운데서 '상주하고 편재하는 진실[常遍眞實]'의 법성을 일체 만법의 본질로 제시하였다. 그것은 '이법계'와 서로 대응하지만 이러한 '본질'은 마음을 떠나고 형상을 끊어 말할 것도 없고 깨달을 것도 없으니 전형적인 선종의 의미를 띠고 있다. 이것은 분명 화엄 법계관에서 세운 '이법계'와는 현저한 차이가 있다.

따라서 태허 스님의 '삼법계'는 본체계와 현상계의 관계를 회답함에 있어서 '마음'의 본원적 작용을 두드러지게 강조하였는데, 실제로는 화엄에서 말하는 '이치'를 마음속에 안치시켜 마음과 사물[心物], 사물과 사물[物物]이 어떻게 원융할 수 있는지를 설명하고자 했던 것이다.

② '삼법계'로 불화삼법佛華三法과 사법계를 통섭

첫째는 '삼법계'와 불화삼법이다. 『화엄경』「야마천궁보살설게품」에서 여래림如來林 보살은 마음, 부처, 중생 삼자의 관계에 대해 다음과 같은 게송을 읊는다. "마음은 마치 화가처럼 갖가지 오음을 그려

7) 太虛, 위의 책, p.386.

내니, 일체 세계에서 만들어내지 않는 법이 없다. 마음과 부처도 이와 같고, 부처와 중생도 이와 같으니, 마음 · 부처 · 중생 세 가지는 차별이 없다."[8] 이 게송은 부처는 중생의 마음에서의 부처이고, 중생은 부처의 마음에서의 부처이니, 마음 · 부처 · 중생 삼자의 체는 동일하지만 이름이 다르다는 것을 명확하게 제시하였다.

태허 스님은 『화엄경』에서 제시한 중생 · 마음 · 부처 삼자를 '불화삼법'으로 정의하며, 그것과 자신의 '삼법계'를 결합시켜 '삼법계'와 '삼법' 간에 원융하고 상호 통섭되는 관계를 다음과 같이 제시하였다.

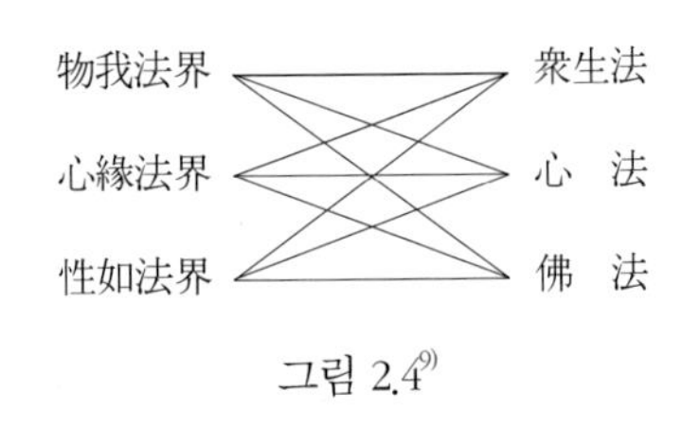

그림 2.4[9]

"마음은 사물의 작용이고 본성은 사물의 체인데, 체용體用을 갖추지 않은 중생은 아직 없었기 때문에 중생법은 심법과 불법을 모두 통섭하며 평등하다. 사물은 마음의 형상이고, 본성은 마음의 본성인데, 성상性相을 갖추지 않은 마음은 아직 없었기 때문에 심법은 중생법과 불법을 모두 통섭하며 평등하다. 마음은 본성의 지혜이고, 사물은 본성의 경계인데, 경계와 지혜를 갖추지 않은 부처는 아직 없었기 때문

8) [東晉]佛馱跋陀羅譯, 『大方廣佛華嚴經』(T9), 台北; 佛陀教育基金會, 1995, pp.465c~466a. "心如工畫師, 畫種種五陰, 一切世界中, 無法而不造. 如心佛亦爾, 如佛衆生然, 心佛及衆生, 是三無差別."

9) 太虛, 위의 책, p.387.

에, 불법은 심법과 중생법을 모두 통섭하여 평등하다. 이와 같이 세 가지가 차별이 없다는 뜻을 지극히 이룬다."[10] 태허 스님이 여기에서 제시한 마음·부처·중생 세 가지의 무차별은 '삼법계' 사이에서 서로가 서로를 통섭하는 기초에서 건립되었다. 이것과 『화엄경』이 "일체가 마음에서 전변한다一切從心轉"에서 건립한 관점은 차이가 있다. 『화엄경』에서 '마음'이 가리키는 것은 본각진심本覺眞心, 즉 『대승기신론』에서 제기한 '심진여문心眞如門'의 마음이고, 이러한 기초 위에서 중생과 부처를 통일시키고 세 가지가 차별이 없다는 결론을 도출하였다. 반면 태허 스님의 '마음'이 가리키는 것은 '심생멸문心生滅門'의 마음이며, '마음'의 공용에서 건립된 세 가지가 차별이 없으며 원융하다는 것이고, '심식'이 외부 경계로 변하여 나타날 때의 공용을 강조하는 것이다. 이것은 화엄종 전통에서의 '법신法身' 사상과는 명확한 구별을 이루고 있지만, 화엄의 '원융'한 취지를 견지하고 있다는 점에서는 여전히 화엄종과 일맥상통한다.

둘째는 '삼법계'와 화엄사법계이다. 화엄사법계는 초조初祖 두순杜順에 의해서 제기된 것으로서 나중에 삼조三祖인 법장法藏에 의해 발전되고 확충되었으며, 사조四祖인 징관澄觀은 다시 '사법계'에 대응하여 일진법계一眞法界를 제시하여 그것을 통섭하였다. 태허 스님은 자신의 '삼법계'와 '사법계'를 논할 때, 징관의 사상을 가져와서 화엄법계관의 최종적 지점으로 삼았다. 태허 스님은 그 구체적인 관계를 설명하기 위해 다음과 같은 세 가지 측면에서 설명하였다.

10) 太虛, 위의 책, p.387.

甲, 단복관單複觀

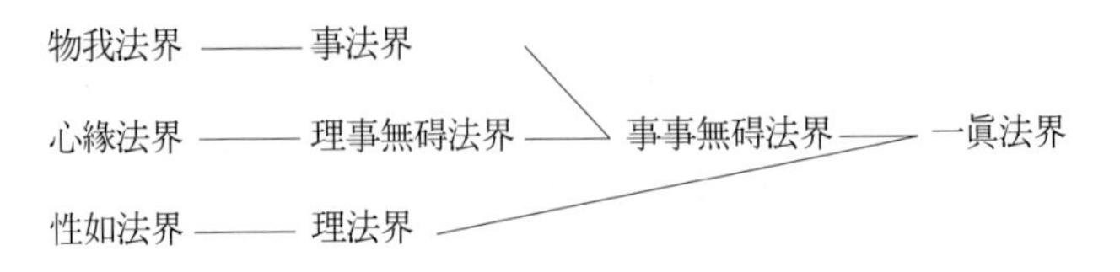

乙, 복복관複複觀

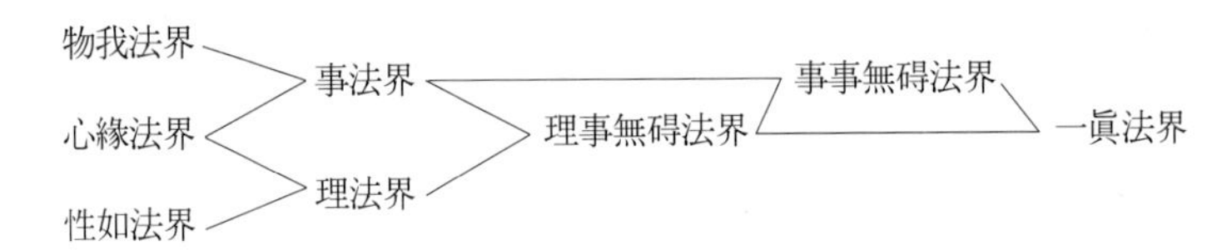

丙, 원원관圓圓觀

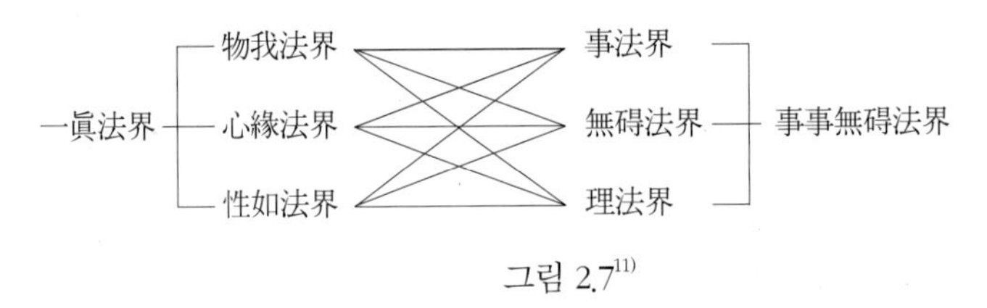

그림 2.7[11]

단복관, 복복관과 원원관 세 가지 관법 사이는 층층이 심화되어 들어간다. 단복관은 먼저 삼법계와 사법계의 대응관계를 소개하고 삼법계의 독립성을 강조한다. 복복관은 더 나아가 삼법계 사이가 교집됨을 설명하여 원융한 모습이 처음 나타난다. 마지막으로 원원관은 세 단계의 원융관계, 즉 삼법계 사이의 원융, 사법계 사이의 원융 및 삼법계와 사법계 사이의 원융을 포함한다. 그 중 단복관과 복복관이 나

11) 太虛, 위의 책, p.388.

타내는 법계관과 화엄종의 사상은 기본적으로 일치하는 것이지만, 세 번째 관법은 태허 스님이 자신의 이해로 화엄종의 법계원융 사상을 해석한 것이다. 화엄교학에서 '일진법계'는 우주만법의 본원으로서의 '법신불'과 '진여眞如'라는 시각으로부터 제기된 것이며 '사법계'를 모두 통섭한다.

태허 스님의 이러한 원원圓圓의 법계관은 원융의 뜻을 구경까지 철저히 관철시킨 것이기는 하지만, 혼란스럽게 보이는 면도 없지 않다. 특히 마지막에 일진법계와 사사무애법계 등을 동일시하였는데 실제는 '사법계' 간의 위계적 관계를 포함된 관계로 바꾼 것이다. 이렇게 함으로써 사법계는 일진법계의 함의를 해석하는 작용을 잃게 되었지만 법계의 '원융'한 정신만은 보류하였다.

위에서 태허 스님이 창안한 '삼법계' 설에 대한 분석을 통해서 그 본인이 화엄교리의 측면에서의 조예가 있었음이 나타났을 뿐만 아니라, 그가 화엄 '법계관'을 계승하고 발전시켰다는 것까지도 드러났다. 만일 화엄 종조들이 '사법계' 교설을 통해 원융의 뜻을 펼쳤다고 한다면, 태허 스님은 그의 '삼법계관'을 통해 원융의 의미를 더욱 철저하게 관철시켰다고 할 수 있다. 그는 원융한 법의를 밝혔을 뿐 아니라 '원융'조차도 원융하게 해야 하기 때문에 '삼법계'에서 마지막으로 '원원'의 관법을 그 법계관의 궁극적 지향점으로 삼았다. 하지만 바로 그러한 까닭에 태허 스님의 '삼법계'관은 과유불급過猶不及의 혐의에서 자유롭지 못하게 되었으며 "새롭게 하기 위해서 새로움을 창조[爲求新而創新]"했다는 폐단에서 벗어날 수 없게 되었다.

3. 시대의 흐름에 맞추어 화엄 연구의 새로운 방법을 창안

근대 교학 연구는 비록 근세불교의 부흥과 번영에 동반되었지만, 청조靑朝부터 교리연구가 장기적으로 정체되어 앞으로 나아가지 못하였고, 더욱이 근대불교 여러 종파가 융합하여 발전하는 추세로 인해서 교학연구는 혼란한 국면을 한동안 나타내게 되었는데, 정말이지 그 당시 윤운범이 다음과 같이 말했던 것과 같다. "불학은 전문 학술 가운데 하나로서 당연히 전문적인 연구방법을 갖추어야 한다. 즉, 불학에서 각 종파가 모두 특수한 연구방법이 있다. 하지만 지금 각 종파 간의 상호 비방은 그들이 따르는 종지에서 비롯되었다. 혹은 혼잡한 것을 원통한 것으로 착각하는데 이것은 모두 그 각 종파에 대한 연구가 그 법을 터득하지 못하였기 때문이다."[12] 그러므로 바로 화엄교학이 '복고'와 '창신'의 두 갈래 길을 통해 끊임없이 전파될 바로 그 때, 화엄교학을 연구하는 스님들과 거사들은 화엄교학의 연구방법에 대해 반성하기 시작했으며, 화엄의 법계현의를 깨달아 들어가는 방도를 찾고자 노력했다. 그들 중 종교 수행의 측면에서 『화엄경』의 수습법을 논의했던 사람도 있었는데, 예를 들면 주숙가周叔迦 거사다. 어떤 사람은 순수 철학적 측면에서 화엄교학을 해석했는데, 예를 들면 항보恒寶 스님이다. 하지만 그들의 입장이 어떠했는가를 논하기 전에 그들은 공통적으로 모두 서양의 학술연구 전통의 영향을 받았

12) 尹云凡, 「華嚴研究法」, 『同愿』, 1942(2).

으며, 그러므로 모르는 사이에 근대 '서학동점西學東漸' 사조의 영향을 받았다는 시대적 낙인을 피할 수가 없다.

(1) 주숙가周叔迦의 수습차제법修習次第法

주숙가 거사(1899~1970)는 안휘성 동지현東至縣 사람으로 근대 저명한 불학가이다. 주거사는 평생 불교 교학연구에 힘썼으며, 화엄 · 천태 · 유식의 각종 교리에서 모두 비교적 깊은 조예가 있었다. 저서로는 「『반야경』의 연구법」, 「법상오경法相五經의 연구법」과 「『화엄경』의 연구방법」 등 논문이 있다. 그 가운데 「『화엄경』의 연구방법」은 교리가 심오하고 편폭이 방대한 『화엄경』에 알맞은 구체적 연구방법을 제시하였다. 모두 다섯 단계로 나누어지는데, 간략하게 제시하면 아래와 같다.

첫째는 경문을 여러 번 통독한다. 여기서 가리키는 바는 진역과 당역 『화엄경』을 반복해서 읽어 경문의 대의가 가슴에 와닿도록 하여, 이후에 한 단계 더 나아가 교리를 깊게 연구하기 위한 준비를 하

화엄경 소초 ⇒ 화엄경 탐현기 ⇒ 화엄경 수현기 ⇒ 화엄경 합론

1단계 경문을 통독 ⇒ 2단계 강종을 탐구 ⇒ 3단계 품을 나누어 연구 ⇒ 4단계 전체 경전을 종합 ⇒ 5단계 여러 서적을 참고

보현행 원품별 행소초 ⇒ 화엄경 보현행 원품소 ⇒ 십지경론 의기 ⇒ 십주비바사론

는 것이다.

둘째는 강종綱宗을 탐구한다. 이 단계는 윗 단계에 이어서 『화엄경』의 대의를 이해하는 기초에서 더 나아가 경문의 조직구조 및 종지의 개요를 이해하기 시작하며 화엄론소를 읽는 것을 위주로 한다.

셋째는 품을 나누어 연구한다. 만일 앞의 두 단계가 대체적인 윤곽을 그려내는 것이었다면, 여기서부터는 정식으로 세부적인 묘사로 들어가서 『화엄경』에서 중요한 「입법계품」과 「십지품」에 대해 연구하기 시작한다. 주숙가는 이 두 품이 『화엄경』의 관건이 되는 품이면서도 가장 중요한 부분이라고 여겼다.

넷째는 전체 경전을 종합적으로 연구한다. 「입법계품」과 「십지품」에 대한 연구를 마친 이후에는 이미 『화엄경』의 핵심적 교리를 이해하므로, 『화엄경』 전문에 대해 세밀하고도 깊이 파고 들어간 연구를 할 수 있다. 여기서 주숙가는 먼저 『대방광불화엄경소초』부터 착수하여 화엄교리를 상세히 이해하고, 다음으로 『대방광불화엄경탐현기』를 공부하여 현수종의 취지를 회통하고, 다음으로 『대방광불화엄경수현분제통지방궤大方廣佛華嚴經搜玄分齊通智方軌』를 공부하여 화엄현의를 이해하고, 마지막으로 『대방광불화엄경합론』을 연구하여 비로소 화엄의 돈오법문을 이해할 것을 강조하였다. 이 네 번째 단계의 연구는 전체 공부 과정에서 가장 중요하면서도 가장 어렵고 막중한 부분이라고 할 수 있다. 이 네 부의 소해疏解에서 읽어야 되는 권수만 하더라도 삼백 권에 이르나 그 가운데 심오한 교리를 이해하려면 더더욱 어려운 일이어서, 실제로 일반학자들이 완성해낼 수 있는 바는 아니다.

다섯째는 여러 서적을 참고한다. 주로 앞 단계의 네 부의 소해에서 부족했던 부분에 대해서 『화엄경유의華嚴經遊意』, 『화엄약책華嚴略策』, 『화엄강요華嚴綱要』 등 논저가 서로 충분히 밝혀내는 작용을 일으키니, 실질적으로 네 번째 단계의 연구를 보충하고 참고가 된다.

종합하면, 주숙가의 『화엄경』 교리연구 차제와 홍일弘一 스님의 연구 차제는 모두 연구에 있어서 얕은 것에서 깊은 것으로 들어가고, 간략한 것에서 번잡한 것에 이르는 것을 중시하였다는 공통점이 있다. 하지만 양자의 차이점은 홍일 스님의 연구차제는 '수행[修]'을 중요시하여, 스님들이 종교적 실천에서 어떻게 『화엄경』의 현묘한 뜻을 연구하고 이해할 것인가를 강조하였다. 반면 주숙가의 연구법은 '이치[理]'를 중요시하여, 『화엄경』의 심오한 뜻을 이해하려는 목적을 가지며, 종교의 실천적 측면에서의 내용은 언급하지 않았다. 따라서 그는 불학연구자의 시각에서 어떻게 화엄교리를 연구할 것인지를 논의했다. 그러나 '수행'을 중요시하든지 아니면 '이치'를 중요시하든지 간에 그들이 제시한 화엄 연구법은 모두 근대 화엄교학 연구에 있어 방법론적 의미에서의 창조와 방향성을 제공하여, 근대 화엄교학 연구자가 방대한 경전을 마주할 때 과녁을 보고 화살을 쏠 수 있고, 점진적으로 발전하여 화엄 뜻의 핵심에 한 걸음 한 걸음 깊이 다가갈 수 있고, 화엄종의 법계현의를 이해할 수 있도록 하였다.

(2) 석항보釋恒寶의 철학적 해석법

항보는 비구니 스님으로 생몰년미상이고 호남성 소양현邵陽縣 사람이다. 12세 때 무창武昌 연계사蓮溪寺에 들어가 불법을 수학한 다음, 『화엄경』을 연구하였으며, 30대에는 무창에 '보리정사菩提精舍'를 창립하여 비구니가 불법을 참학하는데 이바지하였고 그 뒤 소양 광제사廣濟寺 주지를 역임하였다. 그녀는 민국 21년(1932) 『해조음海潮音』 잡지에 「현수종 두순의 삼관과 논리학」이라는 논문을 발표하였는데, 이 논문은 논리학의 삼단론으로 두순의 법계삼관을 분석하여 처음으로 서양 이론을 인용하여 화엄교학을 해독하였다. 이러한 창조성은 당시에는 찾아볼 수 없는 유일한 것이었다고 할 수 있다.

항보 스님은 우선 당시 서양 논리학에 대해서도 후대 '논리학'에 대해 개술하여 모두 세 가지 논리분석 방법을 제시하였다. 첫째는 헤겔의 정(thesis), 반(antithesis), 합(synthesis)의 삼단론三斷論이고, 둘째는 아리스토텔레스의 대전제, 소전제와 결론의 삼단론三段論이고, 셋째는 명제, 추측, 확정의 세 가지 요소법이다. 이 세 가지 논리 방법에 대해서 항보 스님은 "이 삼단법三斷法은 전체에 속하지만, 삼단법三段法은 한 부분에 속하는 것으로 한계가 분명하니, 이것으로 저것을 대신하거나 서로 보충하여 쓸 수는 없다"[13]고 여겼다. 항보 스님이 보기에 '삼단론三斷論'은 전체를 대상으로 분석하기에 알맞다. 예를 들면 불교와 화엄종에 대해 말하자면 불교는 전체이고 화엄종은 부분

13) 釋恒寶, 「賢首宗杜順三觀與論理學」, 『海潮音』, 第13卷 第11期, 1932.

이다. 따라서 전체에서 각 종파 사이의 관계를 분석하려고 한다면 '삼단론三斷論'을 써야 한다. 예를 들어, 그녀는 다음과 같이 생각하였다. "대승 가운데 법상은 유문有門이고, 삼론은 공空이고 화엄은 중中인데, 이 가운데 유공중有空中 삼단三斷이 서로 합쳐져서 불교 논리학의 체계를 이룬다."[14] 하지만 삼단논법은 성질의 차이를 강조하며, 따라서 어떤 사물 안의 각 부분들 간의 관계를 분석하는데 알맞다. 그러므로 두순의 '법계삼관'과 화엄교학의 관계를 분석하려 한다면 자연히 '삼단론三段論'을 사용해야만 하며 논리학의 기본 '삼요소三要素'를 결합하여야만 한다.

항보 스님은 두순의 '법계삼관'에서 첫째인 '진공절상관眞空絶相觀'을 예로 들어, '삼단론'과 '삼요소법'을 통해 논리를 분석하였는데, 구체적으로 아래의 표와 같다.

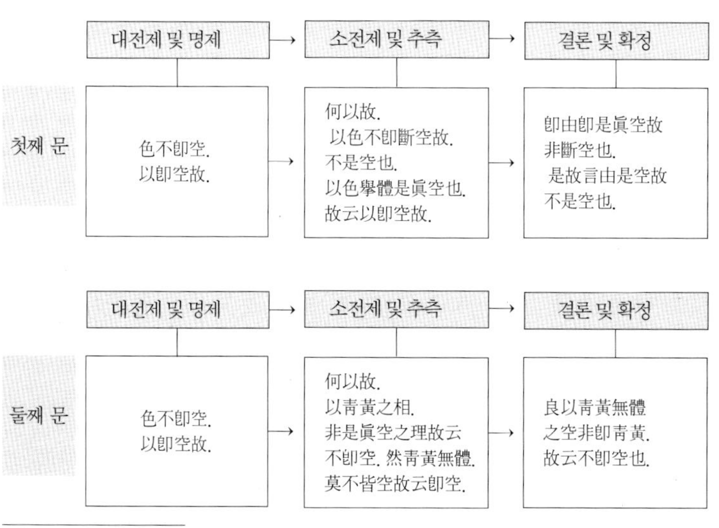

14) 釋恒寶, 위의 논문.

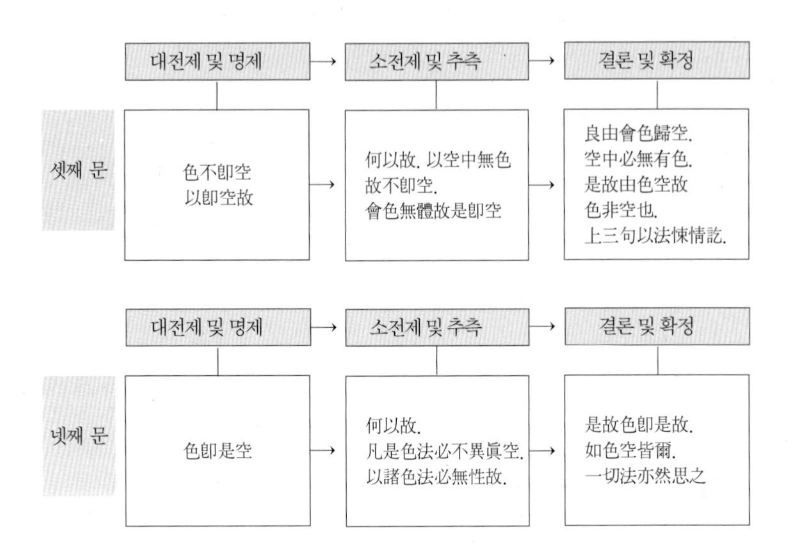

화엄 초조인 두순의 법계관에 의하면, 첫째 진공절상관은 총 네 가지 관문으로 나누어 해석된다. 항보 스님은 여기 네 가지 관문에서 두순 스님이 해석했던 글귀를 모두 논리적으로 분석하였고, 기타 삼관에 대해서도 이와 같은 유추를 통해 분석하였으며, 마지막으로 다음과 같은 결론을 도출하였다. "화엄종의 관문은 이 삼단법에 의거하여 구성된 것이 많으므로 그 교설이 원통하고 미묘하며, 하늘에서부터 땅까지 철갑을 두른 말과 바람 벽으로 공격할 수 있는 빈틈이 없으니, 서양철학가의 이상으로는 도달할 수 있는 바가 아니다."[15]

항보 비구니의 이러한 '삼단론'식의 논리 분석 방법은 물론 중서中西사상을 융합하는 측면에서 적극적인 노력을 기울였다고 할 수는 있지만, 두순의 '법계삼관'에 대해서 실제로 진정한 이해를 했다고 할 수는 없다. 두순 스님의 법계삼관에 대한 해석은 '삼요소'의 기본원

15) 釋恒寶, 위의 논문.

칙에는 부합하겠지만 만일 '삼단론'에서 말한다면 견강부회한 면이 없지 않다. 항보 스님의 첫째 문에 대한 분석으로 예를 들면 "색은 공과 즉하지 않으니, 즉공이기 때문이다.(色不卽空, 以卽空故)"는 대전제임이 틀림없지만 이어서 나온 "왜냐하면, 색은 단공과 즉하지 않기 때문에 공이 아닌 것이다. 색이 체를 들면 이것이 진공이다. 그러므로 즉공이기 때문이라고 말한다.(何以故. 以色不卽斷空故, 不是空也. 以色擧體是眞空也. 故云以卽空故)"를 소전제로 이해하는 것은 억지스럽다. 왜냐하면 '삼단론'에서 대전제와 소전제 사이는 종속적인 관계인데 반해, 두순 스님의 해석 사이에는 확실히 종속적 관계가 존재하지 않으며 그것들의 관계는 일종의 해석과 해석 대상의 관계이다. 항보 스님의 '논리학' 해석법에는 불완전한 점이 있는 것은 사실이다. 그러나 부인할 수 없는 점은 이러한 그녀의 대담한 시도들, 특히 비구니 신분으로 전통적 종교사상의 속박에서 벗어나 순수 철학의 사변적 시각에서 불교의 교학을 다루기 시작했다는 점은 실제 높이 평가할 수밖에 없다. 동시에 그녀의 이러한 행보는 근대 화엄교학이 발전하기 위한 새로운 연구 시각과 사유를 개척했다.

결론

근대 화엄교학의 번영과 발전은 식견이 있는 사람이 불교 부흥운동에서 교리연구와 승려 교육을 제창했던 덕분이다. 따라서 이러한 각도에서 보면 화엄교학은 근대의 부흥에서 "시대의 요구에 부합하여 발생한 것"이라고 할 만하다. 하지만 그 발전의 길에서 '복고'와 '창신'의 두 가지 다른 발전 경로가 출현했던 까닭은 제창자 자신의 현저한 입장 차이에서 발생했던 것에서 많은 부분 비롯된다. '복고'를 숭상하는 자들은 화엄승중으로 대표되는데, 그들은 법맥을 잇는 것을 심원으로 하기 때문에 화엄 고덕의 원의로 돌아가며 이것으로 화엄종을 다시 진흥시키기를 희망한다. 그러므로 그들이 화엄교학을 다룰 때 '전승'의 각도에 서서 그것을 시대의 흐름에 맞추어 재건할 수 있도록 한다. 하지만 '창신'을 추구하는 자들은 화엄종문 밖의 인사들이 주류가 되었는데, 그들은 화엄교학을 대하는 출발점이 법맥의 전승에 있다기보다 '옛 것은 현재의 쓰임을 위하는 것[古爲今用]'이어서 자신의 사상을 충분히 나타내는 것에 중점을 두었다. 따라서 종문의 속박에 얽매이지 않고 '새로운 사유[新意]'를 더욱 더 표현할 수 있었다.

(번역: 조윤경)

미륵신앙의 신라적 수용과 변용
— 용신, 화랑, 첨성대와 미륵신앙 —

최종석(崔琮錫)

Ⅰ. 들어가는 말

미륵신앙은 불교가 신라에 수용된 초기부터 중요한 위치를 차지하는 신앙이었다. 농경을 업으로 삼고 살았던 신라 백성들의 농경신인 용신龍神과 미륵신앙의 결합은 신라의 신앙적 풍토에 맞게 자리잡게 된다. 용龍(nāga)은 이미 불교에서 호법신중의 위치에 있었기에 토착농경신앙의 대상이었던 신라의 용신이 불교의 호법신중의 용으로 바뀌는데 큰 문제가 없었다. 토착 용신신앙이 미륵신앙과 결합하는 것은 일반 백성들의 종교적 요청에 부응하기 위한 것이라고 할 수 있다. 한편 왕권은 귀족세력 사이의 화합을 도모하고 왕권을 강화하기 위하여 미륵신앙을 적절하게 이용하였다. 나아가 미륵신앙은 국가적 차원에서 호국적 수련단체인 화랑과 결합된다. 화랑은 지방 귀족의 자제들이 모인 수련단체로서 그 사상적 바탕은 신라의 전통사상과 미륵신앙이 결합된 것이다.

선덕여왕대 축조된 첨성대 또한 미륵신앙과 결부시켜 살펴보아야 할 것이다. 당시의 긴박했던 삼국정세에서 신라의 선덕여왕은 이웃국가로부터 업신여김을 받았다. 자장율사의 제안을 받아들여 황룡사 구층탑을 건조하게 된다. 즉 황룡사 구층탑은 대외적으로 신라왕권의 위엄을 보여주기 위한 것이다. 이와 함께 당시의 국내 상황에 비추어 볼 때 귀족들과 일반백성들이 서로 분열되지 않고 하나로 결속시키는 상징물이 필요했다. 그것이 첨성대라고 할 수 있다. 불교가 신라에서 공인되고 귀족세력이 불교를 신봉하였지만, 농경을 주업으로 삼았던 일반 백성들은 토착신에 대한 신앙이 더 강했을 것이다. 따라서 귀족세력의 불교신앙과 백성들의 토착신인 용신이 결합되어 새롭게 변용된 미륵신앙이 필요했을 것이다. 이러한 종교적 변용과 융합은 당시 지방 토호세력을 정치적으로 통합하고, 다른 한편 백성들의 종교적 요청에 부응하기 위한 것으로 볼 수 있다. 신라는 종교적 갈등을 해소하고 국가의 힘을 하나로 결집시켜야만 했던 상황에 처해 있었던 것이다. 이러한 시대적 상황에서 신라에서 미륵신앙은 다층적으로 변용을 하게 된다.

II. 신라 용신신앙과 미륵신앙

불교는 신라에 수용된 이래 두 방향으로 전개되었다. 한 방향은 왕실 중심의 귀족불교로 전개되었고, 다른 하나는 당시의 토착신앙과 결합되어 전개되어 갔다. 신라 중기에는 불교를 통하여 사회를 통합하려는 의지가 강했기 때문에, 국왕을 석가불로, 나아가 전륜성왕으로 간주하였다. 신라 불교는 신라가 곧 불국토라는 신앙을 표방한 지극히 호국적인 특징을 지녔다.[1] 그러나 백성들 사이에서 널리 퍼져 있었던 불교신앙은 용신신앙과 결합된 미륵신앙이라고 할 수 있다. 호국신앙과 용신신앙의 결합된 예로서 문무왕이 죽은 뒤에 호국대룡이 되어 나라와 불법을 지키겠다고 했다는 것 등, 호국사상과 관련한 용신 모티브가 삼국유사에 자주 등장하고 있다.[2] 용신신앙은 본래 농경 부족 사이에 전승되던 수신신앙에서 기원하고 있다. 그러나 불교의 팔부중의 하나인 용에 대한 신앙이 불교와 함께 전래됨으로써 한반도의 고대 부족 사회로부터 전승되어 온 수신신앙은 불교의 용과 습합하게된 것이다.[3]

이처럼 신라의 종교문화는 창조적인 변용의 전개과정을 통하여 성립되었다. 신라의 용신신앙은 불교의 미륵신앙과의 결합을 통하여 새로운 국면을 맞게 된다. 신라 백성의 종교적 에너지는 지배계층 중심의 미륵신앙을 끌어내려 미륵즉용彌勒卽龍이라는 신라 특유의 민중미륵신앙을 이루게 하였다고 볼 수 있다. 일반 백성들의 농경신앙에 뿌리를 둔 용신신앙은 불교의 미륵신앙과 결합되어 독특한 신라의 미륵彌勒–용신신앙龍神信仰으로 변용, 형성되어 간 것이다.

토착신앙인 용신과 불교의 미륵신앙이 결합된 모습을 보여주는 주

1) 김영태, 「신라불교 호국사상」, 『신라불교연구』, 민족문화사, 1987, pp.165~185.
2) 『三國遺事』 卷二, 紀異, 「文虎王法敏」條, 「萬波息笛」條, 「文虎王法敏」條, 卷三, 塔像 「魚山佛影」條 등.
3) 류동식, 『한국무교의 역사와 구조』, 연세대출판부, 1997, p.101.

목할 만한 기록이 『삼국유사三國遺事』「미륵선화 미시랑 진자사彌勒仙花 未尸郎 眞慈師」 조條에 나타난다. 진지왕 때에 흥륜사의 스님 진자에게 미륵선화 미시랑이 자신을 "제 이름은 미시未尸요 어려서 부모를 여의었으므로 성은 무엇인지 모릅니다."라고 소개하고 있다.

여기서 '미시'는 '미리' 또는 '미르'를 말한다. 이두吏讀에서의 '시'는 '리' 음으로 발음되기 때문이다.[4] 그러므로 '미시'는 '미리'로 읽을 수 있는데, 이 '미리'는 용을 가리키는 우리나라 토착어이다.[5] 그러므로 '미시랑'은 재래의 용신과 관계된다는 단서를 지니게 된다. 중국에서 용신신앙이 전래되기 이전부터 고대 한국에도 용을 신앙하는 '미리신앙彌里信仰'이 있었다.[6] 중국의 한자문화가 전래되면서부터 '미리'가 한자인 용龍으로 표기되어 대치되었다는 것이다. 용신은 바람과 비와 물과 가뭄 등을 지배하는 농경신이다.[7] 이 미시랑은 화랑으로서 미륵불의 화신이 되었다. 흥륜사의 스님인 진자는 항상 당주인 미륵상 앞에 나아가 발원서언 기도한 결과 미시랑이 나타나게 되었다고 한다.

> "우리 대성大聖이시어 화랑으로 화신하여 이 세상에 나타나 내가 항상 당신을 가까이 하여 시중하게 하소서."하였다 그 간곡한 정성과 지극한 기원의 심정이 나날 두터워지더니 어느 날 밤 꿈에 한 스님이 이르기를 "네

4) 양주동, 『고가연구』, 박문서관, 1954, pp.94~97.
5) 양주동, 위의 책, p.94. "我東方言 呼龍爲彌里"
6) 권상노, 「한국고대신앙의 一臠」, 『불교학보』 第1輯, 동국대 불교문화연구원, pp.95~102; 서정범, 「미르(龍)語를 통해서 본 용궁사상」, 『慶熙大論文集 8』, 慶熙大, 1974, p.97.
7) 권상노, 위의 글, pp.95~102.

가 웅천熊川 수원사水源寺에 가면 미륵 선화를 볼 수 있으리라" 하였다.[8]

이 설화를 통하여 불교가 신라에 수용되는 과정에서 토착신앙인 용신과 불교의 미륵신앙이 접목된 모습을 알 수 있다.[9] 또한 화랑 미시랑은 하생한 미륵불인 동시에 호국 용신이 된 것이다. 이는 토착신앙과 불교의 미륵신앙이 융화된 형태를 잘 보여주고 있다.

통일신라 이후 불교신앙이 널리 퍼진 만큼 용신과 미륵신앙의 결합된 모습을 사찰창건 설화나 미륵삼존불彌勒三尊佛이 출현하는 것에서 볼 수 있다.[10]

신라시대의 왕은 군사적 또는 정치적인 통치자이자 동시에 제사장이었다. 따라서 왕에게는 농경에 필요한 천후天候의 조절능력이 요구되었던 만큼, 용신신앙은 왕권의 능력이나 권위와 매우 밀접한 관계를 맺고 있었을 것이다. 고대로부터 형성되어 온 농경신앙은 당시 신라의 일반 백성들의 생업과 직접적으로 관련되었기에 종교적 의미를 지녔을 것이다. 농경신앙은 국가적 차원으로나 종교적 차원으로나 매우 중요한 위치를 차지하고 있었음에 틀림없다.

불교 전래 이후, 신라에 왕실과 지배층 중심의 불교가 적극적으로 대중화되기 시작한 시기를 진평왕과 선덕여왕대로 보고 있다. 당시의 신라는 삼국의 각축 속에서 국가적, 정치적 그리고 문화적으로 통일된 힘이 필요했던 시기였다. 따라서 국가적인 차원에서 기존의 토착신앙을 위무하게 되었으며, 토착 용신은 호국 호법적 차원으로 승격

8) 『三國遺事』 卷三, 塔像第四, 「彌勒仙花未尸郞眞慈師」條
9) 장지훈, 『한국고대미륵신앙연구』, 집문당, 1997, pp.229~230.
10) 김영태, 「新羅의 미륵사상」, 『신라불교연구』, 민족문화사, 1987, pp.205~209.

승화될 수 있었다. 이로써 지배계층의 중심의 왕즉불王卽佛의 전륜성왕 사상은 왕즉미륵王卽彌勒의 미륵신앙으로 전개되어 갔고, 다시 이 왕즉미륵의 미륵신앙은 민중의 종교적 요구인 현세적 신앙형태로 변용된다. 즉 신라 민중의 종교적 에너지는 지배계층 중심의 미륵신앙을 끌어내려 미륵즉용彌勒卽龍이라는 신라특유의 민중미륵신앙을 이루게 하였다. 이처럼 신라는 토착종교와 외래종교와의 갈등과 대립으로부터 조화와 융화라는 신라 특유의 새로운 종교문화를 이루게 된다. 신라는 토착종교와 외래종교와의 갈등과 대립으로부터 조화와 융화라는 신라 특유의 새롭게 변용된 종교문화를 이루게 된다.[11]

그러나 용신신앙으로 대표되는 토착농경 신앙과 불교를 지배이념으로 이용하고자 했던 지배층의 불교신앙이 서로 갈등과 대립이라는 대결구도를 갖지 않았다고는 할 수 없다. 그렇다면 토착신앙으로 대표되는 용신과 미륵의 대립구도가 어떻게 극복되는지 살펴보는 것은 흥미로운 일이다. 신라사회에 불교의 전래가 쉽지 않았던 요인 중에 토착종교와의 갈등을 빼놓을 수 없다는 점을 감안할 때, 용신과 미륵의 화해와 융화의 습합과정은 흥미로운 일이라 할 수 있다. 앞에서 고찰한 바와 같이 용을 가리키는 한반도의 토착어가 '미리', '미르'란 점에 주목해야 할 것이다. '미리'나 '미르'는 한자 미륵과 유사한 발음이라는 점을 간과할 수 없을 것이다.[12] 그렇지만 용신과 미륵의 결합을 위하여 의도적으로 발음의 유사성을 내세워 융합을 시도한 것

11) 최종석, 「신라용신신앙의 기원과 전개」, 『천태학연구』 2집, 2000, 용신신앙과 미륵신앙의 관계에 대하여 정리 참조하였음.

12) Bernhard Karlgren, *Analytic Dictionary of Chinese*, Paris, 1923, p.172, p.196: '彌勒'의 고대 중국어 발음은 [mjie lək]이다.

인지, 아니면 유사한 발음이 원인이 되어 용과 미륵을 혼동하여 사용한 것이 융합에 결정적인 역할을 하였는지 확인하기는 어렵다.

6세기에 불교와 함께 중국문화가 적극적으로 수용되면서 신라문화는 일대 전환기를 맞게 되었다고 볼 수 있다. 불교의 공인이 법흥왕法興王(540~576) 14년 527년에 이루어지기까지 귀족세력의 반발은 지대하였다. 19대 눌지왕 때 묵호자墨胡子가 들어오고 23대 소지왕炤知王 때는 아도阿道가 들어왔으나 모두 전법에 실패하였다. 더구나 정방正方과 멸구자滅垢疵는 죽임을 당하는 일까지 벌어졌다. 법흥왕이 흥륜사興輪寺를 창건하려던 일을 중단시킬 만큼 귀족들의 불교에 대한 반발이 거셌다. 고구려에서는 불교가 소수림왕 2년(372)에 공인되었다. 그러나 신라에서는 고구려보다 무려 155년이 뒤늦은 법흥왕 14년(527)에 불교의 공인이 이루어지는 것은 바로 이런 이유였다.

신라에 있어서 불교의 공인이 고구려나 백제보다 늦었던 원인은 토착종교인 무교巫教가 지닌 보수성과 저항에서 찾을 수 있다. 물론 무교에 권력기반을 둔 지방호족들의 반발이 거셌다는 것은 통설로 용인되고 있다. 그러나 당시 신라에서는 토착신앙을 기반으로 하여 이념적인 결속을 꾀하려했기 때문에 외래종교인 불교의 수용이 어려움을 겪게 되고 지연되었다는 견해에 주목할 필요가 있다.[13] 일반적으로 신라에 있어서 불교의 공인을 무교와 불교의 종교적 기능의 교대로 파악하지만,[14] 한편 신라가 독특한 신라불교를 발전시킬 수 있었던 점은 토착신앙과 불교와의 등가적等價的 융화에서 온 것이라고

13) 최광식, 『고대한국의 국가와 제사』, 한길사, 1994, pp.213~216.
14) 이기백, 『신라사상사연구』, 일조각, 1986, pp.31~33.

보는 견해가 있다.[15] 이는 신라불교가 변용되는 원인을 토착신앙과의 교섭에서 찾을 수 있다고 보는 것이다.

신라시대 토착종교의 양상은 『삼국사기』와 『삼국유사』를 통하여 그 편린을 찾아 볼 수 있다. 다음의 史書의 기록으로 비추어 당시의 토착신앙의 일반적인 모습을 유추할 수 있을 것이다. 『삼국사기』 卷32, 잡지雜志, 第1, 제사조祭祀條에 기록된 신라의 제사풍속은 시조제始祖祭, 오묘제五廟祭, 사직제社稷祭, 팔석제八楮祭, 농제農祭, 풍백제風伯祭, 우사제雨師祭, 영성제靈星祭, 산천제山川祭, 성문제城門祭, 정제庭祭, 천상제川上祭, 명제明祭, 오성제五星祭, 기우제祈雨祭, 압악제壓岳祭, 벽기제辟氣祭 등으로 나타난다. 이렇게 다양한 제사들은 시조와 농경에 관련된 것인데 삼국시대 초부터 신라 말까지 전승되었다. 불교가 공인되어 신라문화의 중심역할을 하던 시기에도 이러한 토착신앙의 제천의례가 변함없이 이루어진 것을 알 수 있다. 신라시대의 토착신앙은 불교에 의해서 그 종교적인 영향력이나 그 기능을 완전히 잃은 것이 아니고 불교와 끊임없는 긴장관계를 유지하면서 신라의 독특한 종교문화 형성에 한 축을 이룬 것으로 보인다. 토착신앙과 불교와의 관계에 비추어 볼 때 오늘날 사찰의 경내에 존재하는 용왕각, 산신각, 삼성각 등은 토착신앙의 잔재라기보다는 토착신앙의 제당 구조 속에 불당을 받아들여 복합형태의 특유한 한국불교의 성격을 보여주고 있는 모습이라고 할 수 있다.[16]

신라 문화는 7~8세기에 이르러 그 전성기를 이루었다. 특히 7세기

15) 최광식, 앞의 책, p.216.
16) 최광식, 「무속신앙이 한국불교에 끼친 영향-산신각과 장승을 중심으로」, 『백산학보』 26, 1981, pp.76~77.

말경 삼국통일을 전후하여 신라인들은 민족적 국가 관념에 눈떴으며 이에 호응하여 호국사상의 발달을 초래했다. 용신은 불교적 호법신으로 변용될 뿐만 아니라 용신은 호국의 화신으로 자리 잡는다. 토착신앙은 신라왕조가 말기에 들어선 8세기 말에 전환기를 맞이하게 된다. 왕조가 쇠퇴기를 맞이하자 나라는 어지러워지고 사회는 불안해질 수밖에 없었다. 이 때 사람들은 국가적 관심보다는 개인의 안전과 행복에 더 큰 관심을 갖게 된다. 불교문화를 받아들인 신라인들은 이제 부족의 한 구성원이라는 집단관념보다 개인의 생존에 대하여 자각하게 된 것이다. 따라서 불안에 처한 백성이 집단적인 해결책에만 의존하지 아니하고 개인의 안전과 수호에 관심을 갖게 되었다. 한때는 호국 용신신앙으로 표현되었던 토착신앙은 민중의 요청에 따라 재앙과 질병으로부터 벗어나고, 사특한 것을 멀리하고 복을 구하는 주술종교적인 기능이 강조된다. 바로 미래에 출현하는 미륵불 신앙에 희망을 걸게 되는 것이다. 이로써 토착신앙은 다시 용신미륵龍神彌勒을 향한 새로운 신앙형태를 갖게 된다.

Ⅲ. 화랑도와 미륵신앙

삼국유사에서 찾아볼 수 있는 미륵신앙과 관련된 자료들을 보면, 미륵신앙은 신라불교 초기부터 중요한 위치를 차지한 신앙이면서, 상당히 보편된 신앙임을 알 수 있다. 예를 들어, 법흥왕이 불교를 공인(518)한 이래 최초로 건립된 흥륜사에 봉안된 존상은 미륵존상이었다는 점으로 보아, 당시 미륵신앙이 얼마나 중요한 비중을 차지했는지 알 수 있다. 무엇보다도 진지왕眞智王(576~579) 때의 미륵선화彌勒仙花에 관한 기사는 신라의 미륵신앙과 화랑이 관련된 사료로 보인다. 삼국유사의 미륵선화의 내용은 다음과 같다.[17)]

진지왕 때에 이르러 홍륜사의 중 진자란 이가 있어 항상 당주 미륵상彌勒像 앞에 나아가 발원하기를 "우리 대성이여 화랑으로 화신하여 이 세상에 나타나 내가 항상 가까이 시종하게 하소서"하였다. 그 간곡한 정성과 지극히 기원하는 심성이 나날이 두터워 지더니 어느 날 밤 꿈에 한 스님이 이르기를 "네가 웅천 수원사에 가면 미륵선화를 볼 수 있으리라"하였다. …… 그 절에 이르렀다. 절 문밖에 훌륭하게 한 소년이 웃으면서 반갑게 맞이하여 객실에 이르렀다. …… 진자가 그 말대로 산 아래에 이르니 산신령이 노인으로 변하여 맞으며 이르기를 "여기 와서 무엇을 하려느냐"하니 진자가 "미륵선화를 뵙고 싶습니다."하였다. 노인이 이르기를 "전에 간 수원사 문밖에서 이미 미륵선화를 보았는데 다시 무엇을 구하러 왔느냐" …… 진자가 돌아와 널리 찾으니 황홀하게 차린 미목이 수려한 한 소년이 영묘사 동북쪽 길가 나무 밑에서 거닐며 놀고 있었다. 진자가 놀라 맞아 말하기를 "이분이 미륵선화이다" …… 왕이 경애하여 받들어 국선을 삼았다. …… 그의 풍류가 세상에 빛남이 무릇 7년에 홀연 간 곳이 없어졌다.[18)]

위의 설화에서 홍륜사의 진자법사眞慈法師는 국선을 보좌하는 낭도

17) 동국대학교 불교문화연구원 편, 『한국미륵사상』, 1997, p.49.
18) 『三國遺事』, 卷三, 塔像第四, 「彌勒仙花未尸郎眞慈師」條

인데 마침 국선의 자리가 비어서 훌륭한 국선을 맞이하고자 미륵상 앞에 나아가 미륵대성께서 스스로 화랑으로 이 세상에 출현하기를 기도하였다. 그의 발원이 이루어져 미륵이 직접 화랑, 미시랑未尸郎으로 화생하였으며, 국왕은 그를 국선으로 받들었다는 것이다. 미시랑은 7년 동안 국선으로 있다가 갑자기 자취를 감추었다. 이는 미시랑이 세간의 인연을 끝내고 다시 미륵의 본 모습으로 되돌아간 것이라고 볼 수 있다. 도솔천에 상주하면서 제천상諸天像을 설법교화하는 미륵보살이 신라의 땅에 내려와 미륵선화, 즉 국선이 되었다는 것이다. 미륵보살이 신라 땅에 직접 내려왔다는 것으로 보아, 당시 신라시대의 미륵신앙은 『미륵하생경彌勒下生經』에 기반을 두었다고 볼 수 있다.

앞의 미륵선화 설화에 따르면 미륵보살은 신라에 미륵선화 국선으로, 즉 화랑으로 탄생했다. 미륵불의 화신이 곧 화랑인 것이다. 여기에서 국선國仙이 '나라의 미륵님'을 의미하는 것이라면 그 국선제도를 마련한 진흥왕은 분명히 미륵신앙을 홍국 및 나라를 위하는 제도인 풍월도風月道에 응용한 것이라고 할 수 있다.[19] 즉 진흥왕은 귀족자제 가운데 용모가 단정한 자를 골라 화랑으로 삼고 국선을 중심으로 하는 수백 내지 수천의 낭도들로 구성된 단체를 창설했다. 이 화랑도는 집단훈련을 통하여 국가가 필요로 하는 이상적인 인물을 양

19) 김영태, 「삼국시대의 미륵신앙」, 『한국미륵사상』, 동국대학교 불교문화연구원, 1997, p.51. 국선國仙은 그 선왕先王인 진흥왕이 국가적 필요성으로 원화가 실패하자, 여러 해 뒤에 국가를 흥하게 하자면 먼저 풍월도風月道를 일으켜야 한다는 생각으로 양가의 제자 중에 덕행 있는 자를 뽑아 화랑花郎으로 삼고, 상수화랑으로 받들었던 화랑의 최고 책임자를 일컫는 이름이라는 것이다. 그 최초의 국선은 설원랑薛原郎이었고 한다. 여기서 미륵선화彌勒仙花의 선仙이 미륵대성彌勒大聖을 지칭한 것과 마찬가지로 국선國仙의 선仙자도 신선神仙이 아닌 미륵彌勒을 가리키는 것이라 할 수 있다.

성시키는 수양단체였던 것이다. 그러므로 화랑의 교화가 곧 미륵의 풍류교화風流教化라는 것을 보여주는 것이라 할 수 있다.[20]

이처럼 신라의 미륵신앙은 국가적 차원에서 전제 왕권을 강화하는 형태로 수용되어 전개되었음을 알 수 있다. 그 예로 삼국의 대치 상황에서 미륵신앙이 삼국통일의 과업을 수행하는데 중요한 역할을 담당했던 귀족세력의 자제들인 화랑과 결합되었다는 점이다.[21] 이에 관한 또 다른 예로 죽지랑竹旨郞, 김유신金庾信에 관한 설화가 있다. 삼국사기에 의하면, 화랑 죽지랑의 탄생설화에서 미륵이 등장하고 있으며, 김유신이 15세에 화랑이 되었을 때 당시 사람들이 그 단체를 용화향도龍華香徒라고 하였다고 한다. 용화향도란 한 마디로 말해서 '미륵신도'라는 뜻이다. 용화는 미륵불이 하생하여 성불할 때의 용화 보리수菩提樹를 가리키는 것이다. 그 나무 밑에서 성불하고 또 그 곳에서 삼회三會의 설법을 통해 중생을 제도하기 때문에 용화는 미래에 성불하는 미륵불을 상징하는 말이라고 할 수 있다. 향도香徒는 예불향화지도禮佛香華之徒의 줄임말이며 '부처님께 향사르는 단체'라는 뜻이다. 그러므로 화랑의 무리를 '미륵님께 향사르는 단체'라고 불렀다는 것이다.[22]

이러한 '나라의 미륵님을 받드는 무리' 또는 '미륵님께 향사르는 단체'의 이념은 이상국가의 실현, 즉 불교의 이상국토관인 미륵정토를 구현하는 데 있었다고 하겠다. 진흥왕대에 창설된 화랑은 곧 국가

20) 한국향토사연구전국협의회편, 「화랑의 문화」(조홍윤), 『화랑문화의 신연구』, 문덕사, 1996, PP.276~279.
21) 박남수, 『신라화백제도와 화랑도』, 주류성출판사, 2013, pp.381~394.
22) 김영태, 「승려낭도고」, 『신라불교연구』, 민족문화사, 1987, p.87.

가 요청하는 인재의 양성을 위한 종교적 수련단체인 것이다. 여기서 신라의 이상국가란 용화수 아래 삼회의 설법을 만나 왕생을 얻고자 하는 미륵하생신앙이 신라 땅에 그대로 이루어진 나라를 의미한다.[23] 게다가 진흥왕은 자신의 두 아들의 이름을 각각 동륜銅輪과 금륜金輪으로 지음으로써 『미륵하생경』에서 말하는 이상국가를 현실의 신라 국토에 건설하려던 진흥왕의 종교적 이념이 그대로 드러났다고 볼 수 있다.[24]

불교가 신라에 수용되는 과정에서 왕권과 귀족세력의 갈등이 있었다는 것은 주지의 사실이다. 왕권과 귀족세력의 관계를 석가불과 미륵보살에 대한 신앙이라고 해석하는 견해도 있다.[25] 또한 왕권이 석가불로만 상징된 것이 아니라 전륜성왕轉輪聖王으로 상징되었다고 보는 견해도 있다. 진흥왕이 아들을 동륜과 금륜으로 부른 것은, 바로 진흥왕을 전륜성왕에 빗댄 것으로 해석하기도 한다.[26] 진흥왕은 실제로 신라의 국토를 크게 확장시킨 왕이다. 따라서 신라의 왕을 전륜성왕에 비기던 것이 후대에 석가불로 자리를 잡게 된 것으로 해석할 수 있을 것이다. 좋은 예로, 진평왕眞平王은 석가불의 아버지인 백정白淨의 이름을 갖고 있으며 그의 비妃는 석가불의 어머니인 마야부인摩耶夫人의 이름을 따온 것을 보면 알 수 있다. 결국 진평왕대에는 석가불을 절실하게 기다린 것이다. 이러한 왕즉불王卽佛 사상은 북방불교의 영향이라 할 수 있다.[27] 신라의 국왕을 석가로 상징화한 것은 석가의

23) 김삼룡, 『한국미륵신앙의 연구』, 동화출판공사, 1984, p.79.
24) 김삼룡, 위의 책, p.79.
25) 이기백, 『신라사상사연구』, 일조각, 1986, pp.79~80.
26) 김영태, 「미륵선화고」, 『불교학보』 3·4합집, 1966, p.145.
27) 김철준, 「신라 상대사회의 Dual Organization」下, 『역사학보』 2집, 1952, p.92.

권위를 빌려 왕권을 강화하려는 것으로 보인다.[28] 여기에서 신라의 왕권과 불교의 결합에 많은 역할을 한 존재는 자장慈藏이었다. 그는 북방의 호국불교적인 경향을 신라에 심었다. 한 예로, 선덕여왕에게 황룡사에 구층탑을 세우게 한 것이 좋은 예이다. 이렇게 왕권이 석가불의 권위에 빗대지면서 왕권과 귀족세력을 각각 석가불과 미륵보살로 상징된다고 할 수 있다.[29] 화랑은 귀족세력의 자제들이고 그들은 미륵보살로 상징되었다. 화랑의 교화는 곧 미륵의 풍류교화라고 할 수 있다. 따라서 화랑을 미륵선화라고 불렀다. 화랑 낭도들은 용화교주인 미륵을 따르는 교도이기에 용화낭도라 부른 것이다.

지금까지 신라가 불교를 국가적 차원에서 수용하면서, 왕권과 귀족세력의 조화로운 관계를 석가불과 미륵보살의 관계로 자리매김하는 과정을 살펴보았다. 그러나 화랑과 미륵신앙과의 결합이 전제 왕권을 강화하고 귀족국가를 옹호하는 역할을 했다는 점에서[30], 당시 백성들이 원하는 소박한 신앙과는 거리가 있다고 보인다. 진흥왕대 이후 고구려와 백제에 대한 항쟁이 치열해진 상황에서 불교는 현저하게 애국적, 군국적인 성격을 띠면서 발전해 갔다. 신라의 영토 팽창은 진흥왕 때에 추진되어 560년에 절정에 달했으나, 중고中古시대가

---

28) 이기백, 『신라사상사연구』, p.82.

29) 이기백, 위의 책, p.87.

30) 화랑의 전형이라 할 사다함斯多含은 훌륭한 가문에서 태어난 미목이 수려한 인물로 표현되고, 그가 이사부의 부수로 가야 정벌에 참가했다는 기록을 볼 때, 그리고 원효元曉 역시 귀족 가문의 출신으로 화랑의 낭도였으며, 군사적 직책을 갖고 있었다는 점으로 보아, 화랑은 권력 계층의 신분으로서 고대 정복 국가의 무사로 수련중인 젊은이들이라 할 수 있다. 게다가 화랑도들이 지켜야 할 계율인 세속 오계를 만든 원광법사圓光法師의 경우에도, 종교 신앙의 입장에서보다는 세속적인 규범과 관련되는 율법사로 간주되기 쉬운 점에서 귀족 중심의 전제 왕권에 밀착되어 있다고 본다. 황선명, 『민중종교운동사』, 종로서적, 1981, p.163.

끝날 때까지 약 1백 년 동안 신라는 고구려와 백제 양국으로부터 끊임없이 침입을 받게 되어 고난에 찬 생존전쟁을 치르지 않으면 안 되었다. 이 기간 중 신라는 진정 국가적 위기에 몰린 적이 한두 번이 아니었다. 이와 같은 시대적 상황 속에서 불교계는 호국을 위한 전쟁인 동시에 호법護法을 위한 투쟁이라고 이를 정당화했다. 따라서 토착신앙인 용신을 호국, 호법적으로 국가적 차원에서 섭입시키려 한 것은 당연한 귀결이라 할 것이다. 나아가 이 시기의 신라불교는 단순히 애국불교, 호국불교에 그치는 것이 아니라, 지배층은 불교를 빌어서 골품체제의 정당성을 부여하면서, 국민문화의 지배원리로서의 성격을 부여하였다. 이를 단적으로 보여주는 것이 화랑도라고 할 수 있다.[31)]

Ⅳ. 신라 미륵신앙과 첨성대

첨성대瞻星臺는 경주의 중심지로부터 동남쪽으로 30리 떨어진 평지에 위치하고 있으며, 옆으로는 반월성半月城을 끼고 있다. 석재는 화강암이고, 높이는 약 9m이며, 원통부圓筒部의 밑지름은 4.93m, 윗지름은 2.85m로 아래는 넓고 위로 갈수록 좁아지는 호리병 모양을 하고 있다. 전체 구조는 맨 아래의 기단부基壇部, 가운데 원통형의 원통부 그리고 맨 위의 상단부로 이루어져 있는데, 제일 아랫부분인 기단부는 상하 2단으로 땅에 닿아 있고 그 위에 27단의 원통형 몸통부가 있으며, 상단부上壇部에는 천장형 바닥과 상하 2단으로 된 우물 정井

31) 이기동, 『신라사회사연구』, 일조각, 1997, pp.92~94.

자 모양의 장대석長臺石이 설치되어 있다.[32]

일반적으로 우리나라에서는 첨성대가 현재 남아 있는 세계의 천문대天文臺 중에서 가장 오래된 것이라고 알려져 있다. 이와 같이 천문대로 알려지게 된 것은, 첨성대라는 이름이 지니는 사전적 의미인, '별을 보는 구조물'이라는 뜻과 함께, 첨성대에 관한 기능을 처음으로 언급한 『신증동국여지승람新增東國輿地勝覽』(1481~1499)에 '천문을 물었다'(以候天文)라는 문구 때문에 천문대로 알려지게 된 것이다. 즉 '천문에 대해서 물었던' 구조물이었다는 역사기록을 '천문을 관측'하던 구조물로 이해하고 전승된 것이다.

그러나 구조상 단순히 관측천문대라고 보기에는 미흡한 점들이 많이 있다. 그래서 첨성대에 대한 다양한 해석들이 나오게 되었다. 즉 첨성대가 순수한 천문 기상 관측대였다는 천문대설 이외에, 첨성대를 하나의 종교적 상징물로 보는 종교 제단설이 그것이다. 또한 첨성대를 기능면에 있어서 천문대의 역할을 부정하지는 않으면서도, 상징적으로 선덕여왕의 불심을 상징한 조형물이며 우물과 관련이 있다는 복합 기능설 등이 있다.

선덕여왕의 부모는 붓다의 부모의 이름을 그대로 따왔다. 앞에서 언급한 것처럼 진평왕은 붓다의 부친인 백정왕白淨王과 같은 이름이었고 진평왕의 왕비는 붓다의 모친인 마야부인과 같은 이름이었다. 이들 사이에서 태어난 선덕여왕은 바로 석가모니의 위치인 것이다. 진평왕대에는 시대적 정황에 비추어 볼 때 태어날 첫 아이는 전륜성

32) 최종석, 「신라미륵신앙과 첨성대」, 『보조사상』 27집, 2007. 미륵신앙과 첨성대의 관계에 대한 논지를 참조 요약하였음.

왕이 되어야 했다. 여아가 태어났지만 왕명을 '선덕善德'이라고 지었다. 선덕이란 이름은 『대방등무상경大方等無想經』에 나오는 선덕바라문善德婆羅門을 모범으로 삼으라는 뜻에서 지었다는 설이 현재 가장 유력하다. 선덕바라문은 불법으로 세상을 정복하고 전륜성왕의 전형으로 인도에 실존했던 아소카왕이 될 인연을 이미 갖고 있었으며, 또한 석가모니의 사리를 잘 받들어 섬겨 장차 도리천의 왕이 되고 싶다는 소망을 갖고 있었다는 것이다.[33)]

선덕여왕 때에 대국통大國統이었던 자장율사는 중국 오대산五臺山에 있을 때 문수보살文殊菩薩로부터 법을 받아 감득하였는데, 신라의 왕족인 김씨일가가 석가와 같은 찰제리종刹帝利種이라고 했다는 것이다.[34)] 이처럼 선덕여왕은 신라 건국 초기의 왕들의 출생과는 아주 다른 모습을 하고 있다. 이는 신라의 왕실이 철저히 불교적으로 변모해 가는 것을 극명하게 보여주는 것이라 할 수 있다.

선덕여왕은 즉위하고 난 후, 왕으로서의 위엄을 세우기 위해, 그리고 붓다의 은덕을 많이 받기 위해 분황사芬皇寺를 건립하였다. 분황사라는 절 이름은 일정한 불교적 의미뿐만 아니라 '향기로운 임금의 절'이라는 의미도 갖고 있었다고 한다. 즉 분황사는 여성 왕의 즉위를 문제 삼은 당시의 정치현실에 대해 문제될 것이 없다는 정치적 의도에서 건축되었다고 한다.[35)] 순탄치 못했던 선덕여왕의 즉위만큼, 통치기간 중에도 백제의 잦은 침략으로 존망의 위태로운 상황에 처해 있었다. 선덕여왕 11년에는 대야성大耶城을 비롯한 서쪽의 40여 성이

33) 김기홍, 『천년의 왕국 신라』, 서울: 창작과 비평, 2000, pp.227~228.
34) 『三國遺事』, 卷三, 塔像第四, 「皇龍寺九層塔」條
35) 김기홍, 위의 책, pp.229~230.

백제의 침략을 받아 함락되어 신라는 국가적인 일대 위기를 맞고 있었다. 이러한 국가적 재난의 책임을 선덕여왕에게로 돌리고 있는 상황이었다. 즉 여왕이 위엄이 없기 때문에 이웃나라가 업신여기고 침략을 도모한다는 것이었다. 이처럼 실추된 왕실의 권위를 되찾고 위태로운 현실을 극복하려는 방법에서 건립된 것이 황룡사 구층탑이다. 황룡사 구층탑은 선덕여왕의 즉위 이후, 대외적으로 여왕이기에 위엄이 없다는 여론을 무마하고, 실추된 왕실의 권위를 회복하려는 노력으로 건립되었다는 것이다.[36] 또한 황룡사는 석가불과 가섭불이 강연했던 곳이라고 중국 오대산에서 문수보살이 자장율사에게 나타나 알려주었다는 것이다.[37]

그렇다면 황룡사皇龍寺가 건립된 해인 선덕여왕(632~647) 646년에 축조된 첨성대는 어떤 문맥으로 이해할 수 있을 것인가? 여왕의 권위를 세우고 여왕으로서의 능력을 과시하기 위하여 자장율사의 청에 따라 황룡사 구층탑과 같은 거대한 탑을 건조했다면, 첨성대의 건축도 분명히 어떤 이유가 있을 것이다. 당시 신라가 처한 국내외의 위기적 상황을 비추어 볼 때, 첨성대는 기원적, 주술적, 상징적 의미를 띄고 구축되었을 것이라는 점이다. 게다가 첨성대는 천기를 보기 위한 것인 바, 선덕여왕이 천기를 잘 아는 임금임을 강조함으로써, 첨성대가 왕권 강화의 수단이 되었을 것이라는 점이다.[38]

황룡사 구층탑이 대외적으로 왕실의 권위를 회복하고 신라가 불국토라는 것을 강조하기 위해 축조된 것이라면, 첨성대는 대내적으로

36) 김상현, 『신라의 사상과 문화』, 일지사, 1999, pp.190~200.
37) 『三國遺事』, 卷三, 塔像第四, 「皇龍寺丈六」條
38) 강재철, 「선덕여왕지기삼사조설화의 研究」, 『동양학』 21호, 1991, p.92.

당시 종교적인 갈등과 혼란을 무마시키고 계층 간의 갈등을 해소하고 화합하려는 의지를 보여준 것으로 볼 수 있다. 비록 불교가 국가종교로 자리를 잡았다고는 하지만 기존의 토착종교 세력과의 갈등은 남아있었던 것이다. 이차돈異次頓의 순교 이후 불교가 공인된 이래, 지배층들이 불교를 인정한 직후부터 국왕과 귀족세력은 불교를 신봉하였다. 그러나 지배층들은 일체의 신분계급을 부정하고 인간이면 누구나 성불할 수 있다는 평등사상을 지닌 불교를 왜곡시키고, 업보사상을 통해서 자신들의 골품제적인 신분질서를 정당화하는 수단으로 이용했던 것이다. 이러한 상황 속에서 민심을 전통적인 토착 종교적 이념으로, 또한 불교신앙으로 달래기 위한 방법은 융합이었을 것이다. 토착 전통 종교와 미륵신앙이 신라적으로 습합되는 변용은 당시의 시대적 상황에 부응하면서 이루어질 수밖에 없었을 것이다.

나아가 일반 백성들이 주로 신앙했던 용신신앙과 결합된 미륵신앙과 결부시켜서 첨성대의 의미와 기능을 살펴볼 필요가 있다. 첨성대의 외형이 수미산의 모형에서 비롯되었다고 보는 견해는 이미 오래되었으나 그 기능이나 의미에 대해서는 설득할 만한 논의가 없었다.[39] 여기에서 필자는 첨성대는 불교의 용신신앙과 농경사회에서 농경신앙의 핵심인 기우祈雨의 혼합적인 형태를 취하고 있다고 추정하고자 한다.

---

39) 이용범, 「첨성대존의」, 『진단학보』 第38집, 1974.에서 이용범 교수는 첨성대를 불교의 우주관인 수미산須彌山의 모습을 따온 것으로 보았고, 상단上壇에 종교적인 상징물이 있었을 것으로 추정하였다. 그 후에 다시「속첨성대존의」, 『불교와 제과학』(동국대학교 개교기념80주년기념논총, 동국대, 1987)에서 첨성대는 불교적 점성기능을 위한 것이었으며, 부근에 천문관측을 위한 부설 건조물이 있었을 것으로 추정하였다.

그렇다면 여기에서 용신신앙의 국가적인 제사형태가 과연 무엇일까 추정해 보려한다. 고구려에서는 사제왕이 영성靈星에 제사지냈다는 기록이 있다.[40] 영성이나 사직社稷은 농경과 관련된 것이다. 천후를 순조롭게 할 책임은 사제왕에게 돌아가고 있다. 사직이란 그 뜻이 확연한데 영성의 실체가 과연 무엇을 말하는 것인지 알아보기로 한다. 영성은 신령스러운 별이란 의미 이외에도 곧 용과 관련이 있다.[41] 결국 용의 관념을 구성하고 있는 것은 땅의 뱀과 하늘의 별로 보는 견해가 흥미롭다.[42] 별에 대한 제사는 풍작을 기원하고 농사가 잘되어 국태민안을 기원하는 국가적인 제사였다.

선덕여왕 때에 대단한 가뭄이 들어 국가적인 제사를 한 기사를 볼 수 있고[43] 또한 부왕인 진평왕 50년 때에도 종이에 용을 그려서 비가 오게 빌었다는 기록이 있다.[44] 이런 기록으로 보아 현재의 첨성대가 위치한 곳을 '비두골'이라고 하여 북두칠성을 관측한 곳이라고 과학사가들은 해석한다. 그러나 오히려 별에 '비는 골' 즉 '별을 향해 소원 비는 장소'라는 뜻이 더 타당할 것이다. 이는 기우祈雨를 위한 용신 신앙과 북두칠성 신앙의 혼합적인 형태가 아닐까 추정해 본다. 용신신앙이 별과 관계를 맺게 되고, 다시 우물굿으로 전승되는 것은 김유신의 생가에 있는 우물인 재매정財買井과도 일련의 관계를 지니고

40) 「魏志」, 東夷傳 高句麗, "高句麗 多大山深谷 無厚澤 隨山谷以爲居 食澗水 無良田 雖力佃作 不足以實口腹 其俗節食治宮室 於所居之左右 立大屋祭鬼神 又祀靈星社稷"

41) 『中文大辭典』 卷9, p.1481, "星名, 龍星左角曰天田 則農祥也. 辰之神爲零星故以辰日祠於東南也."

42) 류동식, 앞의 책, p.99.

43) 『三國遺事』 卷4 「義解」5, 慈藏定律.

44) 『三國史記』 卷4, 「新羅本紀」4, 眞平王條. "夏大旱移市畵龍祈雨"

있을 것이다. 왜냐하면 재매정의 형태가 첨성대를 뒤집어 놓은 모습이기 때문이다.[45]

첨성대의 '첨瞻'은 단순히 바라보는 뜻보다는 숭앙하는 제사적인 의미를 지녔고 성星은 용성龍星, 즉 동방성東方星을 의미하는 것으로 본다면 첨성대는 종교적인 농경제단의 기능을 했을 것이다. 즉 첨성瞻星은 첨용瞻龍이요, 첨미륵瞻彌勒이 된다. 바로 미륵용신을 향한 제의가 첨성대에서 이루어졌을 것으로 추정해 본다. 신라 백성의 농경신앙은 수신신앙이 중심이었고 수신은 곧 용신이었다. 용신신앙이 미륵신앙으로 변환하는 과정은 언어적인 와전이 그 이유였지만 그것이 저급한 토착 기복신앙의 형태에서 보다 고급화된 신앙으로 변환되는 점에는 다음과 같은 이유가 있었다고 권상로는 여섯 가지 이유를 들어 지적하고 있다. 첫째, 미리와 미륵의 음이 비슷한 점, 둘째, 미륵은 보처불인즉 멀지 않은 장래에 성불도생할 것이라는 점, 셋째, 멀리 십만억 국토를 떠나 극락세계에 가려는 것보다 바로 우리들의 머리위에 있는 도솔천으로 상생하는 것이 쉽다는 점, 넷째, 미륵의 삼회도인三會度人이 모두 석존의 제자들이기에 그 회상에는 의심 없이 참예하여 수기를 받는다는 점, 다섯째, 미륵불의 용화세계는 우리나라에 건립될 것이다. 동해 총석정에 팔릉육릉八稜六稜의 긴 석재가 한량없이 쌓여있는 것은 모두가 미륵불의 용화궁전을 지을 재료라는 것, 여섯째, 불교의 팔부옹호중八部擁護衆 가운데 하나인 '미리(龍)'를 믿는 것보다 한걸음 더 나아가서 직접 '미륵彌勒'을 믿는 것이 옳다는 점 등

45) 이용범, 앞의 책, p.27.

을 들었다.[46] 이는 신라시대의 토착신앙이 불교적으로 전환된 이유를 든 것이다. 이처럼 용신신앙은 미륵신앙으로 변용 전개되면서 복합적인 의미를 지니게 되는 것이다. 따라서 첨성대의 의미와 그 기능도 복합적일 수밖에 없는 것이다.

첨성대는 도솔천의 미륵이, 즉 용이 하생할 수 있도록 마련된 우물 모양의 거주처로 보아야 할 것이다. 백성들은 첨성대를 미륵의 화신인 용이 하늘에서 내려오고 다시 올라가고 하는 거주처로 믿고 그곳에서 그들의 다양한 소원을 빌었을 것이다. 국가적 차원에서는 첨성대에서 용신-미륵신앙의 제의가 행해졌을 것이다. 구체적으로 어떠한 형태의 제의가 이루어졌는지는 현재로서는 잘 알 수 없으나, 앞에서 언급했던 것처럼 하늘의 용을 맞이하는 우물굿 형태와 함께 불교적인 농경제의가 이루어졌을 것으로 볼 수 있지 않을까? 또는 고구려에서 지냈던 영성제와 유사한 제의를 지내지 않았을까 추정해 본다. 따라서 첨성대는 복합적인 기능을 지닌 종교제단일 것이다. 첨성대는 토착신앙의 대표적인 모습인 농경 용신신앙과 국가적 차원에서 요구되었던 호국적 미륵신앙이 결합된 종교적 상징물이라고 추정할 수 있을 것이다.[47]

46) 권상노, 「한국고대신앙의 일련」, 『불교학보』 제1집, 동국대 불교문화연구원, pp.95~102.
47) 최종석, 「신라미륵신앙과 첨성대」, 『보조사상』 27집, 2007, pp.218~224.

V. 끝맺는 말

신라의 불교신앙은 두 갈래로 전개되어갔다. 하나는 왕실을 중심으로 귀족불교로 전개되었으며, 다른 하나는 토착신앙과 결합되어 일반 백성들의 신앙형태로 변용 전개되었다. 본 논문에서는 미륵신앙이 어떻게 용신신앙과 결합되어 갔는지 그 전개과정을 살펴보았으며, 미륵과 화랑과의 관계를 규명하였다. 그 다음에 미륵신앙의 신라적 변용의 결과인 첨성대에 대하여 고찰하였다.

신라의 용신신앙은 다양하게 다른 신앙형태와 관계를 맺고 있음을 알 수 있었다. 즉 용龍은 농경신으로 신격화되는 과정을 거쳐 농경문화 속에서 수신으로서 천후를 조절하는 농경신의 존재로 자리 잡게 된다. 이러한 용의 기능은 고대 농경국가에서는 왕의 권위와 능력과 결부되어 왕王=용龍이라는 구도를 낳게 한다.

신라시대에 들어서 용은 불교와의 습합과정을 거치면서 농경신의 범주를 넘어 불법을 수호하는 수호신의 면모를 보이는가 하면 국가를 지키는 호국용으로 변모한다. 그 예로서 문무왕이 동해의 호국용이 되길 원한 것을 들 수 있다. 그러나 무엇보다도 흥미로운 것은 용신신앙이 미륵신앙과 복합적으로 관련을 맺게 되었다는 점이다. 용의 우리말이 '미르'라는 점에서 그 음이 유사한 미륵신앙과 관계를 맺게 되고, 또한 용신은 별(星)과도 관련을 맺는다.

따라서 용신의 다양한 습합으로 인해 왕王=용龍=미륵彌勒=성星이라는 구도를 만들어 내는데 이는 신라 미륵신앙 특유의 독특하고도 새로운 변용의 모습이라고 할 수 있다. 이와 함께 신라의 종교문화를 특징짓는 것은 전륜성왕사상과 미륵신앙이 토착신앙과 조화롭게 실현되고 있음을 살펴보았다. 이는 왕=미륵=용이라는 등식으로 전개되었다.

또한 화랑이 용신, 미륵신앙과 관계가 있다는 것은 화랑 미시랑未尸郎이 하생한 미륵불인 동시에 호국 용신적 존재가 된 것에서 찾아보았다. 이 또한 토착신앙과 불교가 신앙적으로 융화된 형태를 잘 보여주는 것이라 할 수 있다. 화랑을 당시 사람들은 용화향도龍華香徒라고 불렀다고 한다. 용화향도란 한 마디로 말해서 '미륵신도'라는 뜻이다. 용화는 미래불인 미륵불이 하생하여 성불할 때의 용화龍華 보리수菩提樹를 말한다. 미륵은 보제수 밑에서 성불하고 또 그 곳에서 삼회의 설법을 통해 중생을 제도한다. 따라서 용화는 미래에 성불하는 미륵불을 상징한다. 향도는 예불향화지도禮佛香華之徒의 줄임말이며 '부처님께 향 사르는 단체'라는 뜻이다. 그러므로 화랑의 무리를 '미륵님께 향사르는 단체'라고 불렀다. 신라의 화랑은 고유 토착신앙과 불교의 미륵신앙이 융합된 수련단체로서 호국을 표방하였다.

이런 기반 위에서 선덕여왕 대에 건립된 첨성대는 용신신앙이 미륵신앙과 결부되어 종교적 역할을 하였다고 할 수 있다. 황룡사가 건립된 해에 첨성대도 함께 축조되었다. 이것은 여왕의 권위를 세우고 여왕으로서의 능력을 과시하기 위하여 황룡사 구층탑과 같은 거대한 탑을 건조했던 것이다. 여기서 황룡사는 신라가 불국토라는 것을 암시했다. 첨성대는 당시 신라의 독특하게 변용된 불교신앙의 모습을 드러내는 축조물이라 할 수 있다. 신라에서의 미륵신앙의 중요성이 화랑과 관련을 맺어 나타났듯이, 첨성대는 도솔천의 미륵彌勒, 즉 용이 하생할 수 있도록 만든 우물모양의 거주처라고 볼 수 있다. 백성들은 첨성대에서 미륵의 화신인 용이 거주한다고 믿고 그곳에서 그들의 소원을 빌었을 것이다. 농경에 필요한 천후의 순조를 기원했을 것이고, 국가적 차원에서는 첨성대에서 용신-미륵신앙의 제의가 행해졌을 것이다. 첨성대는 호국적, 불교적, 민간신앙적인 여러 요소가 변용된 모습을 보여주는 복합적 축조물이라고 할 수 있다. 즉 첨성대는 왕=용=미륵=성이라는 의미와 구도를 모두 담아내는 상징물인 것이다.

한국 염불결사에 나타나는 수행법의 변용

김성순(金星順)

1. 들어가는 말: 포교와 생존의 전략, 염불결사

신앙결사는 종교적 지향을 공유하는 이들끼리 신앙과 실천의 약속을 맺고, 주기적인 집회를 통해 수행을 함께하는 조직체라고 볼 수 있다. 나아가 염불결사란 정토왕생이라는 궁극적 목표를 함께 하는 이들끼리 기일과 염불수행법, 규약을 공유하고 실천하는 신앙공동체를 말한다. 신앙공동체로서의 결사의 형식은 불교뿐만 아니라, 지역과 시간을 초월하여 거의 모든 종교에서 볼 수 있다. 교단의 성장과 확장 과정에서 포교의 수단으로 선택되는 것이 바로 결사이며, 또한 기성 교단으로 자리 잡은 후에는 신도와의 결속을 강화하고, 교단 내부의 사업과 운영을 위한 후원을 확보할 수 있는 효과적인 수단이 되기도 한다. 염불念佛은 정토왕생신앙에 기반 하여 아미타불 혹은 여타 불보살의 이름을 외거나, 혹은 그 모습과 공덕을 사념하면서 발원하는 수행법을 말한다. 입으로 소리 내어 불보살의 이름을 외는 염불의 형식을 구칭염불口稱念佛 혹은 칭명염불稱名念佛이라 하며, 불타의 색신을 사념하거나, 불타의 공덕 내지 정토의 모습을 관觀하는 수행법을 관상염불觀想念佛이라 한다. 염불에 관법을 적용하는 경우, 불보살의 형상을 관하는 관상염불觀像念佛, 법신과 자성自性을 관하는 실상염불實相念佛로도 확장되며, 염불에 수식법數息法을 적용하기도 한다. 염불을 실천하는 시간에 중점을 두는 기일염불期日念佛도 있으며, 염불의 횟수, 즉 염수念數에 집중하는 수량염불數量念佛도 있다. 시간적인 개념에서도 하루에 염불수행을 하는 시간의 배분에 따라 사분염불四分念佛과 육시염불六時念佛로 나뉘기도 한다. 이밖에도 다양한 염불수행법들이 존재하지만, 본 논문에서는 한국의 염불결사 내지 참선과 염불을 병행했던 불교결사 안에서 실천된 염불수행법에 제한해서 서술하게 될 것이다. 이 논문에서 주로 서술하게 될 한국불교의 염불결사들의 수행법을 보면 대부분 주로 칭명염불을 실천했던 것을 볼 수 있다. 이는 칭명염불이 불교 결사와 같은 단체회합이나 법회 등에서 쉽게 종교적 카타르시스 효과를 얻을 수 있는 방법이라는 점과 무관하지 않을 것이다.[1] 한국불교의 염불결사는 문헌상으로 8세기 중엽 신라시대 경덕왕景德王(742~765)대부터 나타나기 시작한다. 각 염불결사들의 실천은 시대에 따라 조금씩 다른 양상이 나타났으며, 구칭염불(칭명염불)에서부터, 관상염불, 자성염불, 미타염불, 수식염불, 고성염불 등 그 수행법이 다양했다. 또한 한국의 염불결사에

1) 金星順, 『동아시아 염불결사의 연구: 천태교단을 중심으로』, 서울: 비움과 소통, 2014, p. 379.

서 두드러지게 나타나는 특징 중의 하나는 특정 일수를 정해놓고 하는 일수염불(기한염불) 방식인데, 바로 만일회라고 부르는 만일염불결사로서 건봉사 만일회의 경우가 대표적이다. 현대에 이르러서도 천일 혹은 만일로 기한을 정해두고 염불정진을 하는 사례들이 있으며, 건봉사 역시 여전히 만일회가 진행 중이다. 한국 불교결사의 명칭으로는 향도香徒, 만불향도萬佛香徒, 만일향도萬日香徒, 회會, 사회社會, 도량道場, 계契, 향도계香徒契, 사찰계寺刹契, 염불계念佛契 등의 다양한 종류가 나타난다. 이중 특히 계契와 같은 경우는 중국이나 일본에서는 잘 나타나지 않는 한국불교의 차별적인 명칭이라고 할 수 있다.

고려시대에는 하나의 결사가 후원하여 자체적으로 사원을 새로 짓거나, 쇠락한 기존의 사원을 개축하는 경우도 많았기 때문에 사원명 자체에 '사社'가 붙는 사례들이 자주 보인다. 13세기 고려 말에 천태염불결사로 결성된 원묘 요세(1163~1245)의 만덕산萬德山 백련사白蓮社가 그 대표적인 사례라고 할 수 있다. 강경講經과 염불을 함께 실천하는 법회法會의 형식으로 이루어지는 결사의 경우에는 그 소의경전의 이름을 따서 법화회, 화엄회 등으로 불리기도 했다.

본 논문에서는 이러한 한국의 불교결사 중에서도 염불결사에 집중하여, 결사조직의 결성과 구성원, 염불결사로 인해 새로이 생산되거나 변용된 한국의 불교문화, 염불결사에서 실천되었던 각종 염불수행법과, 그 수행법들이 채택된 배경, 염불결사의 수행법들을 둘러싼 논란과 거기에 대한 결사 지도자 승려들의 변증에 대해 알아보고자 했다. 다시 말해 염불결사의 활동이나, 구성원들로 인해서 새로이 생산되거나 변용의 과정을 거치는 불교문화와 수행법, 그리고 그러한 변용의 배경이 되는 결사 지도자 승려들의 해석에 관해 고찰하고자 하는 것이다. 한국불교 안에서 결사활동이 차지하는 부분이 의외로 크기 때문에 되도록 아미타정토신앙과 관계된 염불결사만으로 서술을 집중했으며, 3장과 4장에서는 염불뿐만 아니라, 결사의 수행과 관련하여 부수적으로 파생된 문화에까지 시선을 확장했다. 본문에서는 대장경에 입장入藏되어 있지 않은 한국불교전서 DB 자료들을 주로 다루고 있으며, 그 안에 담긴 승려들의 저술에서 염불결사의 운영과 수행법을 둘러싼 그들의 고민을 생생하게 들어보려 노력했다. 그외, 염불결사를 결성하여 운영했던 사원의 사적事蹟이나 연기緣起, 불화佛畵의 화기畵記, 매향비문埋香碑文, 고승 비문碑文, 실록實錄 등 직간접적인 여러 자료를 찾아서 불교결사로 인해 변용된 불교문화와 수행법의 자취를 확인하는 여정이 바로 이 논문의 목표라고 할 수 있을 것이다.

2. 결사에서 만나는 승려와 민간신도: 노력勞力과 정수精修

어느 신앙결사이건, 그것이 포교나 교단의 생존과 운영을 위해 결성된 이상, 신도들까지 구성원으로 수용하는 것이 일반적이다. 불교가 막 민간에 수용되기 시작한 신라시대에는 포교를 위해서 염불결사 형식의 신앙공동체가 필요했고, 이미 불교가 자리 잡은 다음에는 법화경이나 화엄경 같은 특정 경전신앙이나, 미륵신앙에 염불수행을 함께하는 법회 형식의 결사가 유행했다. 조선시대 후기에 양난兩亂의 고비를 지나면서 청허淸虛 휴정休靜(1520~1604) 등이 주도한 의승군義僧軍 덕분에 정부의 반불교정책에 틈새가 생기자, 한국불교는 다시 18세기부터 사찰계寺刹契와 만일회萬日會 등의 결사를 통해 사원운영의 활로를 모색했다.

한국의 염불결사들은 이처럼 포교와 사원운영의 활로라는 목표를 가지고 있었기 때문에 기본적으로 승려와 신도들이 함께 결사의 구성원이 되는 승속연합의 형태가 보편적이었다. 문제는 이러한 승속연합이라는 결사 구성원의 구도가 염불결사의 실천과, 더 나아가 한국불교에 어떠한 영향을 주었는가에 있을 것이다. 그 답은 한국불교뿐만 아니라, 동아시아불교 전체의 염불결사의 신행에서 거의 유사하게 발견된다. 결사의 지도자 승려들은 민간신도 구성원을 위해서 될수록 간결하고 쉽게 재해석한 수행법들을 제시했으며, 신도들은 결사로 대표되는 승려와 사원을 위해 물질적인 후원을 실천했다는 것이다.

심지어 정기적으로 열리는 결사의 집회에도 참가하지 않고 단지 회원 명부에 이름만 올리는 신도 구성원들도 있었다. 물론 이 경우에도 그 신도들은 보시의 공덕을 실천한 것이기 때문에 결사 구성원으로서의 자격에 문제가 될 것은 없었다. 이에 비해 전문수행자인 승려 구성원들과 재가신도들 중 동참이 가능한 이들은 결사규약에 정한 대로 염불당 같은 전용 수행공간에 모여 염불정근念佛精勤을 실천했다. 현존 문헌자료에서 확인할 수 있는 염불결사들의 거의 대부분은 이러한 승속연합의 구조로 결성되고 있다. 문헌상 최초의 한국 불교결사인 경덕왕대 만일염불결사의 구성원들 역시 노력勞力과 정수精

修의 두 가지 유형으로 나뉘었음을 볼 수 있다.

> 동량팔진棟梁八珍은 관음觀音의 응신應身으로 무리를 결성하여 천 명이 되자, 두 패로 나누었으니 하나는 노력勞力이고, 다른 한 편은 정수精修였다.[2]

인용문에 등장하는 노력과 정수의 사전적 의미로 미루어 추론해보면 노력은 물질적 보시나 노동을 통해 전문수행자 그룹을 지원하는 민간신도들이며, 정수는 전문수행자 그룹을 가리키는 것으로 보인다. 물론 정수 중에도 승려가 아닌 민간신도들이 있을 수 있으며, 그 경우 사원 내에서 상주하며 수행했을 가능성이 높다.

염불결사를 가리키는 또 다른 명칭인 향도香徒는 이러한 결사 구성의 이원적 구조에서 보면 노력 쪽에 좀 더 가깝다. 물론 향도의 구성원들이 염불수행을 실천하지 않은 것은 아니지만, 중국 돈황지역의 읍邑이나, 사社의 경우처럼 불사佛事를 지원하기 위한 후원결사로서의 성격이 더 강했던 것으로 보인다. 돈황의 초기 사읍社邑이 불굴佛窟과 불탑, 사원의 축조와 불상의 주조를 위해 기금을 후원했다면, 고려시대 이후의 향도는 주로 매향埋香이나, 미타도량의 건립을 위해 조직되었던 것으로 볼 수 있다.[3] 이 향도들이 추진하는 불사에 드는 비용은 결사의 구성원들은 물론 그들이 속한 군현에서도 시주 형식으로 후원하기도 했다. 고려 전기에는 향도의 활동이 주로 향리의 주도

2) 『三國遺事』 권5, 「郁面婢念佛西昇條」 '僧傳'
3) 김성순, 「동아시아 민간불교결사의 功德信仰과 葬儀: 한국의 香徒와 돈황의 邑社」, 『종교연구』 제62집, 한국종교학회, 2011, pp.271~277.

하에 이루어졌지만 조선시대에 들어서면서 결사의 구성원이나 주도하는 사람들이 좀 더 다양화되는 모습이 나타난다. 이는 고려시대까지는 불사를 진행하는데 국가 내지 지방 관청의 지원을 받을 수 있었지만, 조선시대에 들어서면서 불교에 대한 억압정책으로 인해 향도는 해당지역의 민간신도들이 주체가 되어 꾸려가게 되었음을 말해준다. 아래 인용문은 만해萬海 한용운韓龍雲이 건봉사乾鳳寺 만일회萬日會와 관련된 자료들을 모아서 정리하여 1928년에 편찬한 『건봉사급건봉사말사사적乾鳳寺及乾鳳寺末寺史蹟』에서 발췌한 것이다.

> 신라 경덕왕 17년(758) 발징發徵화상이 원각사圓覺寺를 중건하고 염불만일회를 설하니 차此가 조선朝鮮의 염불만일회의 효시가 되니라. 시時에 발징화상이 정신貞信, 양순良順 등 승려 31인과 함께 염불을 근수勤修할새 향도香徒 1828인이 자원발심自願發心하야 그 중 120인은 의복을 시주하고 1700인은 음식을 시주하니, 의복을 시주하는 자는 매인매세每人每歲에 포일단布一端을 납納하고 음식을 시주하는 자는 매인매세에 백미일두白米一斗와 정유일승淨油一升을 납納하야 염불의 수생受生을 공供하니라. 신라 원성왕元聖王 3년 염불만일회에서 정업淨業을 수修하던 31인이 아미타불의 가피加被를 승承하여 정토에 왕생하고 향도 제인諸人도 점차 왕생하니라.[4]

인용문에서 알 수 있는 것은 미타만일염불결사는 승려와 속인의 조합으로 이루어져 있었으며, 그 중 승려들을 뺀 나머지 속인신도들을 향도라고 불렀다는 것이다. 그리고 그 향도들은 결사에 함께하는

4) 한용운 편, 『乾鳳寺及乾鳳寺末寺史蹟』, 서울: 아세아문화사, 1977, p. 1.

승려와 결사에서 추진하는 불사에 쌀, 기름, 옷감을 시주하는 의무를 지니고 있었다. 여기서 기름은 결사 구성원들이 철야정진할 때나, 일상에서 사용하는 용도로, 그리고 쌀과 옷감은 식량이나, 일용품의 물물교환, 혹은 현금으로 환전해서 사용하였으리라는 짐작을 해 볼 수 있다. 결국 이 미타만일염불결사 역시 전문수행자그룹과 그들을 후원하는 속인신도그룹의 이원적 구조로 구성되어 있었던 것이다. 한편 고려시대에는 민간신도들이 함께 하는 수행결사로서의 성격보다는 사원이나 특정 불사를 후원하는 후원조직으로서의 성격이 더 강한 향도조직도 문헌에 나타나는 것을 볼 수 있다. 고려 인종仁宗 9년(1131) 6월의 『고려사』 기록에서는 다음과 같은 만불향도萬佛香徒 관련 내용이 등장한다.

> 근래에 승속僧俗 잡류雜類가 모여 떼를 이루어서 이름을 만불향도萬佛香徒라 하여 혹은 염불과 독경을 하고, 맹랑하고 이상한 짓을 하며 혹은 내외사사內外寺社의 승도僧徒가 술을 팔고, 파를 (구워) 팔며, 혹은 병기를 가지고 날뛰면서 연희演戲를 하며…….[5]

인용문은 음양회의소陰陽會議所에서 올린 상소문의 일부이며, 만불향도에 대한 부정적인 시각이 드러나긴 하지만 그들의 수행이나, 활동양상에 대한 정보를 확인할 수 있다. 먼저 만불향도들 역시 승려와 속인이 함께 속한 결사로서 주로 염불과 독경을 실천했음을 알 수 있다. 또한 본문에 나타나는 '내외사사內外寺社의 승도僧徒'라면 도성 안

5) 『高麗史』 卷85, 志卷39, 刑法2, 「禁令條」

팎에서 활동하던 반승반속半僧半俗의 존재들로서, 훗날 조선시대 거사배居士輩 내지 사당패의 전신이 되었던 이들이다. 이들은 사원에 속해 있었으며, 신앙결사 형식의 후원조직으로서 주로 사원의 허드렛일을 돕거나, 재회齋會 등의 행사가 있을 때면 대중들을 상대로 연희판을 벌이거나, 술과 음식을 팔아서 기금을 마련하여 불사를 위해 보시했다. 12세기가 되면 불교결사가 단순한 신앙공동체로서의 기능만이 아니라, 사원의 후원조직이 되어 불사에 필요한 기금을 마련하여 사원에 제공했던 현상도 나타났음을 보여주는 대목이다.

조선시대에 들어서면 사찰에 속해있던 승도들이 조선정부가 불교종파를 선 · 교 양종으로 통합하고, 사찰 재산을 국고에 귀속하는 과정에서 강제 환속 당하는 이들이 많았다. 이들은 민가에 불당佛堂을 차리고 불상을 모셨으며, 신도들을 모아 징과 북을 치면서 염불과 독경을 했는데, 이들이 바로 염불향도念佛香徒로 불리던 결사조직이라고 할 수 있다.[6] 19세기가 되면 오어사吾魚寺 등의 여러 사찰에서 염불계가 만들어지는데 구성원들이 낸 계김契金으로 이식利息활동을 하고, 그 이익금으로 사원의 토지를 구입하고 염불당 등의 건물을 중수하는 것을 볼 수 있다.[7] 다음 인용문은 만일회의 형식으로 염불결사를 했던 파주 보광사普光寺의 「모연소募緣疏」이다.

> 지금 고령산古靈山 보광사普光寺에서는 사방의 동지들이 결사염불에 일만

6) 『조선왕조실록』 등의 사료를 보면 염불향도들이 주로 문헌에 나타난 시기는 세종 때이다. 이는 세종 자신이 초기의 반불정책에서 후기에는 친불정책으로 전환했던 것과도 관련이 있을 것이다.

7) 『朝鮮寺刹史料』 卷上, 「念佛契碑文」, 朝鮮總督府, 明治 44, p. 441.

일을 기약하여 서방정토에서 만나자 굳게 정하였다. 이는 말법시대에 드물게 뛰어난 결사라 할 수 있을 것이니 좋은 소식을 두루 알린다. 불타공양과 반승飯僧에 조력할 재물이 있는 자가 여러 군자와 함께 무주심으로 복전에 씨앗을 뿌리고자 한다면 함께 정토에 가도록 결연을 하여 깨달음의 연을 증명하시라.[8)]

위 인용문의 「모연소」에서도 먼저 결사를 결성할 때 함께 수행을 약속한 동지들이 있고, 그 다음에 불공佛供과 반승飯僧의 의식에 소용되는 물자를 보시할 후원자를 구하고 있다. 사실 대부분의 모연문募緣文은 특정 결사나 불사의 후원자를 모집하는 문장이기도 하다. 사원에서는 이러한 권선장勸善狀 혹은 모연문을 가지고 단월檀越이라 부르는 민간신도들의 집에 가서 결사후원을 위한 시주금을 받아오는 역할을 하는 승려를 연화승緣化僧 혹은 화주승化主僧으로 불렀다. 연화승이 신도로부터 보시를 받으면 그 이름을 회원명부에 올림으로써 결사의 회원이 되는 방식이며, 이렇게 후원신도가 되는 것을 '결연結緣'이라 한다. 이 시기의 만일염불결사는 전문 수행자 그룹과 후원자 그룹이 한 결사 안에 같이 결연結緣의 형태로 귀속되어 있었으며, 타 지역에 거주하는 후원신도들은 회원명부에는 이름을 올리되, 수행에는 참여하지 않거나, 간헐적으로 정해진 날짜의 의식에만 참여했던 것으로 보인다. 조선 후기 19~20세기 한국불교계의 자구책의 하나로 크게 유행했던 사찰계寺刹契 역시 전형적인 승속연합의 염불결사 형식을 보여준다. 조선후기에 이르러 전국의 사찰 수가 줄지 않고 오히

8) 『淸珠集』 附, 「募緣疏」(ABC, H0286 v11, p.775a02~a24)

려 늘어났으며, 현실에 맞게 운영 규모가 점진적으로 축소되는 현상이 나타난다. 대찰大刹이 줄어들고 암자들이 늘어난 것은 국가적 규모의 지원을 받기 힘들었던 당시 불교계에서 생존을 위해 민간신도와의 연합을 도모했던 사찰계 형식의 결사가 성행했던 것과 관련이 있는 것으로 보인다.[9] 결국 조선시대 초, 중반기를 거치는 동안 여러 가지 원인으로 경제적 기반을 상당 부분 상실했던 한국불교의 사원들이 살아남기 위해서는 민간신도들에 의지할 수밖에 없었으며, 그에 필요한 승속僧俗 간의 결속력과 연대성을 확보하기 위한 장치가 결사였다고 볼 수 있을 것이다. 그렇다면 속인신도와 승려가 함께 속해있던 결사에서는 어떠한 수행법을 실천했을까. 먼저 결사구성원의 이원화로 인해 수행법 역시 이원화 될 가능성이 있을 것이고, 승려들이 신도들의 역량에 맞추어 쉬운 수행법을 선택함으로써 수행과 포교의 두 가지를 다 잡으려 했을 가능성도 있을 것이다. 이에 대한 좀 더 자세하고 구체적인 답을 다음 3장과 4장에서 찾아보기로 하겠다.

3. 결사로 인해 분리되는 제장과 수행법: 염불당과 산신각

이 장에서는 염불결사로 인해 새로이 만들어졌던 불교문화의 하나로서, 사원 내 공간의 분리현상에 대해 알아보고자 한다. 전문수행자

9) 崔鐘成, 「조선후기 민간의 불교문화: 佛僧, 檀信, 祭場」, 『종교학연구』 30권, 서울대학교 종교문제연구소, 2012, 19~53, p.50.

인 승려들과 달리, 민간신도들은 생업문제로 인한 시간의 배분이나, 문자적 능력, 종교적 훈련의 측면에서 그들에게 적합한 수행법을 필요로 했다. 결사의 지도자 승려들은 이러한 민간신도 구성원들의 요구를 적극적으로 반영하여 기존의 수행론들을 재해석하거나, 새로운 의식儀式을 창출하여 그들에 적합한 실천들을 제시했음은 전장에서 이미 서술했다. 어디에서나 생업에 종사하면서도 입으로 욀 수 있는 칭명염불은 물론이고, 민간신도들을 종교적 요구를 반영하여 만들어진 의식이나, 제장祭場도 있었고, 그 제장을 장엄하기 위해 새로이 만들어진 불화나 불구들이 있었다. 그에 필요한 재원을 보시하는 것은 당연히 결사 구성원인 신도들의 몫이었으며, 그러한 보시 자체가 공덕의 실천이자, 수행으로 수용되었다. 흔히 동아시아불교 내에서 한국의 불교사원의 차별화되는 특징 중의 하나로 사찰 내에 존재하는 산신각山神閣 혹은 칠성각七星閣이나 독성각獨聖閣 등을 제시하기도 한다. 산신각 건립 기록이나, 산신도 화기畵記 등을 검토해보면 그것이 한국불교에서 보편화된 현상으로 나타난 것은 19세기 이후부터이다. 이러한 산신각들은 불교 사원들이 적극적으로 민간신도들과 승속연합의 결사를 결성함으로써 얻어낼 수 있었던 후원에 의한 것들이 많다. 이러한 사실은 산신각이나 칠성각의 신축을 위해 승려들이 신도들에게 보시를 청하는 「권선문勸善文」을 통해서 확인된다.[10] 아래 인용문은 보조지눌普照知訥(1158~1210)의 저서인 『염불요문念佛要門』에 대해 구한말의 승려 금명보정錦溟寶鼎(1881~1930)이 주석한 『염불요문과해念佛要門科解』의 일부분이다.

10) 崔鍾成, 앞의 논문, p.47.

결사에 참여해서 마음을 함께하고 생사를 정하여 지계를 하였다. 스승께서는 처음에는 (나주) 공산公山 거조사居祖寺에서 정혜사를 결성하였다가 나중에 길상사로 옮겨 수선사를 결성하여 정혜定慧를 익히고 조계종지를 세웠다. 이 결사에 참여하여 함께 한 자는 삼장월三長月인 정월, 오월, 구월에 제석천帝釋天主를 모시는 선법당善法堂에 업경業鏡을 세우고 매월 사주四洲를 비추었다. 정월, 5월, 9월에는 남주南洲(남섬부주)에 해당하기 때문에 남부주인들은 반드시 정월, 5월, 9월의 일중에 재계를 해야 한다. 이는 재가신도들이 행하는 것이지 비구들은 이에 제한되지 않는다. 팔교八交는 사시四時의 8절일이니, 이른바 입춘, 춘분, 입하, 하지, 입추, 추분, 입동, 동지이다. 왜 교交인가? 사시가 마주 보면서 서로 교차하는 것을 말한다. 입춘은 겨울이 교차하는 것이고, 춘분은 여름이 교차하는 것이다. 나머지 세 사례도 알 수 있을 것이다. 육재六齋라는 것은 매월 초팔일에 사천왕의 사자가 순찰하며, 14일에 사천왕의 태자가 순찰하고, 15일에는 사천왕 자신이 순찰하는 것이다. 23, 29, 30일에도 이와 같이 차례로 인간의 선악을 순찰하여 제석에게 고하기 때문에 이처럼 재계하고, 여법하게 청정수행하면 반드시 진여에 합하게 된다.[11]

인용문에 따르면, 간화선 수행을 위주로 하는 참선결사인 보조지눌(1158~1210)의 정혜결사(수선사)에도 민간신도들이 참여할 수 있었다. 하지만 여러 가지 면에서 민간신도들이 전문수행자인 승려들과 층차 없이 간화선 참구수행을 함께 하기는 힘들었을 것으로 생각된다. 그렇다면 참선결사인 정혜결사의 구성원인 민간신도들은 어떤 수행을

11) 『念佛要門科解』(ABC, H0310 v12, p.433b20~c19)

했을까? 단시 그들은 물자만 후원했던 것일까? 답은 민간신도들은 매 육재일六齋日(8, 14, 15, 23, 29, 30)마다 집에서 재계齋戒를 하거나, 삼장월에는 사찰 내 제석천을 모신 선법당善法堂에서 민간신앙의 분위기가 강한 의식을 했다는 것이다. 인용문에 등장하는 선법당善法堂은 제석천과 그 권속들을 모시는 공간으로서, 서긍徐兢(12세기 활동)이 쓴 『선화봉사고려도경宣和奉使高麗圖經』 제17권 「사우祠宇」 '정국안화사靖國安和寺'에 등장하는 것으로 보아 고려시대 사찰에 존재했던 당우堂宇의 하나임을 알 수 있다. 지눌의 정혜결사에 참여한 민간신도들은 삼장월에 제석천帝釋天을 모신 선법당에서 업경을 비추며 자신들이 지은 죄업을 참회하는 의식을 행했던 것이다. 또한 이 의식에 승려들은 참여하지 않았으며 민간신도들이 참선이나 염불 수행 대신에 재계齋戒를 하면서 선법당에서 의식을 행했다는 것이다. 정혜결사의 교조인 보조지눌은 염불수행법에 대해 쓴 『염불요문』에서 10종 염불에 대해 설명하고, 염불하는 이들은 5계 10선을 반드시 함께 실천할 것을 권했다. 중요한 것은 한결같이 염불할 수 없는 사람들, 이를테면 수행의 근기가 박하거나 생업에 바쁜 이들은 삼장월이나 육재일에 힘써 염불하면, 임종 때 아미타불이 친히 극락세계의 구품九品 연화대로 맞이하게 되며, 반드시 상품上品 연화대에 태어날 수 있음을 강조하였다. 여기서 중요한 것은 간화선을 최상승 근기의 수행론으로 주창했던 보조지눌의 수선결사에서도 민간신도 구성원들에게는 제석천을 모시는 공간에서 그들만의 의식을 실천하는 것을 수용했다는 점일 것이다. 지눌은 민간신도들에게 육재일이나 삼장월에 재계하고 염불하는 것으로도 정토왕생할 수 있다는 재해석을 제시해주고 있으며,

사원 내의 선법당에서 삼장월에 업장을 참회하는 의식을 하도록 권유하고 있다. 물론 이 의식이나 육재일의 재계에 승려들은 참여하지 않으며, 아마도 그들은 선당禪堂에서 간화선을 정진했으리라는 짐작을 해볼 수 있을 것이다. 결국 지눌의 정혜결사에서도 승려 대 민간신도의 이원적 구조가 선당 대 선법당이라는 수행공간의 분리로 나타나고 있는 것으로 볼 수 있지 않을까. 다음으로, 염불을 위주로 하는 수행결사라기보다는 사원에 대한 후원조직의 성격이 강했던 칠성계七星契 등의 사찰계로 인해 새로이 생성되는 사원 내 제장에 대해 살펴보기로 한다. 고려와 조선 초기에는 칠원성군 즉 북두칠성이 도교의 신격으로 신앙되었음을 도상자료에서 확인할 수 있는데, 18세기 이후에는 칠성여래로 명칭이 변화하게 된다. 19세기에 이르면 칠성각을 신축, 중수하거나 공양하기 위해 승속연합으로 칠성계가 결성되어 보시와 불공 등의 신앙활동을 했던 것을 발견할 수 있다. 또한 칠성계원들의 경우, 신앙의 대상이 칠성여래이기 때문에 정토왕생을 위한 염불보다는 치성致誠과 발원發願을 통해 현세적인 소망을 이루는 것이 목표였을 것으로 생각된다. 따라서 18세기 이후 한국불교에서의 칠성각의 성립과 칠성도의 제작은 민간계층을 대상으로 한 불교 대중화의 의미를 지닌다.[12] 문제는 역시 이러한 산신각이나 칠성각 등이 민간신도들의 현세적 발원을 위한 의례공간이었다는 점일 것이다. 한 결사에 속한 구성원일지라도, 일상의 생업에 종사하는 민간신도들이 승려들과 함께 철야염불이나 사분염불 등을 실천하기는 힘들었을

12) 김현정, 「畵記를 통해 본 조선 후기 제2기 불화의 도상해석학적 연구」, 『강좌미술사』 제40호, 한국미술사연구소, 2011, p. 204.

것이라 생각된다. 그들은 후사를 이을 아들을 낳는 것이나, 병을 치료하고, 재산을 늘리는 것 등의 현실적인 문제를 해결해 줄 절대적인 존재가 필요했고, 그들에게 친숙한 민간신앙의 요소를 도입한 산신각은 이러한 요구에 적합한 것이었다. 한 사원의 경내에 대웅전과 산신각이 공존할 수 있는 상황은 19세기 한국불교가 승속연합의 결사를 통해 생존을 도모할 수 있었던 배경과 무관치 않은 것이다. 하지만 전각의 크기나 사원 내 배치를 보면 결코 동등한 입지에서의 공존은 아니었다. 산신각은 대부분 대웅전 등의 주전主殿 뒤쪽에서 약간 사선으로 빗긴 위치에 자리 잡고 있으며, 그 규모도 상대적으로 협소하고, 다른 주요 건물과 달리 '전殿'이 아닌 '각閣'이라는 명칭을 달고 있다. 이러한 사원 내에서의 신앙공간의 분리는 대웅전 대 산신각이라는 의례공간의 이원화뿐만 아니라, 수행공간의 이원화현상으로도 나타난다. 아래 인용문은 금명보정錦溟寶鼎(1861~1930)의 『다송문고茶松文稿』에 수록된 「모후산유마사신창염불당천일기도결사문母後山維摩寺新刱念佛堂千日祈禱結社文」의 일부이다.

광서 5년(1879)에 경사 김경담과 관찰사 김규홍이 함께 도모하여 보수하기 시작하여 기미년에 이르러 조계산 김영운과 군대부郡大夫가 단월들과 재물을 모아 계단 아래에 주방을 지었다. 좁고 누추함이 이루 말하기 힘들어서 무진년 봄에 이르러 주지 오호연이 발원하여 요사채 9간을 법당 앞에 새로 지었다. …… 과일나무 수만 주를 새로 개간한 밭에 심은 것뿐만 아니라, 염불당을 지어서 뜻이 있는 신도들과 천일기도를 시작하여 결사를 맺고 마음을 닦아 함께 극락왕생코자 하였다.[13]

인용문에서는 19세기 후반 유마사에서 천일결사를 했던 상황이 드러나 있는데, 사원의 땅에 과일나무 수만 주를 심어 경작하고, 염불당을 따로 신축하여 천일 간 염불수행을 했다는 대목이 눈에 띈다. 건물과 과일농사를 위한 자원은 역시 결사 구성원인 신도들의 보시로 마련했을 것으로 생각된다. 인용문에서처럼 선당禪堂이나 강당講堂이 아닌 염불당을 따로 지었던 것은 단지 유마사뿐만이 아닌 당시 만일결사나 천일결사를 조직했던 사원들의 보편적인 상황이기도 했다. 이처럼 조선 후기에 들어서면서 염불실천을 바탕으로 하는 아미타신앙 내지 보살신앙이 유행함에 따라 각 사찰에는 염불당과 선당이 따로 갖추어지게 된다. 조선시대 불교는 분명히 간화선을 종지로 하는 선종을 주축으로 하고 있었지만 각종 불교의식이나, 일상적으로 행해지는 수행에는 강경講經과 송경誦經은 물론 염불과 송주誦呪, 밀교 작법 등의 요소가 상당 부분 차지하고 있었다. 흔히 삼문수학三門修學으로 불리는 간경, 염불, 참선의 실천이 세발솥처럼 정립되어 있었기 때문에 자연히 사찰 내 건물도 선방과 염불당, 강당이 필수적으로 갖추어져 있었던 것이다.[14] 이 삼문수학三門修學은 경절문徑截門(참선) · 원돈문圓頓門(간경) · 염불문念佛門을 말하며, 청허휴정(1520~1604)과 그의 제자인 편양언기鞭羊彦機(1581~1644)에 의해 제창되어, 17~18세기에 한국불교의 수행론으로 정착하게 된다. 17세기 이후 청허휴정과 부휴선수浮休善修(1543~1615)의 법맥을 자처하던 승려들 중에 청허계의 편양언기 문파가 가장 융성하게 되면서 청허휴정과 편양언기가 주창한 삼

13) 『茶松文稿』 卷第二(ABC, H0315 v12, p.770b22~)
14) 한용운, 「조선불교유신론」, 『한국의 근대사상』, 서울: 삼성출판사, 1986, pp. 485~537.

문수학의 교의가 한국불교의 보편적인 수행체계로 정착할 수 있었던 것이다. 18세기 이후에는 그 가운데 염불문 수학이 유행하게 되면서 8세기에 처음 만들어졌던 만일염불회가 부활할 수 있었던 것으로 보인다.[15]

이러한 삼문수학이라는 사상적 배경 외에도 염불당과 선당禪堂이 공간적으로 분리될 수밖에 없는 현실적인 이유도 분명히 존재했다. 1867년 차정거사此淨居士 이석신李奭信이 쓴 「신계사보광암만일회서사神溪寺普光庵萬日會叙事」라는 글에는 당시 십여 명의 스님들이 예불과 북을 치면서 염불을 했다는 기록이 나온다. 처음에는 2차에 걸친 화엄경 강의가 이루어졌으며, 만일회에서는 매일 6회에 걸쳐서 아미타불을 1000염念씩 하였다고 한다.[16] 또한 1858년에는 전남 해남에 있는 미황사美黃寺에서 영허의현靈虛義玄(1816~1874)에 의해 만일염불결사가 행해지게 된다. 달마산 미황사의 미타전에서 시작된 만일염불결사는 하루 네 번에 걸쳐 고성염불을 하는 사분정근법四分精勤法을 수행했다고 한다.[17] 따라서 이러한 염불결사의 사례들처럼 소리를 높여 염불하는 고성염불이 행해지던 19세기 후반의 한국 불교계의 상황에서는 선 수행을 전적으로 실천하는 결사 수행자들의 공간적 독립성을 보장하는 것이 당연히 필요했으리라 생각된다. 강경과 염불, 그리고 선은 그 실천의 특성상 한 공간에서 하기는 힘들며, 대부분의 경우 상당한 거리를 두고 건축되었던 것을 볼 수 있다. 또한 염불당은 아예

15) 이종수, 「19세기 선봉사 만일회와 불교사적 의미」, 『동국사학』 49집, 동국대학교 사학회, 2010, p. 308.
16) 한보광, 『신앙결사연구』, 성남: 여래장, 2000, p. 253
17) 한보광, 앞의 책, p.124.

경내에서 걸어서 10~15분 정도 거리의 암자에 따로 만드는 사례들도 볼 수 있다. 그리고 사원에서 만일회가 결성된다는 것은 곧 결사 전용의 수행공간인 염불당이 지어진다는 것을 의미하기도 했다. 그에 따른 비용은 결사의 구성원인 민간신도들이 보시했음은 물론이다. 정리하자면, 결사의 구성원들이 염불을 실천하기 위해서는 조용한 환경을 필요로 하는 선과는 공간이 분리되어야 했으므로 염불당을 따로 신축하는 경우가 많았고, 이에 대한 비용은 결사에서 보시하는 후원금으로 충당했다. 19세기에 들어서면서 결사의 민간신도 구성원들은 현세적 발원을 위한 별도의 공간을 원했으며, 지도자 승려들이 이를 수용함으로써 사원 내에 산신각이나, 칠성각 등이 들어설 수 있었다. 결국 이는 결사 구성원인 민간신도들의 근기와 종교성을 배려해야 했던 상황들이 사원을 구성하는 공간에까지 영향을 미친 것으로도 볼 수 있을 것이다.

4. 염불수행법을 둘러싼 긴장과 재해석, 그리고 변용

이 장에서는 만일회를 비롯한 염불결사가 집중적으로 행해졌던 조선시대를 중심으로 한국불교에서 염불수행이 어떤 식으로 수용되고, 재해석되었는지를 살펴보고자 했다. 앞서 서술했듯이 조선시대 불교의 주축은 간화선을 종지로 하는 선종이었지만 일단 개별 사원의 단위로 내려오면 민간신도들을 의식할 수밖에 없었기 때문에 신도와 승려들이 만나는 의식의 장에서는 선을 대신하여 대중의 종교적 욕구를 충족시킬만한 다채로운 실천들이 펼쳐질 수밖에 없었다. 선을 실천하기 힘든 민간신도들에게는 말할 것도 없이 칭명염불이 주된 수행법이 되어야 했다. 승려들 역시 정토왕생 수행자가 적지 않았지만 난행도難行道 : 이행도易行道라는 이분 구도를 의식해서인지 염불 자체에 선적인 해석을 가하려는 노력들이 많이 보인다. 유심정토唯心淨土나 실상염불實相念佛, 수식염불數息念佛 등 선정과 관법觀法의 사상과 실천적 요소를 염불에 도입하려 했던 시도들이 그것이다. 선과 염불 사이의 긴장, 그리고 양자 간의 화해를 시도하는 새로운 수행법들의 등장은 비단 한국불교만의 현상은 아닐 것이다. 멀리는 영명연수永明延壽(904~975)에서부터 동시대의 운서주굉雲棲袾宏(1535~1615)에 이르기까지 조선시대 불교계가 동아시아불교 내에서 함께 사상적 진폭을 공유할만한 기회들은 얼마든지 있었다. 아래의 인용문은 허응보우虛應普雨(1509?~1565)가 찬술한 『권념요록勸念要錄』 안에서 유일하게 한국에서 창작된 극락왕생담인 「왕랑반혼전王郎返魂傳」에 등장하는 구절이다.

> 전날에 염라대왕이 멀었다고 하더니, 내일 아침에 저승사자 오귀五鬼가 온다하니, 그대는 마땅히 집안에 미타탱을 서쪽 벽에 높이 걸고 동쪽에 앉아 서쪽을 향하여 미타불을 염하라. 낭郎이 말하기를, 저승판관이 나를 재촉하니 어떻게 하오리까. 송 씨가 말하기를, 우리 집 북쪽 이웃에 사는 안 씨 노인이 매일 이른 아침에 서쪽을 향해 오십 배, 매월 보름에 미타염불을 만萬편 하더라.[18]

18) 『勸念要錄』(ABC, H0135 v7, p.610b03~b22)

대부분의 극락왕생담이 민간인들에게 정토왕생신앙과 염불의 실천을 고취하기 위해 만들어졌듯이, 이 『권념요록勸念要錄』「왕랑반혼전王郎返魂傳」 역시 미타염불을 실천하는 방법을 제시하고 있다. 허응당 보우는 조선 명종(1545~1567)대에 섭정을 했던 문정왕후의 신임을 얻어 조선불교 중흥의 토대를 구축했던 승려이다. 보우가 사람들에게 권했던 염불은 간단한 의식과 함께 아미타불의 명호를 부르는 칭명염불로서, 그는 이러한 대중적 염불수행법이야말로 조선 초기 정부의 압박에 의해 위축되고 묶여버린 불교를 다시 일으키기에 적합한 실천으로 판단했던 것으로 보인다. 일시적으로 문정왕후라는 의지처를 만나 불교가 잠시 회생의 기회를 얻기는 했지만 조선 정부의 관료를 비롯한 유학자들은 언제든 불교를 공격할 빌미를 찾고 있었기 때문이었다. 이러한 상황에서 불교가 살아남는 길은 민간에 탄탄히 뿌리를 내리는 것 밖에 없었고, 이를 위해서는 민간신도들의 수준에 맞는 실천과 교의를 내세울 수밖에 없었을 것으로 생각된다. 한국불교 사원에서 죽음 이후의 극락왕생, 죄업의 소멸, 망자의 천도, 산 자들의 발복, 치병治病과 구명救命, 기자祈子 등 범부중생들의 발원을 위한 공간과 의식을 제공했던 모습들은 염불결사에서도 그대로 나타난다.

다음 인용문은 환공치조幻空治兆(19세기)의 『청주집淸珠集』에서 발췌한 부분이다. 『청주집』은 고종 7년(1870) 염불결사인 고령산高靈山 보광사普光寺 정원사淨願社에서 간행한 서적으로, 현공치조는 정원사에서 신도 수십 인과 더불어 30여 년 동안 정토왕생을 위한 만일염불결사를 했다.

마음챙기는 염불로 삼매를 이루고자 한다면 호흡을 세는 방법이 가장 필요하다. 무릇 좌선할 때에 먼저 자신의 몸이 원광圓光 안에 있음을 상상하고 코끝을 묵관默觀하며 들고나는 숨을 상상한다. 매번 숨을 쉴 때 소리 없이 염불하고 방편으로 조식법을 하되, 빠르지도 느리지도 않고 마음과 호흡이 서로 의지한다. 그 들고 나는 것, 행주좌와하면서 모두 염불을 하는 것이 가능하다. 간단間斷이 없도록 하고, 항상 스스로 내밀하게 지키며, 깊이 선정에 들어가라. 염을 쉬게 되면 두 가지를 잊게 되니, 이 몸과 마음은 허공 등과 같아서 오래도록 순숙하면 심안이 열리어 통하게 되고 삼매가 홀연히 현전하니 이것이 유심정토이다.[19)]

인용문에서 말하는 '조식調息'은 호흡의 수를 세는 방법을 통해 선정에 들어 관하는 수식관數息觀의 보조수단이 되는 것으로 보인다. 좌선할 때 자신의 몸이 둥근 빛 안에 있음을 상상하고 들숨과 날숨을 관觀하는 것을 통해 선정에 드는 염불은 관상염불觀想念佛에 속한다. 현공치조는 염불수행에 조식법調息法을 보조수단으로 하는 수식관, 선을 적용하는 유심정토唯心淨土를 명확하게 표명하고 있다. 신도 수십 인과 함께 했던 결사에서 이러한 관상염불을 실천하는 사례는 거의 드물다고 할 수 있다. 이는 그와 함께 결사에 참가했던 신도 수가 다른 만일염불결사들에 비해 현격하게 적은 '수십 인'이었던 것의 직접적인 원인이 되었을 거라 생각된다. 현공치조의 결사에 관한 자세한 기록이 없어서 정확하게 얘기하기는 힘들지만 칭명염불이나, 정기적으로 집회에 참가만 하거나, 멀리 사는 이에게 보시를 받고 구성

19) 『淸珠集』, 「心息相依」(ABC, H0286 v11, p.750a10~a17)

원 명부에 이름을 올려주는 '원결遠結'의 방식을 채택했던 결사는 아니었을 것 같다. 이는 결사지도자의 수행관에 따라 다양한 방식으로 운영되었던 당시 만일염불결사의 한 단면을 보여주는 실례라 하겠다. 19세기의 일반적인 염불결사의 신앙활동은 오로지 염불수행만이 전부가 아니라 참선과 교학도 병행했다. 만일회나 염불계, 만일염불결사의 경우처럼 결사의 명칭에 염불을 내세우게 되면 수행방법에서 염불에 가장 큰 비중을 두는 경향을 보이지만, 유점사의 만일회 등에서는 『능엄경楞嚴經』과 『법화경法華經』 등을 강독하였고, 또 참선도 중요한 수행의 과정으로 규정하고 있었다. 19세기 후반에 해남 대흥사에서도 만일염불결사가 유행했던 당시의 시대적 조류에 맞추어 염불과 참선, 경학, 의식儀式 등 다양한 수행법에 근거한 결사인 무량회가 결성되었다. 대둔사의 무량회는 심훈회암(心訓懷庵, 1808~1887)이 설허지연(雪虛智演, 1728~1812), 월여범인(月如梵寅, 1824~?)과 함께 1887년(고종 24) 이전에 결성한 것으로 되어 있다. 이 무량회는 회암의 입적 이후 단절되었다가 1891년(고종 28) 가을 설허의 제자 청봉세영(淸峯世英, 1855~?)에 의해 다시 복구되었다. 무량회의 화주貨主를 모집하기 위해 범해梵海 각안覺岸(1820~1896)이 작성한 「무량회중수모연소無量會重修募緣疏」에서는 이 무량회가 '무량수불의 선을 염불하는 모임'임을 밝히고 있다.

관음과 세지 두 보살은 아미타불을 보필하는 법신法臣이다. 세지보살은 염불로써 사람을 이끌고, 관음은 참선으로써 중생을 가르치니 염불과 참선은 내칠 것이 없다. 지금 사람들은 참선을 높이 보고, 염불은 낮춰 보는데 이 둘을 제대로 보지 못하는 것이다. 지금 이 남암南庵의 무량회는 무량수불의 선을 염불하는 모임이다. 객전客殿이 너무 좁아 동방의 스님들을 모두 수용하기 어렵고, 공양을 드리기도 어려워 주지스님의 향적반香積飯을 빌리고자 하였다.[20]

인용문에 따르면 대흥사의 무량회에서는 염불과 참선을 동등한 수행으로 보고 있으며, 대세지보살의 염불과 관음보살의 참선이 중생에 하는 역할이 상보적인 것이라 서로 충돌하지 않는다는 주장을 펼치고 있다. '무량수불의 선禪'이라는 교의적으로 정립되지 않는 표현 역시 정토왕생이라는 궁극적 목표 하에 염불과 참선의 두 수행론을 양립시키려는 의지의 소산으로 생각된다. 이처럼 염불과 선을 화해시키고 싶어 하는 무량회의 수행관은 19세기 대흥사의 주요 승려들이 삼문수학론의 주창자인 청허휴정의 법맥에 속했던 데에도 한 원인이 있으리라 생각된다.

한편 청봉세영이 무량회에서 실천했던 사분염불법은 사분정근법四分精勤法이라고도 부르는 수행법으로서 오늘날에도 염불정형을 이루고 있는 것이다. 대흥사와 지리적으로 아주 가까운 지역에 있으며, 무량회와 비슷한 시기에 조직된 것으로 보이는 해남 달마산 미황사美黃寺의 만일염불결사(1858년)에서도 이 사분정근법을 채택하고 있는 것을 볼 수 있다. 미황사의 염불결사는 영허의현(靈虛義玄, 1816~1874)에 의해 1858년에 시작된다. 『범해선사문집』의 「미황영허화행설美黃靈虛化行說」에 의하면 미황사의 염불결사인 만일회는 무오년에 미타전에

20) 「無量會重修募緣疏」, 『草衣詩稿 外』, 서울: 東國大譯經院, 1998, pp. 699~700.

서 시작되었으며, 매일 사분四分을 정하여 고성염불高聲念佛을 실천했다고 한다. 미황사 만일회는 초의의순草衣意恂(1786~1866)이 주선主禪으로 참석했던 것으로 미루어 볼 때 단지 염불수행만이 아닌 삼문수학을 실천했으리라는 점을 짐작할 수 있다. 초의가 쓴 「미황사만일회기美黃寺萬日會記」에 보면 참선과 염불, 교학을 겸수했던 수행관이 명확히 드러난다.

> …… 영허장로 현공은 일찍이 이것을 아신 분이다. 달마산 극락원에서 만일회를 여니, 멀리서는 광려匡廬에게서 규범을 따랐고 가까이는 영명永明에게서 법칙을 취해 염불念佛과 송경誦經으로 청정한 과업을 삼았다. 아미타의 성호聖號를 외우니 연꽃 모태가 안양安養에서 싹트고, 실상의 오묘한 법을 외우니 업장이 염부에서 녹아내려 안으로 지관止觀의 밝은 지혜를 비추었다.[21]

인용문에서 보듯이 미황사의 만일회는 광려匡廬, 즉 여산 혜원의 백련결사와 영명연수의 선정쌍수적 수행관을 계승한 결사임을 짐작할 수 있다. 만일회에서 주로 실천했던 것은 염불과 송경誦經이며, 아미타불의 명호를 외는 칭명염불을 통해 정토왕생을 지향하되, 그 과정에서 실상實相의 오묘한 법, 즉 교학을 함께하고, 안으로 지관止觀의 지혜를 밝히는 선禪·교敎·정淨 삼문겸수三門兼修적 수행관을 기본으로 하고 있었던 것이다. 염불과 선의 화해 내지 염불과 선의 전략

21) 『艸衣詩藁』, 「美黃寺萬日會記」 卷之下(ABC, H0249 v10, p.863c15~p.864a13)

적 공존현상은 경허성우(鏡虛惺牛, 1846~1912)의 참선결사에서도 나타난다. 경허성우는 1899년 11월 1일에 해인사에서 수선결사를 조직하면서 「결동수정혜동생도솔동성불과계사문結同修定慧兜率同生佛果契社文」을 작성했다. 그는 이 결사문에서 선정과 지혜를 닦아 도솔천에 함께 왕생할 것과 세세생생 도반이 되어 함께 성불하자는 서원을 세우고 있다.[22] 특히 해인사의 동수정혜결사에서 눈여겨 볼 부분은 결사의 규례에서 미륵신앙과 관련한 여러 대목들이다. 규례에서는 참선결사임에도 불구하고 미륵정토신앙과 관련한 규약들이 상당 부분 눈에 띄고 있다. 19세기 말의 한국 선문禪門의 주축이었던 그가 결사結社의 실천규약에 미륵신앙을 적극적으로 끌어들이고 있다. 경허는 이 결사가 '동수정혜同修定慧'를 첫 번째로 내세우는 선禪 결사結社임에도 불구하고 미륵정토사상을 받아들이는 이유에 대해 현장법사의 견해를 빌어 변증하고 있다.[23] 그가 미타정토 대신에 미륵정토를 수용한 것은 범부인 수행자들의 근기를 고려한 까닭이라는 것이다. 도솔천은 욕계의 제4천에 들어 있어 인간의 소리와 기운이 서로 맞아 수행하기 쉽지만 미타정토는 하품 중생이 도달하기에는 너무 요원하기 때문에 성불의 대상이 제한된다고 보는 것이다. 따라서 경허는 도솔천 상생이 좀 더 현실적으로 민간신도 구성원들의 동기를 자극할 수 있기 때문에 결사의 수행의 목표로 더 적합하다고 생각했던 것으로 보인다. 해인사에서 결성한 결사문 안에서 "목우자(牧牛子; 보조지눌)"를 직접적으로 거론하고 있다는 점에서도 확인할 수 있듯이, 경허의 참

22) 『鏡虛集』, 「結同修定慧同生兜率同成佛果稧社文」(ABC, H0283 v11, p.603b20~c08)
23) 『鏡虛集』, 「結同修定慧兜率同生佛果契社文」(ABC, H0283 v11, p.604a04~a11)

선결사는 사상적으로 보조지눌의 정혜결사를 계승하고 있다. 그러나 둘 다 한국 선불교의 역사에서 거봉巨峯이 되었던 선사였으며, 두 결사 모두 간화선 중심의 결사임에는 분명하지만 엄밀히 보면 분명한 차이점이 존재한다. 보조는 교단 내부의 교·선 갈등을 지양하기 위해 노력했지만 경허는 퇴락해가는 한국 선불교를 되살리기 위해 더 고심했다고 볼 수 있다. 보조지눌의 정혜결사에서는 선법당에서 제석천을 모시는 의식을 수용함으로써 민간신도들이 결사에 참여할 수 있는 길을 열어놓았고, 경허의 결사에서는 선이 태생적으로 갖고 있는 대중성에서의 한계를 극복하기 위해 미륵정토신앙의 실천을 적극적으로 수용하고 있었던 것이다.

5. 기일염불과 고성염불: 한국불교의 선택과 선사들의 변증

5-1. 수량염불이 아닌 기일염불에의 선택

이 장에서는 한국염불결사 수행법의 중요한 특징 중의 하나로 꼽히는 기일염불期日念佛과 고성염불을 둘러싼 결사 지도자들의 사상적 배경에 대해 고찰해보고자 한다. 불교결사에서 선택하게 되는 수행법은 당시의 시대적 조류나 결사지도자의 개인적인 수행관, 결사 회원들의 수준에 따른 고려, 사원의 운영과 결사의 지속성까지 감안해야 하는 사정 등 여러 가지 요인이 중층적으로 작용할 수 있다. 한국의 염불결사들이 수량염불보다는 기일염불과 고성염불을 선택했던 데에도 마찬가지로 이러한 요인들이 작용했으리라 생각된다. 염불결사와 관련된 승려들의 글에서 천일 혹은 만일 동안의 기일염불을 실천했던 배경이 되는 사상적 단초 혹은 현실적 전략들을 읽어보기로 하겠다. 다음의 인용문은 19~20세기에 활동했던 해담치익(海曇致益, 1862~1942)이 쓴 『증곡집曾谷集』「권념문증성인수좌勸念文贈性仁首座」이다.

> 『선감禪鑑』에 이르기를, 염불이라는 것은 입으로 읊는 것을 송誦이라 하고, 마음에 있는 것을 염念이라 한다. 헛되이 송하고 염을 하지 않으면 도에 보탬이 없다. 이로 미루어 말하자면 염불은 일심에 있지 많이 외는 것에 있지 않다. …… 『화엄경』에 이르기를 일체유심조이니, 그것을 고하면 그것이 나타나는 것이라고 했는데, 무엇이 마음을 버리고 나타나겠는가. 무엇이 마음을 버리고 만들어지겠는가. 이로 말미암아 팔만대장경 천칠백 공안 내지 일체 경론이 모두 심心의 한 글자 법문에서 나온 것이 아니리오. 그러므로 성불하고, 조사가 되고, 염불하여 왕생하는 것이 모두 많이 외는 것에 있는 것이 아니라 단지 일심인 것이다. 따라서 육조대사가 말하기를 항상 아미타불을 염해도 생사를 면치 못하지만 나의 본래 마음을 지킬 수 있으면 피안에 이르게 된다. 그러므로 성인수좌는 이 말을 절실하게 믿고, 항상 마음을 지켜서 헛되이 송하여 마음을 잃지 않도록 하라.[24)]

인용문에서는 염불을 실천할 때, 그 수량의 다과에만 마음을 쓰

24) 『曾谷集』卷下, 「勸念文贈性仁首座」(ABC, H0316 v12, p.802b02~b18)

는 것을 경계하고, 일심一心을 유지하는 염불을 강조하는 경향이 강하게 나타난다. 이 글은 수좌首座, 즉 선 수행승인 성인性仁에게 주는 것으로 '일체유심조一切唯心造'와 '일심一心'의 사상을 염불의 '염念'에 대입시키고 있다. 중요한 것은 "염불은 일심에 있지, 많이 외는 것에 있지 않다"고 선언하고 있는 부분이다. 이 구절은 콩알이나 염주알로 염불의 횟수를 세어가며 수행하거나, 매일 입속으로 수만 염씩 염불을 일과로 하는 수량염불에 대해 부정적인 시각을 보여준다. 인용문의 『선감禪鑑』은 청허휴정淸虛休靜(1520~1604)이 저술하여 선조 12년(1579)에 간행했던 『선가귀감禪家龜鑑』을 말하며, 조선 중기 이후 한국 불교계에 막대한 영향을 준 책이다. 따라서 한국불교 안에서의 청허유정의 사상사적 위치나, 『선가귀감』이 불교 학인들에게 미친 영향력을 고려해보면 이러한 시각이 조선시대의 염불결사에서 수량염불이 중시되지 않았던 원인 중의 하나가 아닐까 생각해 볼 수 있을 것이다. 그렇다면 기일염불은 일심을 지키는 수행법과 어떠한 직접적인 연관성이 있는가하는 질문도 주어질 수 있지 않을까? 여기에 대해서는 만일萬日 혹은 천일千日이라는 기일을 약정한 배경에는 염불결사의 지속성을 염두에 둔 결사 지도자들의 전략적 선택이 중요하게 작용했을 것이라는 추정도 가능할 것이다. 계산해보면 만일萬日은 27년 5개월 정도 되는 시간이며, 그 시대의 기준으로 한 개인이 결혼하고 아이를 낳아 길러서 세대를 꾸릴 수 있는 기간이기도 하다. 만약 부친이 청년 시기에 결사에 입회하여 만일 염불수행을 마치게 되면 그의 자손이 다시 이를 계승하여 결사에 입회할 수 있는 연령이 된다. 만일염불결사는 이러한 생애주기를 감안하여 설정된 '세세생생의 구원을 위한 기약'일 수도 있을 것이다. 이러한 전략적인 이유 외에도 승려들이 '일만일'이라는 기일을 정해서 염불수행을 해야 할 것을 주장하는 사상적 배경도 당연히 있으리라 생각된다. 아래 인용문은 연담유일蓮潭有一(1720~1799)이 염불하는 학인들에게 수행의 방향을 제시하기 위해 쓴 글인 『연담대사림하록蓮潭大師林下錄』「시념불인示念佛人」이다.

옛 스승들이 사람에게 염불을 권한 것은 마음속에 염하는 것을 입으로 이름을 불러 그 마음에 잊지 않는 것을 말하며 곧 구송口誦으로 심념을 돕는 정인이다. 지금의 염불하는 이들은 모두 구송일 따름이다. …… 참선하는 이는 다만 화두를 굳게 지닐 뿐 한 오라기의 잡념도 없으니 마음이 마치 장벽과 같아 한 순간에 홀연히 뚫게 된다. 염불하는 이는 입과 마음에 오직 미타이니 한 오라기의 잡된 생각이 없어서 또한 마음이 장벽과 같다. 이처럼 30년, 20년 흐르도록 이렇지 않은 적이 하루도, 한 시간도 없기 때문에 홀연히 한 순간에 자심정토 자성미타가 밝게 현전한다. 마지막 찰나에 서방의 여러 불보살이 금수레를 타고 맞이하러 오니 이는 당연한 것이라, 어찌 좋지 않겠는가? 바라건대, 모든 염불인과 선객은 마땅히 구칭염불할 때에 잡념이 분분히 일어나면 힘써 싸워 없애고 잡념을 정념淨念으로 돌이키라. 처음에는 잡된 것과 청정한 것이 서로 다투지만 오랫동안 잘 익히면 잡념이 줄어들고 정념이 늘어나서 순정무잡純淨無雜에 이르게 되니 힘쓰고 힘쓰라![25]

25) 『蓮潭大師林下錄』 卷之四, 「示念佛人」(ABC, H0224 v10, pp.276c20~277a20)

연담유일은 화엄학 강백으로서, 만일염불결사인 미황사 연지만일회蓮池萬日會에 참여하고, 「연지만일회서」를 쓰기도 했던 조선 말기의 고승이다. 연담유일은 입과 마음에 오직 아미타불이 있기 때문에 마음이 순정무잡하게 되는 염불과, 화두를 지키는 참선의 양자 모두 마음상태가 장벽과 같다고 보고 있다. 다만 참선은 어느 한 순간에 홀연히 무지를 깨치는 반면에, 염불은 20년, 30년이 흐르도록 아미타불을 마음에 두지 않은 적이 없기 때문에 마지막 찰나에 자심정토 자성미타가 현전하게 되리라는 것이다. 만일염불결사에 입회하게 되는 민간신도들은 30세 이상의 성인일 가능성이 크다. 결국 인용문에서 제기하는 '20~30년 흐르도록 한결같은 염불'은 염불수행을 하는 학인들에게 남은 평생 동안 입과 마음으로 염불한다면 임종의 순간에 정토왕생하게 되리라는 만일결사 염불의 제언인 것이다. 아래 허주덕진虛舟德眞(1806~1888)이 편찬한 『정토감주淨土紺珠』의 「육약복보지남六藥福報指南」이다.

> 염불은 단지 일심불란一心不亂에 있는 것이니 또 다른 방법은 없다. 비유를 하자면 약으로 병을 다스리는데, 병자가 단지 눈으로만 약을 보고, 손으로 약을 집거나 혹은 가까운 이가 코로 약 냄새를 맡고, 멀리 있는 자가 그릇에 약을 담아 물에 담가서 불로 끓이면서 모두 내게 약으로 병을 치료하라 하면 이 병을 어떻게 다스릴 것인가. 병이 깊어 낫지 않으면 또 이 약을 신통하지 않다 말하고 다시 다른 방서를 고르니 진실로 애통하고 가련하다. 하지만 타인도 대신 약을 먹어줄 수는 없으니 또한 그것을 어찌하겠는가. 또한 수만 번의 수량염불을 다하고자 하는 것은 단지 약을 사려할 뿐

절대 복용하지는 않는 것이니 이 약이 언덕처럼 쌓여도 병이 나을 수 있겠는가. 입으로 약을 먹는 것은 마음으로 염불하는 것이니 액은 반드시 방울방울 입에서 불佛에게 들어간다. 반드시 소리소리 자심自心에서 나와야 이것이 진정한 처방이다.[26]

허주덕진은 당대의 선지식으로 불리던 선사였기 때문에 역시 염불에 있어서도 일심불란을 강조하며, 염불 수량에만 집중하는 것을 경계하고 있다. 염불수행을 통해 왕생하는 것을 약을 먹어 병을 치료하는 것에 빗대어 수만 번의 수량염불을 채우고자 애쓰는 것은 단지 약을 사는 것일 뿐 자심염불이라야 진정한 처방이 될 것이라고 주장한다. 허주덕진 역시 염불의 수에 집착하게 됨으로써 수량염불이 정작 일심불란의 수행이 되지 못할 가능성에 대해 우려하고 있는 것으로 보인다. 결국 이러한 시각들이 모여 수량염불 대신에 기일염불의 방식을 선택했던 한국불교 염불결사의 한 정체성을 이루게 된 것으로 생각된다.

5-2. 만일결사의 고성염불과 선사들의 변증

19세기 한국불교계에서 유행했던 만일염불회의 가장 대표적인 사례가 바로 고성 건봉사 만일회이다. 이 시기에 건봉사의 만일염불회는 모두 네 차례에 걸쳐 결성되었는데, 첫 번째가 순조 2년(1802) 용허聳虛화상에 의해 주도되었고, 두 번째는 철종 2년(1851)에 벽오유총碧

26) 『淨土紺珠』, 「六藥福報指南」(ABC, H0288 v0, p.848~b03)

梧侑聽에 의해, 세 번째는 고종 18년(1881)에 만화관준萬化寬俊이, 그리고 이어서 금암의중錦岩宜重이 네 번째로 주도했다. 건봉사의 1차 만일회가 끝나고, 2차가 시작되던 전후에 다른 사찰에서도 만일염불회를 결성했던 것을 볼 수 있다. 금강산 신계사神溪寺에서 원유취봉爰有鷲峯이 보광전을 건립한 후 미타염불회(1879)를 시작하였고, 달마산 미황사美黃寺에서는 영허의현靈虛義玄(1816~1874)이 미황사 만일회(1858)를 결성했다. 금강산 유점사楡岾寺에서도 대운성기大雲性起가 주도하여 만일염불회(1862), 표충사表忠寺 만일루萬日樓에서 만일회(1860), 운문사 만일회(1861), 범어사 내원암 만일회(1875), 해인사海印寺 원당암願堂庵 염불만일회, 은해사 만일회(1891), 옥천사玉泉寺 청연암靑蓮庵 만일계(1895), 옥천사玉泉寺 대승사 쌍련암 만일회(1899)가 결성되었다.[27] 기존의 연구 성과를 통해 보면, 조선시대 염불결사의 결성은 18세기까지 22건, 19세기 24건이며, 그 중 기록상으로 확실하게 만일을 기약하는 만일회는 17건이다.[28] 전체적으로 보면 19세기의 만일회는 염불계念佛契의 한 형식이었으며, 18세기에 4건이 결성되었던 염불계가 신앙적 성격이 강한 수행결사였던 반면에 19세기의 만일회는 총 22건으로 염불수행뿐만 아니라, 사원을 후원하는 경제적 목적까지 확장되었음을 볼 수 있다.[29] 만일염불회의 결성은 먼저 주도적으로 나선 지도자 승려가 함께할 동료 승려들과 뜻을 함께하는 신도들로 모은 다음에

27) 이밖에도 20세기 초에 이르기까지 각지 사찰에서 만일회 결성이 이루어졌으며, 심지어 현재에도 한국불교계에서는 여러 사원에서 천일결사 혹은 만일염불결사가 진행 중이다.

28) 李鐘壽, 「조선후기 불교의 수행체계 연구」, 동국대학교 박사학위논문, 2010, p. 171.

29) 韓相吉, 『조선후기 불교와 寺刹契』, 서울: 경인문화사, 2006, p.79.

권선장勸善狀(勸善書) 혹은 모연문募緣文으로 불리는 결사동참권유문을 각지에 돌려서 결사에 이름을 올릴 후원회원들을 모집하는 방식이었다. 후원회원으로 입회한 신도들은 시주질施主帙에 이름을 올리되, 대부분 사원에 함께 주거하며 수행을 하지는 않았으며, 특정 기일에 모여 법회를 하거나, 승려가 지도해준 대로 염불수행을 하는 방식으로 결사에 참여했다. 법회에서는 화엄경 등의 대승경전을 강의하거나, 다양한 불사가 행해지기도 했다. 또 하나 중요한 것은 만일염불회 역시 승속연합의 결사형식이었으므로 거의 대부분 참선參禪과 강경講經, 그리고 염불 수행을 위한 공간이 따로 마련되었던 것을 볼 수 있다. 특히 민간신도들에게 적합한 염불을 실천하는 염불당의 경우, 염불결사의 구성원들이 보시한 시주금으로 건축했던 사례들을 많이 볼 수 있다. 아래의 인용문은 범해각안이 쓴 「미황영허화행설美黃靈虛化行說」로서 미황사 만일회를 이끌었던 영허의현과 만일회의 염불수행법에 대해 서술하고 있다.

> 영허는 이름이 의현이다. 무오년에 절의 미타전에서 만일회를 열어 매일 정해진 네 차례에 걸쳐 고성염불을 하는 것을 이끌었다.[30]

인용문에 따르면 미황사의 미타전에서 모여 수행했던 만일회에서는 하루 네 차례에 걸쳐 고성염불을 실천했음을 알 수 있다. 일반적으로 고성염불은 북과 징을 함께 두들기며 큰 소리로 염불을 하는 것을 말한다. 염불할 때 경내에서 나는 소음으로 인해 하루 네 차례나,

30) 『梵海禪師文集』第一, 「美黃靈虛化行說」(ABC, H0259 v10, pp.1081c19~1082a19)

여섯 차례 등으로 시간을 정해서 할 수밖에 없었음을 짐작해 볼 수 있을 것이다. 만일염불결사에서 행해졌던 육시염불六時念佛은 하루를 6등분하여 신조晨朝(새벽)·일중日中(정오)·일몰日沒(해질녘)·인정人定(초저녁)·야반夜半(자정)·계명시鷄鳴時(자정 이후)에 염불을 실천했던 방식이다. 또한 사분염불四分念佛은 아침예불 후 2시간, 아침공양 후 두 시간, 점심공양 후 두 시간, 저녁예불 후 두 시간 등 하루 네 차례에 걸쳐 염불정근念佛精勤을 하는 방식을 말한다. 염불에 대해 논하고 있는 한국불교의 문헌자료들 중에 자연스럽게 사람들이 모여 큰 소리를 낼 수밖에 없는 고성염불을 둘러싸고 선 수행하는 재가신도나 선사禪師들과의 충돌이 있었음을 보여주는 대목들이 있다. 결사의 수행법으로 고성염불을 선택해야했던 승려 지도자들이 이를 비난하거나 폄하하는 시선에 대해 변증을 시도하는 장면들을 여기서 한 번 살펴보기로 하겠다. 아래 인용문은 『통록촬요通錄撮要』에서 발췌한 것이다. 이 『통록촬요』의 편저자는 명확하지 않지만, 1529년(중종 24년)에 전라도 광양 백운산 만수암萬壽庵에서 개판되었으므로, 편집된 것은 그보다 훨씬 이전일 것이다.

묻는다. 『16관경』에 이르기를, 재계하고, 서쪽을 향하여 앉아서 고요히 명상하고, 눈을 뜨거나, 감거나 아미타불을 관상하는 것이 구칭념보다 낫다고 하였는데 그대는 무슨 까닭으로 고성염불을 하여 마음을 관하는 것을 어지럽게 하는가. 『정토섭수경소』에 이르기를 심념은 깊고도 어려운 것이고, 구념은 가볍고 쉬운 것이라 한다. 그 때문에 대집경에서 이르기를 고성염불은 10종의 공덕이 있다고 하였다. 첫째, 졸음을 물리칠 수 있다. 둘째,

천마가 놀라 두려움을 느끼게 된다. 셋째, 염불소리에 시방, 삼도의 고통이 쉬게 된다. 다섯째, 바깥소리가 들어오지 못한다. 여섯째, 염하는 마음이 흩어지지 않는다. 일곱째, 용맹정진할 수 있다. 여덟째, 제불이 기뻐한다. 아홉째, 삼매가 현전하게 된다. 열째, 정토에 왕생하게 된다.[31)]

인용문에서는 질의와 답변의 형식을 빌려 고성염불이 갖는 효용에 대해 설명하고 있다. 질문자는 염불 중에서도 칭명염불보다는 『관무량수경』의 16관법을 적용하는 관상염불觀想念佛을 더 우위에 있다는 견해를 밝히면서 왜 고성염불을 하여 (시끄럽게 해서) 마음을 어지럽히는지 묻는다. 이에 답하는 자는 경전 중에서도 심념心念 즉, 관상염불을 구념보다 더 우위의 것으로 보는 시각이 있지만, 이에 반해 칭명염불의 10가지 효용을 밝히는 경전도 있다고 하면서 하나씩 고성염불의 효과를 열거하고 있다. 그 효과를 정리하자면, 고성으로 인해서 졸음이 사라지게 되고, 외부의 소리가 가려짐으로써 염불에 집중하게 되어 삼매에 도달하게 된다는 것이다. 다음으로 다송자茶松子 금명보정錦溟寶鼎(1861~1930)이 찬술한 『질의록質疑錄』에서는 조선 후기 만일회의 고성염불을 둘러싼 외부의 시선과 그에 대한 변증을 시도하는 승려들의 모습이 더욱 선명하게 드러난다.

어느 객이 교학의 바다에서 와서 어떻게 해야 할지를 모르더라. 노한 눈을 크게 뜨고, 이를 갈면서 사나운 소리로 나서서 말하기를 감히 늙은이에게 묻겠소. 나는 이미 정토일문을 배우고 있는데 말세의 하열한 근기에 접

31) 『通錄撮要』, 附錄二 「龍舒福惠說」(ABC, H0147 v7, p.823b19~c03)

하여 함께 유심정토를 수행하고 고요하게 자성미타를 염하고, 염하여 이르는 무념지처인 정토에 왕생하여 미타를 친견하는 방편문이오, 염은 관하는 것이니, 단지 마음으로 염하여 불타를 관했을 때라야 얻어지는 것이오. 어찌하여 입으로 불타의 이름을 부르고, 손으로 북과 징을 두들기고, 시끄럽게 도량을 울리고, 대중의 마음을 동요시키는 것이오? 이는 불타를 창唱하는 것이지, 본디 염불이 아니고 북을 치면서 노래 부르고 읊는 것과 같은 것이니 또한 정념관불靜念觀佛도 아니오. 이는 실로 의단처疑團處이며, 어느 대에 시작되었는지도 모르겠소. 원컨대 한 마디 해주시어 …… 그대는 이미 교학의 바다에서 혜엄친지가 자못 오래되어 어두워졌구나. 부처님이 설한 경서의 말씀은 여러 사례의 수를 빗대어 업보의 차별을 보여주신다. 경에 이르기를 고성염불에는 10종의 공덕이 있다 …… 크게 같으니 고민하지 말라.[32)]

인용문은 글의 제목 자체가 「고성염불격금타고변설高聲念佛擊金打皷卞說」로 되어 있다. 이 글에서도 마찬가지로 고성염불을 하면서 북과 징을 치며 시끄러운 소음을 내는 것에 대해 비난하자, 문답의 형식을 빌려 설명하면서 고성염불의 10종 공덕을 제시하고 있다. 질문자는 경학을 주로 공부하던 입장에서 유심정토와 자성미타를 수행하는 것이 무념지처無念之處인 정토에 왕생할 수 있는 길이라고 주장한다. 질문자의 입장에서는 염念은 곧 관觀이며, 마음으로 염하여 불타를 관해야만 정토왕생이 얻어질 수 있다는 것이다. 큰소리로 불타의 이름을 부르고, 북과 징을 두드리며 도량을 시끄럽게 하는 것은 염

32) 『質疑錄』, 「高聲念佛擊金打皷卞說」(ABC, H0308 v12, p.376a16~b09)

불이 아니라 영창일 뿐이니, 실로 그 기원도 의문스러운 수행법이라고 비난한다. 이에 대해 답변하는 자는 고성염불에 대해 설하고 있는 여러 경전에 대해 열거하면서 고성염불의 10가지 효용에 대해 설명한다. 이 인용문을 통해 당시에 선 수행자뿐만 아니라, 교학을 공부하는 이들에게도 고성염불 수행법이 수용되기 어려웠다는 것을 짐작해 볼 수 있다. 다음의 인용문에서는 『대집경大集經』의 구절에 나오는 '小念見小佛 大念見大佛'에서 '소념小念'을 '소성염불小聲念佛'로, '대념大念'을 '대성염불大聲念佛'로 해석하고 있다.

> 대집경에 이르기를, 소념은 소불을 보고, 대념은 대불을 본다고 한다. 내가 주석한 바로는 소념이라는 것은 적은 소리로 염불하는 것이고 대념이라는 것은 큰 소리로 염불하는 것이다. 보서에 이르기를 힘주어 아미타불을 염불하면 삼매가 쉽게 이루어지고, 작은 소리로 염불하면 마음이 많이 흐트러진다고 한다. …… 소념과 대념의 설은 보서에서는 여성勵聲, 소성小聲으로 염불하는 것으로 말하고 있다. 대념 여성勵聲이라는 것은 고성염불이다. 소념소성이라는 것은 소리 없이 염불하는 것이다. 이로 말미암아 보건대, 경서 안에서 대념하면 대불을 보고, 소념하면 소불을 본다고 했는데, 어찌 염불소리가 고요하고 시끄러운 것에 의심을 둘 수 있겠는가. 북과 징을 치는 것은 두 가지 설이 있다. 첫째는 경에 이르기를 10가지의 공리 중에 외부의 소리가 들어오지 못한다고 한 것이고, 이미 외부의 소리를 들어오지 못하게 하려면 염불소리를 높여서 외부소리를 막는 것뿐만 아니라, 징과 북을 빌려서 외부소리를 막는 것이니 어찌 아름답지 않다고 하겠는가.[33]

인용문에서는 또한 대념大念 여성勵聲을 고성염불로 해석하고 있으며, 대념을 하면 대불大佛을 하고, 소념小念을 하면 소불小佛을 보게 된다고 해석하고 있다. 금명보정은 회감懷感의 『석정토군의론釋淨土群疑論』에서 이러한 논리를 끌어온 것으로 보인다.[34] 대념, 즉 고성으로 염불을 하게 되면 대불大佛을 보게 된다는 논리로 수행으로 인한 시끄러운 소음을 비난하는 견해에 대해 반격하고 있다. 또한 고성뿐만 아니라 징과 북까지 쳐서 소음을 더하는 것에 대해서는 염불소리를 더 키워서 외부의 소음을 막는 효과가 있으니 좋지 않은가라고 반문한다.

> 그 때문에 진당晋唐 이래로 혜원의 법사가 여산 백련사에 결성되어 이와 같이 표준을 삼았다. 신라, 고려 이후로 발징화상이 건봉사에 만일회를 만들어 또한 이와 같이 표준을 삼아서 북과 징을 쳐서 바깥의 소리를 금하고 고성으로 마음을 관했다. …… 첫째는 외부의 소리를 막는 것의 표상이고, 둘째는 대중의 마음을 경책하는 표상이다 …… 현재의 고성염불회에서 북과 징을 치는 유는 어느 대에 시작되었는지 의심스럽다. 송頌에 이르기를 유심정토는 따로 있는 땅이 아니라고 한다. 자성미타가 어찌 다른 사람에게 있겠는가. 북과 징을 두드리는 염불은 삼업을 갖추고 있다.[35]

33) 『질의록』(ABC, H0308 v12, pp.376b10~377a03)
34) 故大集日藏分經言, 大念見大佛, 小念見小佛. 大念者大聲稱佛也, 小念者小聲稱佛也. 斯卽聖教, 有何惑哉. 現見卽今諸修學者, 唯須勵聲念佛, 三昧易成. 小聲稱佛, 遂多馳散, 此乃學者所知, 非外人之曉矣. 子若不信, 請試學爲, 無得不修但生疑惑矣.(『釋淨土群疑論』, T47. p.76c)
35) 『질의록』(ABC, H0308 v12, pp.376c07~377a03)

위의 인용문에서는 만일회에서 고성염불을 실천한 연원을 가장 먼저 결사를 시작한 발징화상에까지 소급시키고 있으며, 그 효용을 바깥의 소리를 막는 것뿐만 아니라, 마음을 관하는 관법으로까지 확장시키고 있다. 또한 북과 징을 쳐서 나는 소음으로 대중의 마음을 경책하는 기능도 있음을 주장한다. 삼업三業을 다 갖추고 있다는 것은 관상염불이나 선의 경우에는 단지 의업意業으로 관할 뿐이지만, 고성염불을 하는 과정에서는 신업身業으로 예경하고, 구업口業으로 염불하며, 의업으로 관을 하는 삼업을 다 실천할 수 있다는 주장이다.

결국 칭명을 하지 않고 고요하게 관하는 염불의 경우에는 단지 의업意業을 움직일 뿐, 입으로 외고, 몸으로 예경하고, 마음으로 관하는 고성염불은 신구의身口意 삼업三業을 다 사용하기 때문에 훨씬 낫다는 주장이다. 게다가 고성에 목탁, 북, 징을 동원하니 외부의 소음을 차단하는 효과도 있으며, 그 큰 소음으로 인해 대중의 마음을 경책할 수도 있다는 효용론을 내세우며, 결사의 고성염불을 비난하는 외부의 시선에 대한 반격과 방어를 하고 있는 것이다.

6. 맺는 말

본 논문에서는 대장경에 입장入藏되어 있지 않은 한국불교전서 DB 자료들 중에 염불결사의 수행법에 영향을 준 한국 승려들의 시각과 고민이 담긴 기록들을 찾아 집중적으로 고찰했다. 동아시아의 불교결사 대부분이 그렇듯이 한국의 염불결사 역시 거의 승려와 민간신도들이 함께 하는 승속연합의 형태로 결성된다. 이처럼 승속연합의 형태로 전문수행자인 승려와 후원자그룹인 민간신도들이 함께하는 한국의 염불결사에서는 몇 가지 특성이 나타난다. 첫째, 결사의 구성원인 민간신도들의 후원으로 진행하는 불사佛事들이 불교문화의 한 축을 이루게 된다는 것이다. 둘째, 승속이 함께하는 결사의 특성으로 인해 기존 수행법들을 민간신도 구성원의 수준에 맞게 재구성하거나, 의식儀式을 수행의 차원으로 재해석하는 사례들도 많았다. 셋째, 한국 염불결사의 중요한 특징으로 기일염불과 고성염불을 들 수 있는데, 염불의 횟수를 중시하는 수량염불보다는 천일이나, 만일 등으로 기일을 정하여 염불을 실천했던 것을 볼 수 있다. 또한 만일회에서 북과 징, 목탁까지 함께 치는 고성염불을 실천했던 것에 대한 논쟁의 흔적들도 눈에 띈다. 넷째, 조선 후기에는 삼문수학의 영향으로 선과 간경, 염불이 공존하는 경향을 보인다는 것이다. 조선시대 승려들의 문집에서 보면 유심정토와 자심미타, 관상염불 등에 관한 논의들이 등장하지만 정작 민간신도들이 함께하는 결사에서는 칭명염불이 주요 수행법이 되는 것을 볼 수 있다. 하지만 민간신도가 아닌 승려나 엘리트 재가신도 구성원의 경우에는 참선과 경학을 주요 수행으로 실천하는 경우도 많았기 때문에 전체적인 조선후기 결사의 수행법은 참선과 간경, 염불이나 의식 등이 공존했다고 말 할 수 있을 것이다.

정리해보면, 포교의 한 방법이든, 사원의 운영과 불사에 도움을 받기 위한 것이든 한국불교의 염불결사에는 승려와 민간신도 구성원들을 함께 수용하는 것이 일반적이었다. 하지만 문제는 민간신도들이 실천할 수 있는 수행법의 범주가 승려들과는 다르다는 데에 있었고,

결사 지도자 승려들은 염불, 참법, 의식, 경전신앙 등 훨씬 다양한 형태로 대안을 모색해야 했으며, 그 결과로 한국불교문화에는 여러 가지 변용의 현상들이 나타나게 되었다. 결국 민간신도들에 대한 포교의 차원이든 혹은 사원의 생존을 위한 자구책이었든 간에 이들 염불결사의 활동이 한국의 불교문화를 훨씬 풍성하게 하는 역할을 해왔다고 볼 수 있을 것이다.

제 4 장

불교와 민간신앙의 결합

이신異神의 계보
-경계를 넘는 신들과 일본불교의 위상-

하라 가쓰아키(原 克昭)

1. 시작하며-본고의 관점과 문제의식의 소재

본 대회의 테마인 '불교와 전통사상'을 고찰하는 하나의 시각으로서, 일본 중세(인세이 시기院政期~가마쿠라 · 무로마치 시기: 11~17세기 전반)에서의 '신神과 불佛(신도神道와 불교)'의 문제에 대해 고찰해 보고자 한다. '신도' '신화'라는 개념에 대해서는 적잖이 근대적인 손때가 묻은 인상이 들지도 모른다. 하지만, 본고에서 연구대상으로 삼는 중세시기에 '신도' '신화'는 반드시 '불교'와 대치하며 흘립屹立 · 길항拮抗하는 전통적인 종교 시스템이 아니었다. 중세에서의 '신도神道'는 '불교'와의 관계성에서 사상적인 자기장을 낳고, '불교'의 언설을 통하여 '신도'나 '신화神話'가 재건축되어 온 것이다.

먼저, 전제로서 연구 현황을 정리하면서 '중세일본기中世日本紀'라는 관점 및 '신불습합神佛習合'을 둘러싼 문제의 소재를 제시해 두고자 한다.

(1) '중세일본기中世日本紀' 연구의 관점

'일본신화'라는 말을 들으면, 먼저 『고사기古事記』 『일본서기日本書紀』 신대권神代巻(이른바 '기기신화記紀神話')으로 대표되는, 팔백만신八百萬神이 등장하는 '고대신화'가 떠오를 것이다. 그러나 이와 같은 '신화' 인식은 예전부터 기기記紀에 묘사된 신화세계를 근대적인 합리주의 아래 '고대신화'로서 일체화하여 재창조하고 정착화 시킨 근대의 사상적 산물이다. 또한, 고대부터 중세·근세 그리고 근대화에 이르기까지 줄곧 '기기신화'가 정통시되어 온 것도 아니다. 오히려, '신화'는 각각의 시대별 사조思潮를 능숙하게 투영시키면서 존재해 온 것이다.

특히 중세는 '신화'의 수용과 재해석이 활발한 시대였다. 기기記紀의 저술로부터 일탈하여 다양하게 해석이 이루어지는 과정에서, 그 모티브에 개편이 이루어져 신들의 의장意匠까지도 변모해 간다. 이것은 일련의 중세 신도문헌을 시작으로, 기기에 대한 주석문헌, 사찰과 신사의 유래寺社緣起·본지 이야기本地物語·가학서歌學書·설화·창도唱導 등 다양한 문예 방면에서 산발적으로 발견된다. 이 '중세'라는 시대에 집중적으로 나타난 '신화'를 기조로 하는 언설군으로서의 '일본기日本紀'를 총체화하는 연구 개념으로 제창된 것이 '중세일본기中世日本紀'라는 관점과 방법이다.[1] 그리고 '기기신화'에 수렴되지 않는

1) '중세일본기'라는 연구 개념은 伊藤正義, 「中世日本紀の輪郭―太平記におけるト

다양한 해석과 신들의 변모를 촉진시킨 사상적 배경에는 '일본불교'의 영향이 개재하고 있다. 이러한 '중세일본기'연구 관점에서 신들의 위상을 재고해 보는 것으로 일본 중세에서의 '신과 불(신도와 불교)'의 위상을 탐구하는 것이 본고가 입각하고 있는 기본적인 관점이다.

(2) '신불습합'을 둘러싼 연구 현황

일본에서의 신앙 형태의 특질로서 '신불습합'이라는 사상 개념을 들 수 있다. 특정의 사상 신앙권을 불교 · 유교 · 도교 · 크리스트교 · 신도 · 국학國學 등 기존의 종교 개념에 근거하여 분류한 후 사상사를 그려보면 확실히 이해하기 쉽다. 본지(불)本地(佛)-수적(신)垂迹(神)이라는 일대일 대응의 본지수적설本地垂迹說 이해도 그 일환이다. 그러나 여기에도 근현대적인 실증주의의 함정이 숨어 있다. 일본사상사 연구를 이끌고 있는 사토 히로오佐藤弘夫 씨는 다음과 같이 경종을 울린다.[2)]

> 신神과 불佛을 둘러싼 이러한 의론은 일단 모두 백지 상태로 되돌려야 한다. 왜냐하면, 현대 일본인의 상식으로 되어 있는 신불神佛의 구분도 시대

部兼員說をめぐって」(文學40-10, 1972)에서 제창되었고, 중세사상사와 문학연구가 상승적相乘的으로 연동한 형태로 진전하였다. '중세일본기' 연구사와 연구 현황에 대해서는 졸저「中世日本紀論考—註釋の思想史」, 法藏館, 2012 참조.

2) 佐藤弘夫, 「'神'と'佛'の重層性?」(苅部直 · 片岡龍編, 『日本思想史ハンドブック』에 수록, 新書館, 2008), 중국어판 『日本思想史入門』, 北京外語教學與研究出版社, 2013에 의거한다. 일본종교문화사학회 심포지움 「日本宗教の多面的 · 多角的解明に向けて—課題と展望」, 『日本宗教文化史研究』 11-1, 2007에서의 同氏의 「佛教史の立場から」, 「中世における神觀念の變容」(伊藤聰編, 『中世神話と神祇 · 神道世界』에 수록, 竹林舍, 2011)도 대략 같은 취지이다.

> 를 거슬러 올라가면 전혀 통용되지 않기 때문이다. …… 불교 전래 이전의 신, 고대의 신, 중세의 신이 각각 전혀 다르다는 것을 재인식할 필요가 있다. 그것을 모두 '신'이나 '신도'라는 말로 표현하기 때문에 오해가 생기게 되는 것이다. …… 그러한 한계를 자각해야만 한발 앞으로 나아갈 수 있다. 그것은 좁은 의미의 '신'과 '불'을 사상사 · 문화사의 관점에서 객관적으로 위치시키기 위한 좌표축의 탐구이다. 다양한 신들이 혼재하는 종교 세계를 종합적으로 파악하는 관점과 그것을 일본을 넘어선 보다 넓은 환경에서 해독하려고 하는 새로운 방법의 모색이다.

더욱이 최신 연구에서는 '신불습합' '본지수적'의 사고 방법이 대륙으로부터 전래한 사상이라고 하는 학설이 제기되고 있고, 넓게 동아시아 전체에서 '신불습합'에 대해 재고하는 차원으로까지 전개되고 있다.[3] 단순한 일대일 대응으로 파악하는 기존의 '신불습합' '본지수적' 시점으로 신불관계는 완전히 이해할 수 없다. 특히 중세라는 시대층에서는 '기기신화記紀神話'에 등장하지 않고, 또한 본지수적의 관계에서 정립되는 재지신在地神과도 다른 신들-'이신異神'[4]들이 표출되기 때문이다. 그렇다고 해도 그러한 '이신' 또한 '신화'와도 '불교'와도 관련이 없다고 할 수 없는 존재였다.

3) 吉田一彦, 「日本における神佛習合思想の受容と展開—神佛習合外來說(序說)」, 『佛教史學硏究』47-2, 2005; 同 「垂迹思想の受容と展開—本地垂迹說の成立過程」(速水侑編, 『日本社会における佛と神』 수록, 吉川弘文館, 2006); 北條勝貴, 「東晉期中國江南における〈神佛習合〉言說の成立-日中事例比較の前提として」(根本誠二 · 宮城洋一郎編, 『奈良佛教の地方的展開』에 수록, 岩田書院, 2002) 등.

4) '이신'에 관해서는 山本ひろ子, 『異神-中世日本の秘教的世界』(平凡社, 1998)가 날카롭고 중후한 연구이다. 이 책에서는 '이신'을 '신화의 신도 불보살도 아닌, 새로운 제삼의 존격尊格'으로 정의한다.

본고는 '신불습합' '본지수적'을 재고하는 하나의 좌표로서 '중세 일본기中世日本紀' 연구 관점에서 '이신'의 계보를 둘러싼 구체상과 사상 환경을 재고해 보려는 시도이다.

2. '중세일본기中世日本紀'의 언설로부터-'이신異神' 인식의 단서로서

『일본서기日本書紀』(720年) 「신대상神代上」(第八段 · 一書第四)에는 몹시 거칠고 난폭한 신荒ぶる神인 '스사노오素戔嗚尊'의 추방 장면에서 다음과 같은 신화가 기술되어 있다.[5]

> 어떤 책에 이르기를, 스사노오의 소행은 무례하기 짝이 없다. 그래서 여러 신들은 지쿠라노오키도千座置戸의 벌을 내리고 쫓아냈다. 이때 스사노오는 아들인 이타케루노카미五十猛神를 데리고 신라국에 이르러 소시모리曾尸茂梨라는 곳에 머물렀다. 그리고 "이 땅에 거처할 생각은 없다"고 말하고, 흙으로 배를 만들어 타고 동쪽으로 건너가 이윽고 이즈모노쿠니出雲國의 히노가와카미簸川上에 있는 도리가미노타케鳥上之峯에 이르렀다.

이 구절은, 근대 일본의 제국주의 사상 아래 '소시모리曾尸茂梨의 장소'와 같은 곳으로 비정比定되어 일선동조론日鮮同祖論의 사상적 논거로 이용되는 등, 단장취의斷章取義하여 왜곡된 역사 해석이 이루어

5) 日本古典文學大系, 『日本書紀』 上(岩波書店)에 의거한다.

진 경위가 있다. 그런데 원래 중세에서 '신화'인식의 안목은 거기에는 없었다. 때로는 무로마치 중기, 요시다 가네토모吉田兼俱(1435~1511)의 『일본서기』 강의에 참석한 오산선승五山禪僧 · 겟슈 쥬케이月舟壽桂(1470~1533)의 문서본聞書本 『일본서기신대권초日本書紀神代卷抄』(15세기말)에는 해당 저술에 대하여 다음과 같이 해석하고 있다.[6]

어떤 책에 이르기를, 스사노오의 소행은 무례하기 짝이 없다. …… 신라국에 이르러 …… [전교傳敎]대사가 히에이잔比叡山으로 돌아갈 때, 커다란 삼나무에 세 줄기의 빛이 있었다. 그 빛이 가리키는 곳을 확인해 보니, 현재의 히요시日吉의 궁지宮地 부근이었다. 거기서 당나라로 건너간 것이다. 본국으로 무사히 돌아가기를 중국 청룡사靑龍寺의 진수鎭守에게 빌었다. 진수란 금비라신金比羅神의 아버지인 스사노오를 말한다. 또는 마다라신摩多羅神이라고도 한다. 금비라신은 어떤 신인지 묻자, 삼륜금광신三輪金光神이라고 답하였다. 그때, 조금 전의 그 세 줄기 빛은 그 신이라는 것을 깨달았다. 귀국하면 불법을 위해 그 신을 숭배하고자, 그 신이 나타난 땅에 세운 것이 지금의 대궁권현大宮權現이다. 즉, 대궁은 삼륜명신三輪明神인 것이다. 삼국에 전래된 불법을 옹호하는 신이다. …… 홍법대사弘法大師가 당나라로 건너갔을 때 대당大唐에서 청룡사의 진수에게 전법을 빌었다. 그 진수는 스사노오이다. 불법이 동점東漸하면 우리나라에 사당을 세우고 진수鎭守로 삼아야 한다고 하였다. 귀국 후, 가미다이고上醍醐와 시모다이고下醍醐에 청롱淸瀧이라고 하는 사당을 세웠다. 청롱은 청룡靑龍의 두 글자에 수水를 더한 것

6) 吉田叢書第五編, 『兼俱本 · 宣賢本 日本書紀神代卷抄』(續群書類從完成會)에 의거한다. 해당 내용은 다음 세대의 淸原宣賢, 『日本書紀抄』로 계승된다.

이다. 자각대사慈覺大師가 당나라에 건너갔을 때에도, 구법을 위해 청룡사의 진수에게 빌었다. 귀국 후에 세운 것이 니시자카西坂의 적산권현赤山權現이다. 적산은 즉 스사노오이다. 지증대사智證大師가 당나라에서 귀국하는 날, 신라국에 이르렀다. 배 안에 신이 있어서 그에게 묻자, 청룡사의 진수, 즉 스사노오였다고 한다. 미이三井의 신사에서는 신라대명신新羅大明神이라고 한다. ……

'마다라신摩多羅神 · 금비라신金毘羅神 · 청룡권현淸瀧權現 · 적산명신赤山明神 · 신라명신新羅明神' 등의 대륙과 일본의 경계를 넘고 왕래하는 '이신'들과 신불神佛의 관계성이 사대사四大師(사이초最澄 · 구카이空海 · 엔닌圓仁 · 엔친圓珍)에 의한 입당청래入唐請來의 행적과 연결되어 해석된다. 스사노오素戔嗚尊를 둘러싼 '신화'에서 '이신'의 본설本說과 '신불습합'의 논거를 확인하고 있는 것이다.

요시다신도吉田神道의 제창자로 '신도'(唯一神道)의 독자성을 주장한 가네토모兼俱이지만, 그 내실은 다분히 여러 종교(불교 · 유교 · 도교 · 음양도陰陽道)의 교설을 받아들여 집대성한 것이었다. 여기서 개진된 설 또한 가네토모의 독창적인 설 등이 아니고, 당시 이미 유포 · 침투되어 있던 '이신'을 재편성한 '신화'이해라고 할 수 있다.

이하에서는 중세 특유의 '신화'해석을 가능하게 한 사상적 배경을 탐구하는 것으로 '신불습합'에서 '이신'의 존재 의의에 대하여 언설言說과 사상事相이라는 두 측면에서 검증하고자 한다.

3. '이신異神'을 둘러싼 언설과 전개

'이신'의 계보는 대체로 '호법신護法神·도래신渡來神·가람신伽藍神·습합신習合神·민간신民間神' 등으로 정리되고 있다.[7] 하지만 이것들은 시대별로도 전개되고 있고, 명확하게 분류될 수 있는 것이 아니다. 불교가 일본에 침투하는 과정에서 재지신在地神을 거두어들인 고대의 호법선신護法善神 사상과 같이, 경계를 넘어 온 '도래신'도 '호법신' '가람신'으로서의 성격을 모두 갖추고 있다. 예를 들어, 적산명신赤山明神·신라명신新羅明神은 각각 엔닌·엔친이 청하여 가지고 온 '도래신'이고, 천태종의 '호법신'으로서 산문적선선원山門赤山禪院·미이온죠지三井園城寺의 '가람신'이 된다. 양자는 산문山門·사문寺門 두 파의 길항拮抗을 배경으로 한다는 견해도 있지만, 창사創祀는 확실하지 않다. 그러므로 다양한 유래에 대한 전승이 속출하는 한편, 도상에서는 정형화된 상용像容을 지니면서 '산왕만다라山王曼荼羅' '삼십번신三十番神'(【참고 도판】 ①②③④) 등, 각각의 '신불습합'체계 아래 편입되어 간다.[8]

---

7) '이신'의 제상諸相은 伊藤聰·遠藤潤·松尾恒一·森瑞枝編, 『日本史小百科』, 「神道」(東京堂出版, 2002), 伊藤聰, 『神道とは何か—神と佛の日本史』(中公新書, 2012)에 간단하게 정리되어 있다.

8) 注4의 山本 저서 외에, '이신'에 관한 연구는 특히 赤山·新羅兩明神에 관한 연구가 두드러진다. 辻善之助, 「新羅明神考」(『日本佛教史之研究』 1에 수록, 1983, 初出은 1915); 荻野三七彦, 「赤山の神と新羅明神」(『慈覺大師研究』, 早稲田大學出版部, 1964)을 선구 연구로 하여, 松村政雄, 「新羅明神畵像」(『Museum』128, 1961); 渡辺信和, 「'新羅明神發心者悅事'考」(『馬淵和夫博士退官記念 說話文學論集』, 大修館書店, 1981); 佐々木進. 「赤山明神の像容について」(『文化史學』 38, 1982); 斎藤圓眞, 「赤山明神に關する一考察」(『天台學報』26, 1988); 宮井義雄, 「素戔嗚尊と新羅明神」(『日本書紀研究』 18, 塙書房, 1992); 伊東史朗, 「同聚院不動明王像と園城寺新羅明神像—定朝樣成立

다만, 여기서 주목하고 싶은 것은 창사創祠의 역사적 사실이나 유래에 대한 전승이 아니라, 그와 같은 '이신'이 기존의 신앙 형태를 흔들고, 신불 관계나 본지수적설에 자극을 준 존재였다는 측면이다. 본고에서 '이신'을 '신불습합' 재고의 좌표축으로 눈여겨 본 주안도 거기에 있다.

앞에서 언급한 가네토모 설의 요점을 정리하여 나타내면 다음과 같다.

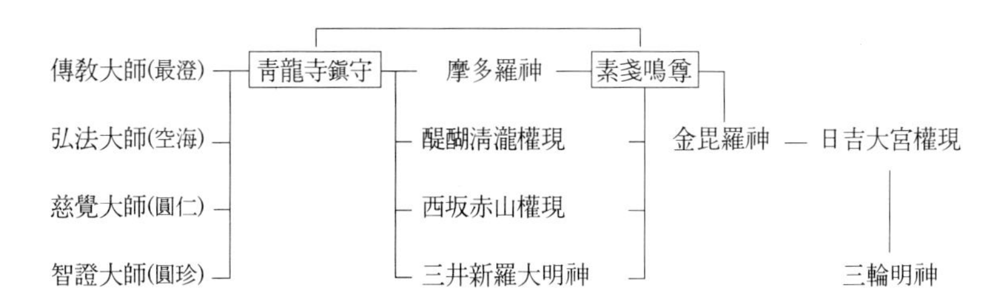

'청룡사진수青龍寺鎭守' = '스사노오素戔嗚尊'라는 대륙과 일본에 걸쳐 있는 본적本迹 관계를 지렛대 삼아, 처음부터 그 유래를 달리 하는

に至る圖像と技法」(『國華』1203, 1996); 山本彩, 「『日吉山王利生記』の赤山明神」(『叙說』23, 1996); 阪口光太郎, 「新羅明神譚の片隅から—『覺基僧都記』余韻」(『文學論藻』72, 1998); 辻本恭子, 「『源平盛衰記』の赤山明神」(『日本文藝研究』49-4, 1998); 田畑千秋・平本留理, 「『古今著聞集』巻2第40話から第49話譯注—'智證大師の歸朝を新羅明神擁護し, 園城寺再興の事'から'一乘院大僧都定昭法驗の事'」(『大分大學教育福祉科學部研究紀要』22-1, 2000); 黒田智, 「新羅明神記」(『東京大學史料編纂所研究紀要』11, 2001); 宮家準, 「新羅明神信仰と役行者像」(『神道宗教』188, 2002); 松田宣史, 「比叡山佛教說話研究—序說」(三弥井書店, 2003); 新藤透, 「『新羅之記録』と新羅明神史料」(『圖書館情報メディア研究』3-1, 2005); 黒田智, 「中世肖像の文化史」(ぺりかん社, 2007); 畑中智子, 「圓仁傳における赤山明神關連記事の變遷」(『遣隋使・遣唐使と住吉津』에 수록, 住吉大社, 2008); 源健一郎, 「源平盛衰記と寺門派修驗—熊野關係記事依據資料の檢討を通じて」(『軍記物語の窓』4, 和泉書院, 2012); 辻本恭子, 「『源平盛衰記』の住吉明神—赤山明神造形に與えた影響について」(同前) 등, 역사・미술・문학 연구에서 진전되고 있지만, 사상 종교 연구는 정체 기미가 보인다.

'이신'이 확산되면서 습합된다. 반대로 말하자면, 이러한 착상은 '도래신 · 호법신 · 가람신'이라는 '이신'의 동질성을 매개하면서 여러 선덕들에 의한 청래請來 전승과 '신화'의 저술이 접전하며 단순한 일대일 대응으로 끝나지 않고 서로 연결되어 있는 '신불습합'체계가 재구축되고 있는 것이다. 이 습합체 중에서, '이신'과 동체시된 '스사노오素戔嗚尊' 또한 '삼국전래불법三國傳來佛法' '불법동점佛法東漸'을 '옹호'하는 '신화'의 '이신'으로서 재인식되는 것이다.

더불어, '이신' 습합 해석에 의해 때와 장소를 초월하여 사대사四大師(사이초 · 구카이 · 엔닌 · 엔친)가 병립되는 것으로, 선덕에게 가탁假託된 신도문헌神道文獻(이른바 僞書)의 사상 환경이 갖춰진다. '유일신도唯一神道'의 독창성을 제창한 가네토모가 가상의 적으로 삼은 대상이 '양부습합신도兩部習合神道(大師流神道)'이다. 중세에는 주요한 신도문헌의 대부분이 불교의 여러 스승들에게 가탁되어 언설로 형성되었다. 그 정점으로서 가네토모는 당시의 사대사四大師에게 가탁된 '양부습합신도'를 규정하고 비판 표적으로 삼은 것이다. 이러한 지향은 자식인 기요하라노 노부카타淸原宣賢(1475~1550)에게 계승되고, 머지않아 양부신도의 대표적인 전적 『여기기麗氣記』를 사대사四大師가 공편共編하고 주석한 '사대사상비결四大師相祕訣'이라는 가탁서까지 구상되기에 이른다.[9]

묻기를, 이러한 습합은 누가 의도한 것인가?

9) 모두 吉田叢書第五編, 「兼俱本 · 宣賢本 日本書紀神代卷抄」(續群書類從完成會)에 의거한다.

답하기를, 전교 · 홍법 · 자각 · 지증의 4명의 대사가 의도한 것이다. 왜냐하면, 그 진언의 깊은 곳에 감추어진 것을 닦아 우리 신도의 밀의密意를 깨닫고, 대일본국의 이름을 얻고, 대비로자나의 실지實地를 깨닫고, 신대神代의 서적에 의거하여 비밀한 석가모니의 뜻[釋義]을 마련하여 각각 대사 한 명 한 명의 신서神書라고 한다. 그 이후로 현밀顯密의 여러 종파에는 신도에 들어가 기술한 주석서가 500권이 넘는다. 그래서 대사류大師流의 신도라고 하는 것이다. 이것도 하나의 설이다.

묻기를, 그 문증文證은 무엇인가?

답하기를, 여러 대사들의 서적은 너무 많으므로 생략한다. 『여기기麗氣記』의 게송에 이르기를, 제불의 깨달음의 금강저, 옛날 보살의 지혜 법신, 보리수 아래의 성도 이후 끊임없는 설법, 이 모든 것이 대일본국에서는 제단에 올라가 있다.(吉田兼俱『唯一神道名法要集』)

또한 『사대사상비결四大師相秘訣』에 이르기를, 우리나라는 대일여래大日如來의 본국이다. 그래서 대일본국이라 칭하는 것이다. 이것은 일천자日天子의 개벽이기도 하다. 즉 일천자는 3부의 대일이다. 부처를 수적垂迹으로 하고, 신을 본지本地로 한다. 바다 속 용녀는 본지이고, 남방에서 부처를 이룬 것[成佛]은 수적이다. '사대사'란 전교 · 홍법 · 지증 · 자각을 말한다. '상비결'이란 『여기기』를 주석한 것이다.(清原宣賢『日本書紀神代卷抄』)

특이한 개성을 지니는 '이신'은 각각 독자적인 신앙권을 획득하는 반면, 기존의 본지수적설 재구축을 촉진하고 '신화' 재해석을 가능하게 하였으며, 나아가서는 '신도' 자립의 맹아가 싹트게 되었다. 이러한 '신불습합'의 언설적 전개를 고찰할 때 간과할 수 없는 '이신'의 존재 의의를 먼저 확인해 보고자 한다.

4. '이신異神'을 둘러싼 의경擬經·의궤儀軌의 창출

다음으로 '이신'의 특질을 사상事相의 측면에서 볼 경우, '이신'의 정통성을 담보하는 소의경전, 이른바 의경擬經(僞經)의 존재가 주목된다. 먼저 '이신'의 분류부터 말하자면, '이신'을 둘러싼 의경의 창출은 유래를 알 수 없는 '습합신'에게는 특이한 현상이다. 일반적으로 '습합신'으로 분류되는 '이신'으로 자오곤겐藏王權現(修驗道系)·산보코진三寶荒神(密教系)·고즈텐노牛頭天王(陰陽道系)를 들 수 있다. 또한 불교 유래의 천중天衆(대흑천大黑天·환희천歡喜天·비사문천毘沙門天·제육천第六天·마리지천摩利支天) 및 스사노오素戔嗚尊를 매개로 고즈텐노牛頭天王와 습합된 태산부군泰山府君(道教系)과 마조媽祖(琉球系) 등의 민간신도 그것과 비슷하다. 앞에서 확인한 '도래신'이 '신불습합'의 체계 아래 본지수적설 재구축을 촉진한 점에 비추어 본다면, '습합'이야말로 '이신'이 일본에 정착하기 위한 필수조건이었다고도 할 수 있다.

그 중에서도 특히 의경·의궤류를 둘러싼 사상적事相的 전개를 이룬 '이신'으로 특필할 만한 것은, 변재천과 습합된 우가신宇賀神(宇賀辨才天)이다. 백사白蛇 형태에 노인의 얼굴을 하고 있는 사신인두蛇身人頭로 여의보주를 상징하는 우가신은 이나리신稻荷神·다키니천荼枳尼天 등의 신불神佛과도 습합되었는데, 특히 변재천과 습합된 '이형異形'의

'이신'으로서 널리 신앙되었다. 예전에는 '기기신화記紀神話'에 나타나는 '우카노미타마宇迦之御魂' '우카노미타마倉稻魂' '우케모치노카미保食神'의 파생으로 간주되고 있었지만, 현재는 부정되고 중세에 새롭게 탄생한 '이신'이라고 하는 견해가 강하다.[10)]

우가신 관계의 의경으로, 『불설최승호국우가야돈득여의보주왕다라니경佛說最勝護國宇賀耶頓得如意寶珠王陀羅尼經』·『불설즉신빈전복덕원만우가신장보살백사시현삼일성취경佛說卽身貧轉福德圓滿宇賀神將菩薩白蛇示現三日成就經』·『불설우가신왕복덕원만다라니경佛說宇賀神王福德圓滿陀羅尼經』·『불설대우가공덕변재천경佛說大宇賀功德辨才天經』·『대변재천녀비밀다라니경大辨才天女秘密陀羅尼經』의 존재가 알려져 있다. 그 중 '변재천 삼부경'으로 일컬어지는 앞의 3부에는 야마모토 히로코山本ひろ子 씨의 자세한 연구가 있다.[11)] 그 특이한 존용尊容에 대해서는 『금광명최승왕경金光明最勝王經』 卷7「대변재천녀품大辨才天女品」에서 "항상 8개의 팔로 스스로 장엄하고 있는데, 각각 활, 화살, 칼, 창, 도끼, 긴 방망이, 철륜과 노끈을 가지고 있다.(常以八臂自莊嚴, 各持弓箭刀稍斧, 長杵鐵輪并羂索)"(T16, p.437下)을 본설本說로 하여, 다음과 같이 형상화된다.

그 형태는 천녀와 같다. 정수리에 보관寶冠을 쓰고 있다. 그 관 안에 백

10) 하지만 '신화' 유래설은 망설도 아니었던 듯하다. 히에산比叡山의 학장·良遍「日本書紀聞書」(1419년)에는 "倉稲魂命文. 宇賀神是也. 此神, 人ニ福德ヲ与ヘ給事, 疵蒙譬ヘノ意, 當段可思合." "保食神文. 五穀等ノ能生也. 意ヲ入テ別ニ可取義云云. 又上ニ倉稲魂ト云ト同也. 則宇賀神也."(神道大系「天台神道(上)」에 의거한다)라고 기록되어 있다. 오히려, 당시 유포되고 있던 우가신 신앙에서 '신화'로 환원된 '중세일본기中世日本紀'적인 내용으로 이해할 수 있을지도 모른다.

11) 注4의 山本 저서.

사가 있다. 그 뱀의 얼굴은 노인의 눈썹처럼 희다. 8개의 팔이 있다. 왼손의 첫째에는 창, 둘째에는 윤보輪寶, 셋째에는 보궁寶弓, 넷째에는 보주寶珠를 지녔으며, 오른손의 첫째에는 검, 둘째에는 봉, 셋째에는 열쇠, 넷째에는 활과 화살을 지녔다. 정수리에 여의보주의 둥근 빛을 얹고 있다.(『佛說最勝護國宇賀耶頓得如意寶珠王陀羅尼經』)

또한, 천태종의 고슈光宗(1276~1350)가 편집한 『계람습엽집渓嵐拾葉集』 卷36「변재천법비결辨才天法秘決」에 "サレハ其垂迹云時, 以白蛇爲体. …… 頂上有老翁形. 是佛果昇出故, 中道佛果法門也. …… 頂上白蛇能除貪欲神文"(T76, p.620中~下)이라고 하며 '이형'들만의 본지수적설을 전개시킨 점 등이 지적되고 있다.

또한, 진언율종 쇼묘지稱名寺에 소장되어 있는 신출 자료 「변재천辨才天」·「우가신염송차제宇賀神念誦次第」[12] 등 마스가타본枡形本 차제서次第書에 앞의 의경과 흡사한 우가변재천의 존용尊容 저술이 '도량관道場觀'으로서 채택·기록되어 있는 점도 흥미롭다. 의경의 성립 시기는 분명하지 않지만, 적어도 행법차제서行法次第書에 채택되어 있는 점으로부터, 종파를 막론하고 일찍이 우가변재천의 '이형'을 가시화하는 의궤 언설로 실태적實態的으로 기능하고 있었던 형적을 볼 수 있다.

그런데, '이형'의 '이신'인 우가변재천으로부터 바로 덴카와변재천天川辨才天이 떠오를 것이다. 오미네산大峯山 기슭에 위치한 덴카와신사天川社는 성호원聖護院·삼보원三寶院의 대봉입봉大峯入峯 기도처로

12) 向坂卓也, 「稱名寺聖教に見る宇賀神關係資料について―飜刻と紹介」, 『金澤文庫研究』, 2007, p.318.

서 널리 신앙된 변재천의 성지이다. 『계람습엽집』 卷37「변재천연기辨才天緣起」에 수록되어 있는 '기주천천연기사紀州天川緣起事'(T76, p.625上~中)에는 아래와 같이, 호수에 사는 악룡惡龍을 항복시킨 형제를 선룡善龍이 변화한 변재천녀의 왕자라고 하는 전설이 실려 있다.

> 또 이르기를, 큰 자는 변재천의 첫째 왕자이고, 작은 자는 둘째 왕자이다. 즉, 두 신은 형제이다. 또 이르기를, 큰 자는 히요시대궁권현日吉大宮權現, 즉 석가모니의 수적이다. 작은 자는 가스가대명신春日大明神, 즉 약사여래의 수적이다. 셋째 왕자는 구마노권현熊野權現, 즉 아미타여래의 수적이다. 또 기슈요시노텐카와紀州吉野天川는 지장변천, 일본제일의 변재천이다. 제2 이쓰쿠시마嚴島는 묘음변재천妙音辨財天, 제3 지쿠부시마竹生嶋는 관음변재천이다. 또 이르기를, 지금의 덴가와와 이쓰쿠시마와 지쿠부시마의 세 곳은 구멍으로 서로 통해있다. 세 변보주辨寶珠가 한 몸으로 서로 통해있는 것이다. 매우 깊은 의미가 있다.

덴카와天川가 치쿠부시마竹生島 · 이쓰쿠시마변재천嚴島辨才天과 함께 거론되는 상황은 물론, 덴카와변재천을 기축으로 새로운 본지수적설이 구상되고 있는 점이 주목된다.

大汝(兄) = 第一王子 = 日吉大宮權現	= 釋迦	┐	嚴島(第二) = 妙音天	┐	三
小汝(弟) = 第二王子 = 春日大明神	= 藥師	┼	天川(第一) = 地藏	┼	辨寶
第三王子 = 熊野權現	= 阿彌陀	┘	竹生島(第三)觀音	┘	珠

삼존불 주존을 본지本地로 하는 대사大社를 덴카와 아래로 통괄하는 것으로 주존들만의 새로운 본지삼존불이 형성되는 한편, 삼대변재천의 연대를 매개하여 삼변보주三辯寶珠로 수렴시키는 중층적인 본지수적 관계를 볼 수 있다. 각지의 영지영장靈地靈場이 지하루트를 통하여 낙망絡網하는 취향은 예를 들어 「후지산연기富士山緣起」의 '구혈九穴', 「소토산연기走湯山緣起」·「아쓰타궁비석견문熱田宮秘釋見聞」의 '팔혈八穴' 등으로 확인할 수 있듯이, '신불습합' 심비설深秘說을 조성하는 중세 특유의 상투적인 언설이다. 이러한 착상의 기저에 '금강회구회金剛會九會' '태장중대팔엽원구존胎藏中台八葉院九尊'이라는 만다라적 사고가 있다는 것은 확실할 것이다. 실제로 『계람습엽집』 해당 부분의 말미에는 삼대영장三大靈場을 '삼변보주三辨寶珠'에 비유한 그림도 첨부되어 있다(【참고 도판】⑤).

다만, 여기서 갑자기 세 번째 왕자 구마노곤겐熊野權現가 나오는 장면은 이 전설에서 일탈한 것이지만, 이 점에 대해서는 동시대의 진언종 다이고지醍醐寺의 좌주座主로서 널리 알려진 몬칸 고신文觀弘眞(1278~1357)의 『긴푸산비밀전金峯山秘密傳』[13]이 참고가 된다. 같은 책 권상卷上 '덴카와변재천습사天河辨才天習事'에서는 덴카와天河를 요시노산吉野山과 구마노산熊野山의 중간에 위치시키며 '불이신체不二神體'인 비설祕說을 밝힌다. 오미네大峰-긴푸산金峯山-구마노熊野라는 지세地勢에 입각한 삼위일체의 산악 신앙권을 형성하고, 여기에 에노시마江ノ島를 더하여 사대변재천의 호수 신앙권이 중첩된다. 또한 '3' '4'라는

13) 『日本大藏經 修驗道章疏一』에 의거한다. 阿部泰郎, 「文觀著作聖教の再發見—三尊合行法のテクスト布置とその位相」(『名古屋大學比較人文學研究年報』 7, 2008) 참조.

체계가 '삼변三辯' '삼보三寶' '삼부三部(金胎蘇)' '사제 팔정도' 등 법수를 연상시키는 계기로 이어진다. 처음부터 경설의 근거가 없는 신들에 대해서 '신불습합' 관계에 대한 해석을 부여할 때, 본지수적설을 매개로 한 신기神祇 신앙권과 불교 교설은 필요 불가결한 종교적 방책이었다.

이상으로 덴카와에서 변재천 신앙 상황에 대해서는 충분히 알 수 있지만, 『계람습엽집』의 전설로부터 우가신과 습합된 우가변재천으로서의 덴카와 즉, '이신異神'의 신앙까지는 인정되지 않는다. 그렇지만, 이미 의경 · 차제서次第書 또는 『계람습엽집』 卷36 · 변재천법비결辨才天法祕決에서는 확실하게 우가변재천 신앙을 확인할 수 있었다. 이와 같이 '신불습합'은 반드시 통시적으로 단선적으로 전개되는 것이 아니라, 오히려 각지의 성지영장 별로 이시적 또는 동시 발생적으로 파생 · 전개되는 것이라고 이해할 수 있다. 특히 경계를 넘어 오는 '이신'의 경우는 더더욱 그렇다. 그러면 덴카와변재천에서의 우가신과의 습합은 어떻게 전개되었을까.

여기에 또 다른 하나의 의경 『불설대변재천녀경佛說大辨才天女經』이 있다. 여기에는 한층 더 '이형'의 양상을 띠는 우가변재천의 모습이 저술되어 있다.[14)]

> 때로는 만다라회 안에 한 명의 변재천녀가 있다. 그 형상은, 위에 삼각의 반산飯山이 있고, 아래에 우옥牛玉이 있다. 그 밑에 세 얼굴을 지닌 뱀이

14) 伊藤聰, 「吉田文庫所藏の辨才天關係僞經について—その翻刻と紹介」, 『むろまち』2, 1993.

있다. 각각의 정수리에 구슬이 얹어져 있다. 입에서 보주를 내뿜고, 열 개의 팔과 두 개의 다리를 지니고 있다. 왼손의 첫째에는 여의보주, 둘째에는 가마니, 셋째에는 우유죽, 넷째에는 보주, 다섯째에는 경전을 지니고, 오른손의 첫째에는 여의보주, 둘째에는 솥, 셋째에는 감로, 넷째에는 보주, 다섯째에는 열쇠를 지니고 있다. 여러 영락으로 의복을 장엄한 몸은 보살과 같다. 좌우의 발 아래에는 두 명의 여인이 있다. 좌우 손을 펴서 두 발을 떠받치고 있다. 왼쪽의 화천火天 아래에 8장丈의 비단이 있고, 오른쪽 풍천風天 밑에는 금색 가마니가 있다. 거기에는 쌀이 들어있고 큰 칼이 붙어 있다. 아래에, 뱀 머리에 사람의 형태를 지닌 자가 있는데, 머리에 구슬을 얹고 왼손에 구슬을 가지고 있으며 오른손에 이삭을 쥐고 【초좌草座에 앉아 있다. 왼쪽 옆구리에 뱀 형태와 사람 형태의 상이 서있다. 왼손에 구슬, 오른손에 봉을 지녔으며 구슬 위에 서서 이삭을 밟고 있다. 다음으로 불가마, 다음으로 천녀가 있다. 좌우 손에 밥을 쥐고 입에 50가마니를 물고 있다. 다음으로 가마니 오른쪽 옆구리에 뱀 머리를 한 사람 형태의 상이 서있다. 왼손에 구슬을, 오른손에 봉을 지니고】 가마니 위에 있다. 다음으로 뒤주가 있다. 다음으로 천녀가 있는데, 좌우 손에 밥과 보병寶甁을 지니고 있으며 구슬을 토하고 있다. 다음으로 절구와 절굿공이가 있다.

'머리가 세 개인 뱀의 형태'를 띠는 상호와 함께 '열 개의 팔'에 상당하는 지물持物 및 수신隨身의 묘사까지 자세하게 기록되어 있다. 역시 그에 적합한 도상의 존재를 의식한 의궤라고 추정된다. 이 저술과 부합하는 변재천상이 다름 아닌 「덴카와변재천만다라天川辨才天曼荼羅」(【참고 도판】⑥)이다. 「덴카와변재천만다라」의 성립에 관한 기사

는 『대승원사사잡사기大乘院寺社雜事記』에서 발견된다.[15)]

一「덴카와변재천도天川辨才天圖」 그림을 송남원松南院의 대보공大輔公에게 분부하셨다. 지불비용은 2관문貫文. 그림에는 15명의 동자들이 있다.(長享元年 12月 23日條)

一「덴카와변재천도」 그림이 오늘 완성되었다. 송남원의 대보공이 그렸다. 대금은 2관문을 지불하였다.(長享2年 2月 2日條)

조쿄長享 원元~2년(1487~88년)에 걸쳐 고후쿠지興福寺 대승원문적大乘院門跡 · 진손尋尊(1430~1508)이 송남원松南院의 대보공大輔公에게 명하여 작성시킨 경위를 알 수 있다. 『불설대변재천녀경』과 「덴카와변재천만다라」와의 선후관계까지는 확실히 알 수 없지만, 의궤와 도상의 관계성은 확실히 인정할 수 있다. 또는 우가신 신앙이 침투하면서 한층 더 '이형'화된 도상과 함께 덴카와에서도 후발적으로 우가변재천 신앙이 파생되고, 그 '이형'을 정통화해야만 하는 의경이 새롭게 창출되었을 가능성도 충분히 생각할 수 있다.[16)]

그런데 덴카와변재천의 의궤로 상정되는 『불설대변재천녀경佛說大辨才天女經』은 실은 요시다 가네토모吉田兼俱의 후손으로 요시다신도를 승계한 요시다 가네미쓰吉田兼滿(1485~1528)가 서사한 것이었다. 이

15) 『增補續史料大成』, 「大乘院寺社雜事記」에 의거한다.
16) 注14의 伊藤 논문에서는 「天川辨才天曼茶羅」에 근거하여 本經이 저술된 가능성을 시사한다. 「天川辨才天曼茶羅」에 대해서는 注4의 山本 저서, 中島彩花, 「中世辨才天曼茶羅にみる神佛の化現」, 『女子美術大學硏究紀要』39, 2009; 同 「天川辨才天曼茶羅における蛇頭人身辨才天像について」 『女子美術大學硏究紀要』 42, 2012 등 참조.

외에도 요시다 가문에는 많은 변재천 관련 의경류가 남겨져 있고, 요시다 신도의 사상事相적 측면에서도 우가신 제사가 집행되고 있었다. 이러한 사적事跡을 감안한다면, 자연스럽게 '이신'의 존재가 '신화'이해나 해석에 영향을 준 개연성이 부상한다. 의경 · 의궤의 창출을 촉진시킨 '이형'의 용모를 지니는 '이신'이 '신화'의 신들과 어떠한 관련이 있을까. 다시 '중세일본기中世日本紀' 언설로 되돌아가서 본고의 결말을 맺고자 한다.

5. 정리하며-'중세일본기中世日本紀'에서의 '신불습합'

'이신'의 존재가 '신화'의 신들에 대한 인식을 자극한 가능성으로 상정되는 것은 시각화의 맹아 현상이다. 원래부터 재지신在地神이나 수적신垂迹神과도 다르고, '신화' 중의 천신天神 · 지신地神은 신앙 현장을 공유하지 않는다. 따라서 그 존모尊貌가 구현화되는 것도 희유하였다. 현현하는 장면에서도 승형僧形 · 속형俗形(남자 · 여자 · 동자童子) 등의 수적형으로 나타난다. 또는 근현대에는 오직 늠름한 여신상으로 인식되는 아마테라스天照大神조차도 중세에는 남신과 여신 두 가지 설이 병존했던 것과 같이, '신화'의 신들에 대한 형상도 복층적이고, 결코 특정의 모습으로 정착되어 있었던 것은 아니다.[17)]

17) 天台座主 · 慈圓(1155~1225)「毘逝別」上에 수록되어 있는 '夢想記'에 "日本記文, 以女爲本. 而自公家每年被重神服. 是男神服也云云. 彼日本記本文, 親經卿于時中納言勘送之. 在別. 但彼文又現給男身云云."(『續天台宗全書』,「密教3」, p.234下)라는

그런데 '신불습합'을 둘러싼 신앙 형태의 확장과 신도설의 유취類聚·재편再編이 진전되면서 '신화'의 신들을 둘러싼 구체적 형상이 모색되기 시작한다. 더욱이 그것은 종전의 수적형과는 완전히 다른 양상을 띤다. 가마쿠라 후기(14세기 전반) 성립으로 간주되는 『일휘귀본기日諱貴本紀』에는 아래와 같은 내용이 실려 있다.[18]

國常立尊 몸의 형상은 알 수 없다. (중략) 자유자재이며, 3척 6촌의 구슬과 같다.

國狹槌尊 (생략)

豊斟渟尊 하나의 눈과 세 개의 손. 관을 쓰고 있다. (후략)

素戔烏尊 얼굴색은 매우 검고 점이 30개 이상. 몸은 9척 6촌. (중략) 이것은 마왕이 변한 모습이다.

天照太神 (중략) 남녀의 두 가지 성, 즉 2개의 성기를 지니고 있다. 이는 오늘날의 남녀양성의 시초이다. (후략)

正哉吾勝 고성高聲이면서 미성. 몸은 8척 4촌. 희고 원만. 구슬과 같은 얼굴은 달과 같다. 가볍게 나는 모습.

天津彦彦火 (중략) 붉은 살색[赤肉色]. 몸은 7척 7촌. 머리카락 길이는 9척 이상. 언제나 말이 없다.

彦火火出見 (중략) 붉은 살색. 몸은 6척 8촌.

鵜草尊 얼굴색은 파랗고 안면에 맥이 많다. 몸이 가벼워 자유자재로 날

기록 이외에도 「三十番神圖」(【참고 도판】④)에서도 衣冠束帶形으로 그려지는 등, 중세에 天照大神은 男神으로서도 넓게 인지되고 있었다. 天照大神像의 諸相에 관해서는 佐藤弘夫, 『アマテラスの變貌―中世神佛交涉史の視座』, 法藏館, 2000); 伊藤聰, 『中世天照大神信仰の研究』, 法藏館, 2011 등 참조.

18) 『兩部神道集』(眞福寺善本叢刊6)에 의거한다.

수 있다. 세 개의 눈, 여섯 손가락을 지녔다. 몸은 3척 8촌.

거신화巨身化 동향은 수적신垂迹神이 현현하는 장면에서 확인할 수 있다. 이와 더불어 '일안삼수一眼三手' '삼목육지三目六指'와 같은 '이형' 상호도 눈에 띈다. 이러한 '이형'을 띠는 신들의 형상은 중세의 문예작품에서도 산발적으로 발견되며, 어느 정도 인지되고 있었다는 형적을 볼 수 있다.

옛날에 음양이 아직 나뉘지 않았던 때, 혼돈으로서 달걀과 같았던 곳에 맑은 것은 올라가 하늘이 되고 탁한 것은 내려가 땅이 되었다. 그 속에서 신이 태어나셨다. 형태는 갈대의 싹과 같다고도 하였다. 물고기가 물 위로 뜨는 형상과도 닮았다. 사람이 되셨을 때는, 머리가 여덟 개, 팔다리도 여덟 개 있었는데, 큰 뱀과 같았다고 하더라. 이것이 즉 천신의 시초, 구니노도코다치노미코토國常立尊라고 한다.(『住吉緣起』 卷上[19])

묻기를, 천신칠대天神七代는 무엇입니까. 답하여 이르기를, (중략) 첫째는 구니노도코다치노미코토. 아와나기沫蕩尊라고도 합니다. 3개의 얼굴과 6개의 팔, 6개의 다리를 가지고 있고 흑청색으로, 용신과 같았습니다. 둘째는 구니사쓰치노미코토國狹槌尊. 가무미무스비노미코토神皇産靈尊라고도 합니다. 8개의 머리와 16개의 손발이 있었습니다. 셋째는 도요쿠무네노미코토豊斟渟尊. 이 역시 8개의 머리와 16개의 손발이 있었습니다.(후략) (『塵荊鈔』 卷

19) 「室町時代物語大成」 8에 의거한다. 사찰과 신사의 유래를 담은 오토기조시御伽草子, 別名「住吉의 本地」.

六[20])

'머리가 여덟 개, 팔다리도 여덟 개' 또는 '얼굴이 셋, 팔 다리도 여섯 개' '머리가 여덟 개, 16개의 팔과 다리'라고 하는 '신화'의 신들의 형상화에서, 선행 이미지로서 '이형'을 띠는 '이신'의 상용像容이 시사를 주었을 것이라는 점은 쉽게 상상할 수 있다.

이러한 신들의 '이형'화를 초래한 계기의 하나로서, 의궤의 비재非在가 상정된다. 원래 '기기신화記紀神話' 자체는 신들의 형상화를 계획하여 저술된 것이 아니고, 그 행장行狀은 묘사되어도 의궤와 같이 신들의 구체상까지는 언급되지 않는다. 그러나 '신불습합'의 전개 과정에서, 신앙 대상으로서 시각화된 신불이 요구되게 된다. 재지신在地神 · 수적신垂迹神과는 다른 기존의 수적형垂迹形에 투영될 수 없는 '신화'의 신들을 형상화하기 위한 방책으로서 '이형'이 지향된 것으로 생각된다. 그리고 신들이 '이형'을 띠며 가시화되는 것으로, '신화'의 재해석을 더욱 자극한다. '이신'과 '신화'의 시각적 습합은 '신불습합' 재구축의 과제이기도 하고, 고대의 신들 또한 '이신'의 계보로 이어지는 존재로 변모한다. 이러한 동향은 근세(17~19세기 중반)에는 의례로서 정비된 '신도관정神道灌頂'의 본존도本尊圖(【참고 도판】⑦)로 재생산되고, 근대에 '신불분리'정책(1868년~)이 단행되기까지 흔적을 남긴다.

'이신'은 기성의 본지수적 관계를 서로 연결시켜 신앙권 재구축을 촉진시키고, '이형'을 정통화하는 의경 · 의궤 창출을 초래하고 경계

20) 『塵荊鈔』 下(古典文庫)에 의거한다. 1482년경의 성립으로 간주되는 설화백과전서.

를 넘은 새로운 신으로서 존재했다. '이신' 파생과 신앙 획득은 분명 '신불습합'을 재고하는데 중요한 의의를 가지고 있다.

(번역: 박현진)

【참고 도판】

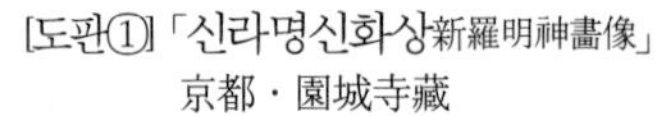

[도판①] 「신라명신화상新羅明神畵像」
京都・園城寺藏

[도판②] 「삼정만다라도三井曼荼羅圖」
京都・園城寺藏

①② = 대진시역사박물관도록大津市歷史博物館圖錄
『삼정사 불상의아름다움(三井寺 佛像の美)』에서 인용

[도판③] 「적산명신상赤山明神像」
京都・赤山禪院藏

[도판④] 「삼십번신도三十番神圖」
富山・高岡大法寺藏

③ = 삼정기념미술관도록三井記念美術館圖錄
『도교의 미술(道教の美術)』／
④ = 동경국립박물관도록東京國立博物館圖錄
「장곡천등백長谷川等伯」에서 인용

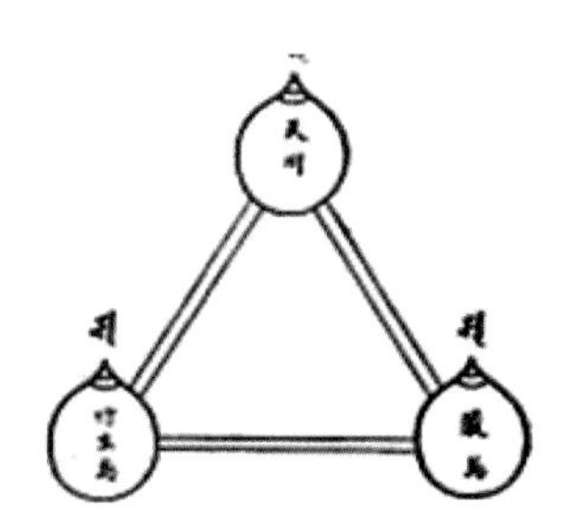

口云，深入禪定故大海最底居云云
又云，表佛果昇出故高山頂上居云云

[도판⑤] 『계람습엽집溪嵐拾葉集』(T6, p.625中)

[도판⑥]
「덴노가와변재천만다라天川辨才天曼荼羅」
奈良・長谷寺能満院藏
⑥ = 대판시미술관도록大阪市美術館圖錄
「기도하는 길~ 요시노・구마노・고야의 보배~(祈りの道~吉野・熊野・高野の名寶~)」에서 인용

[도판⑦] 「천신칠대도天神七代圖」(‘신도관정본존도神道灌頂本尊圖’)
(참고: 「신불습합의 책(神佛習合の本)」 學硏) 奈良・寶山寺藏

(참고: 神佛習合の本 學硏)

⑦ = (재)원흥사문화재연구소도록(財)元興寺文化財研究所圖錄 『신도관정-잊혀졌던 신불습합의 세계(神道灌頂-忘れられた神佛習合の世界)』에서 인용

민간신앙과 불교의 융합
- 동아시아 마조媽祖 숭배의 확대를 중심으로 -

기쿠치 노리타카(菊地章太)

1. 송대宋代에 나타난 마조 신앙의 생성

마조媽祖는 항해의 수호신으로 숭배되고 있다. 남중국에서 동아시아 동남아시아에 걸쳐, 바다에 접한 곳이라면 지금도 그 숭배가 성행하고 있다. 해운과 어업에 종사하는 사람은 물론 지역 사회에서 중요한 수호신으로서 제사를 올리는데, 절기의 제사는 꽤 큰 규모로 진행된다. 중국에서는 화북의 벽하원군碧霞元君과 강남의 마조가 여신 숭배를 양분하는 추세이며, 또한 해외의 화교 사회에서는 관제關帝와 마조의 숭배가 다른 중국의 신들을 압도하고 있다.

마조의 숭배는 송대로 거슬러 올라간다. 복건성 보전현 미주도湄洲島에서 태어난 딸이, 어려서 아버지와 오빠의 해난海難을 예언하고 무녀의 능력을 보여주기 시작했다. 이십대에 사망했지만, 죽은 다음에도 해안에 등불을 비추어 뱃사람을 지켜주며 해난으로부터 구하고 보호하는 능력을 서원하였다고 한다. 이러한 전승이 서서히 형성되다가 나중에 생몰년이나 출신 일족까지 상세하게 언급되기에 이르렀다. 그러나 이 모든 것이 후대의 이야기라고 하는 의견도 있다. 이르면 명대明代의 『오잡조五雜組』나 청대清代의 『해제보고陔餘叢考』에서 처음 소개된 것이다.[1] 항해 수호신 신앙은 해안이라면 어디서나 성행했다. 복건의 임수부인臨水夫人과 광동의 복파장군伏波將軍 외에, 동해 용왕과 남해 용왕과 같은 가상의 신격에 대한 숭배도 오래전부터 행해지고 있다. 관음도 항해의 수호신으로서 대표적인 존재인데 이것은 마조와의 관계에서 매우 중요하다. 이 문제는 이후에 별도의 장에서 고찰할 것이다.

이러한 각지의 항해 신 숭배 속에서 복건성의 뱃사람이나 어민에 의해 마조라고 하는 항해의 수호신이 형성되기 시작한다. 생몰년이나 출신이 분명하지 않았기 때문에 이러한 신격화가 쉬웠을지도 모른다. 항해의 안전을 기원하는 사람들 사이에서 그 믿음은 공간적 넓이를 증장시킨다. 해안 지역에 존재하던 다양한 여신의 숭배를 흡수하고 확대해 나간 것이다. 해외로 이주하는 자는 분향分香이라는 의식을 통해 마조상媽祖像의 분신分身을 넘겨받는다. 이렇게 고향의 마조상이 외국에도 전해지게 되었다.

타향에 사는 사람들은 동향同鄉 사람끼리 상부상조 조직을 만들었다. 그들이 모인 곳에는 고향의 신을 모시는 사당이 마련되었다. 그

1) 謝肇淛 찬, 『五雜組』 권15, 「事部 3」(新興書局, 1971, p.1253) "天妃海神也. 其謂天妃者. 言其功德可以配天耳. 今祀之者多作女人像貌. 此與祀觀音大士者相同. 習而不覺其非也", 趙翼 찬, 『陔餘叢考』 권35, 「天妃」(『趙翼全集』 제3, 鳳凰出版社, 2009, p.665) "竊意神之功効如此. 豈林氏一女子所能. 蓋水爲陰類. 其象維女. 地媼配天則曰后. 水陰次之則曰妃. 天妃之名. 卽謂水神之本號也."

곳을 중심으로 마을이 형성되어 간다. 복건성의 사람들에게는 그 중심이 마조 사당이었다. 그 사당은 '천비궁天妃宮'이나 '천후궁天后宮'이라고도 불리고 있다.

북송北宋 말기인 선화宣和 5년(1123)에 황제로부터 묘액廟額을 받았다.[2] 견고려사遣高麗使의 선박의 조난을 구한 공로를 칭송받았다.[3] 이것이 왕조와의 관계의 시작이었다. 하지만 이 구난이 사실인가의 여부는 확실하지 않다.[4] 지역 사대부의 운동과 호상豪商의 원조도 컸음이 틀림없다. 각지에 사당이 지어지고, 그 지역의 항해신과 융합하면서, 점차 거대한 신앙의 권역이 형성되어 갔다. 동아시아의 거의 모든 지역에 걸친 그 족적에 대해서는 이미 많은 연구가 축적되었다.[5]

마조 숭배가 확대된 큰 계기는 원나라 시대에 있었다. 해외 진출의 분위기 속에서 국가 제사가 진행되었다. 또한 남중국 해안지방의 동향 집단(나중에 화교라는 이름으로 불린다)의 이동 또는 해외 이주가 마조신앙의 공간적 확대에 큰 요인이 되었다. 이것은 종래의 연구에서 이미 지적되었지만, 여기에서는 종교사의 맥락에서 불교의 관음 신앙과 융합한 사실에 주목하고자 한다. 이것이 마조신앙의 민간 침투와 다른 문화권으로의 전파에 큰 의의가 있었다는 점을 고찰할 것이다.

---

2) 『宋會要輯稿』 禮20, 「諸祠廟」(上海古籍出版社, 2014, p.1018) "신녀의 사당. 보전현에 한 신녀의 사당이 있는데 휘종이 선화 5년 8월 '순제'라는 묘액을 하사했다.(神女祠. 莆田縣有神女祠. 徽宗宣和五年八月. 賜額順濟.)"

3) 李俊甫 輯, 『莆陽比事』 권7, 「鬼兵佐國神女護使」(江蘇古籍出版社, 1988, p.282) "宣和五年. 路允迪使高麗. 中流震風. 八舟溺七. 獨路所乘. 神降于檣. 安流以濟. 使還奏聞. 特賜廟號順濟. 累封夫人. 今封靈惠助順顯衛妃."

4) 愛宕松男, 「天妃考」, 『滿蒙史論叢』 제4, 座右寶刊行會, 1943; 再錄 『愛宕松男東洋史學論集』 제2권, 三一書房, 1987, p.91.

5) 李獻璋, 『媽祖信仰の研究』, 泰山文物社, 1979; 朱天順, 『媽祖と中國の民間信仰』, 平河出版社, 1996; 藤田明良, 「航海神 - 媽祖を中心とする東北アジアの神々」, 桃木至朗他編, 『海域アジア史研究入門』, 岩波書店, 2008 등.

본고는 중국 근세의 마조 신앙에 초점을 맞추어, 중국 민간신앙의 공간적 확대와 여러 종교와 융합되어 가는 모습을 살펴보려고 한다. 송대宋代에 남중국 한 지방의 민간신앙에서 시작된 마조 숭배가 국가 제사의 대상으로 격상되고, 이후 원대元代에 관음신앙과 융합하여 항해신으로 정착되어 갔다. 명대明代에는 도교의 신 계보에 포함되어 독립된 경전이 만들어지기까지 한다. 국가 제사는 더 이상 진행되지 않지만, 민간신앙이 축소되기는 커녕 오히려 더욱 활발해지고 있다. 민간 차원에서는 관음 역시 여신으로 숭배되어, 마조를 포함한 도교의 여신들과 함께 모셔지고 있다.

포인트가 되는 시대는 원대이다. 키워드는 '융합'이다. 민간신앙과 불교가 융합되고, 지역마다 다른 여러 종교와 융합되었다. 또한 본고에서 과제로 생각한 것은 한반도에 마조 숭배가 전파되었는가 하는 점이다. 지금은 그 흔적이 거의 알려지지 않지만, 민간신앙과 여러 종교와의 융합이라는 맥락에서 이 문제를 파악함으로써 해명의 단서를 잡을 수 있을지도 모른다. 또한 일본 전파 양상 또한 이러한 관점에서 다시 검토함으로써 새로운 정보를 얻을 수 있을 것으로 기대된다.

2. 원대의 관음 신앙과 융합

송대에는 지방마다 항해의 수호신이 숭배되고 있었다. 그들을 압도하고 마조가 전중국적인 신격이 된 것은 원대이다. 그렇게 변화된 큰 요인으로는 그 당시 이미 동아시아에 보급되어 있던 관음 신앙과의 결부를 들 수 있다. 마조가 관음의 화신이 되었고 여기에 민간신앙과 불교의 융합이 행해지게 된 것이다.

남송 말의 지방지地方志 『함순임안지咸淳臨安志』에 인용된 「순제성비묘기順濟聖妃廟記」에는 마조가 죽은 후, '통현신녀通賢神女라고 부르고 또는 용녀라고 한다'고 기록되고 있다.[6] 신녀라고 한 것은 '어려서부터 자주 사람들의 길흉화복을 알렸다'라고 칭해지기 때문임에 틀림없다. 용녀란 바다의 수호신인 용왕의 딸이다. 이 기술에서는 마조가 다른 종류의 신격과 융합하기 시작한 것을 알 수 있다. 이러한 변화가 신앙 권역 확대의 큰 원동력이 되었다.

원나라 대덕大德 7년(1303) 또는 이듬해인 8년에 황사여黃四如가 『성돈순제조묘신건번리전기聖墩順濟祖廟新建蕃釐殿記』를 찬술했다(이하 『번리전기蕃釐殿記』로 약칭). 여기에서는 마조를 미주湄洲의 임씨의 딸이라고 하는, 옛날부터의 전승을 게재하면서 '고사신인姑射神人인 처자'라고 설명하고, 더욱이 '보타대사補陀大士의 천억의 화신'이라고 언급하고 있다.[7]

고사신인은 『장자』「소요유逍遙遊」에 등장하는 선녀이다.[8] 아득한

---

6) 潛說友 찬, 『咸淳臨安志』 권73 「祠祀」(宋元地方志第七册, 國泰文化事業, 1980, p.4558) "[순제성비묘] 정백계가 묘기를 짓다. 신은 보양 미주 임씨의 딸로 어려서부터 사람의 재앙과 복을 예언하는 능력이 있었으니 죽은 후 사당을 지어 그에게 제사를 올렸다. 통현신녀라고 부르거나 또는 용녀라고 말하기도 한다.(順濟聖妃廟丁伯桂作廟記. 神莆陽湄洲林氏女. 少能言人禍福. 歿廟祀之. 號通賢神女. 或曰龍女也.)"

7) 黃四如, 「聖墩順濟祖廟新建蕃釐殿記」, 『莆陽黃仲元四如先生文藁』(四部叢刊三編集部, 商務印書館, 1936, p.53) "按舊記. 妃族林氏. 湄州故家有祠. 卽姑射神人之處子也. 泉南楚越淮淛. 川峽海島在在奉嘗. 卽補陁大士之千億化身也."

8) 『莊子』 內篇, 「逍遙遊」(新編諸子集成第一輯, 中華書局, 1961, p.28) "막고야라는 산에 한 신인이 살았는데 살결이 차가운 눈과 같았고 아름답기가 처녀같았다. 오곡은 먹지도 않고 바람과 이슬을 마시고 살았다. 구름을 타고 비룡을 몰아 사해 밖으로 노닐었다. 그가 정신을 집중하면 농작물이 병들지 않고 매년 곡식이 잘 익었다.(藐姑射之山. 有神人居焉. 肌膚若冰雪. 淖約若處子. 不食五穀. 吸風飮露. 乘雲氣. 御飛龍.

고사산에 살면서 피부는 처녀처럼 혹은 눈처럼 희고, 바람을 마시는 비룡을 타고 세상 밖으로 다닌다고 한다. 마음을 집중시켜 사람들을 재앙에서 구하고, 풍년이 될 종자를 가져온다고 한다. 도교의 신격과의 융합이 이미 시작된 것이다.

그리고 동시에 불교의 불보살과의 융합도 시작되고 있었다. 보타대사란 절강성에 있는 보타락가산補陀洛伽山의 관음대사이다. 『화엄경』「입법계품」에서 선재동자가 찾아가는 선지식으로 불리는 지도자 가운데 '관자재觀自在'라는 이름의 보살이 있는데, 남쪽에 있는 '보타락가'라는 산에 산다고 한다.[9] 이것은 인도의 말 포타라카를 음사한 것으로 구역 『화엄경』에는 보살의 이름은 '관세음', 산의 이름은 '광명光明'으로 의역하고 있다.[10] 이것이 옛날부터 관음보살의 거처가 된 남해의 보타락가산으로, 중국인은 절강성의 주산군도舟山群島 중 하나를 이것에 배당한다. 보타산寶陀山 혹은 보타산普陀山으로도 불리며 관음의 영역으로 알려져 왔다.

관음보살이 특히 항해자의 숭배를 받은 것은 『법화경』「관세음보살보문품」에 기인한 부분이 클 것이다. 거기에는 여러 가지 고통을 당하는 사람이 관음보살의 이름을 일심一心으로 칭한다면 그 자리에서 바로 '그 소리를 관찰하여' 구제에 임한다고 말하고 있다. 이것이

而遊乎四海之外. 其神凝. 使物不疵癘. 而年穀熟.)"

9) 實叉難陀 역, 『大方廣佛華嚴經』 권68, 「入法界品」(T279, 제10권, p.366c) "善男子. 於此南方有山. 名補怛洛迦. 彼有菩薩. 名觀自在. 汝詣彼問. 菩薩云何. 學菩薩行. 修菩薩道."(般若 역, 『大方廣佛華嚴經』 권60, 「入不思議解脫境界普賢行願品」 T293, 제10권, p.732c에도 같음.)

10) 佛馱跋陀羅 역, 『大方廣佛華嚴經』 권50, 「入法界品」(T278, 제9권, p.717c) "善男子. 於此南方有山. 名曰光明. 彼有菩薩. 名觀世音. 汝詣彼問. 云何菩薩. 學菩薩行. 修菩薩道."

'관음觀音'이라는 이름의 유래라고 한다. 경전이 고난을 일곱 가지로 나눈 가운데, 수난水難과 풍난風難이 있다. 물에 빠졌을 때 관음의 이름을 부르면 물이 얕은 곳으로 더듬어 도착한다고 한다. 산호와 진주를 구해서 바다로 나간 사람이 폭풍을 만나 나찰이라는 귀녀의 나라에 표착하더라도 관음의 이름을 부르면 탈출할 수 있다고 한다.[11] 모두 해난 구조에 직결되어있다. 이렇게 해서 관음보살은 바다에 사는 사람들의 수호신으로 추앙된 것이다.

마조를 관음의 화신으로 보는 『번리전기』의 설명은 또 다른 전거가 상정된다. 원나라 대덕2년(1298)에 편찬된 『대덕창국주도지大德昌國州圖志』는 관음대사가 '감응신感應身'을 통해 여러 나라에 나타나 '팔만사천 손과 팔과 눈'을 보여 많은 중생을 구한다고 말하고 있다.[12] 이것은 「관세음보살보문품」이 설한 관음의 '삼십삼응현三十三應現'을 근거로 하고 있으며, 이 기술을 바탕으로 많은 손과 얼굴을 가진 변화한 관음상이 조형되었다. 『번리전기』가 보타대사의 '천억화신'을 말한 것도 이것에 근거한다고 생각된다.[13] 『번리전기』 찬술은 『대덕장국주도지』 출판의 5년 내지 6년 후의 일이기 때문에 그러한 가능성을 고려할 수 있다.

---

11) 鳩摩羅什 역, 『妙法蓮華經』 권7, 「觀世音菩薩普門品」 25(T262, 제9권) p.56c. "爾時無盡意菩薩卽從座起. 偏袒右肩合掌向佛而作是言. 世尊. 觀世音菩薩以何因緣名觀世音. 佛告無盡意菩薩. 善男子. 若有無量百千萬億衆生. 受諸苦惱. 聞是觀世音菩薩. 一心稱名. 觀世音菩薩卽時觀其音聲皆得解脫, …… 若爲大水所漂. 稱其名號. 卽得淺處. 若有百千萬億衆生. 爲求金銀琉璃硨磲碼碯珊瑚琥珀眞珠等寶. 入於大海. 假使黑風吹其船舫. 飄墮羅刹鬼國. 其中若有乃至一人. 稱觀世音菩薩名者. 是諸人等. 皆得解脫羅刹之難. 以是因緣名觀世音."

12) 馮福京 등 편찬, 『大德昌國州圖志』(中國方志叢書華中580, 成文出版社, 1983, p.6036) "嘉定七年寧宗賜圓通寶殿四字. 大士橋三字載新梵宇. …… 翙龍章閣. 惟大士以三洲感應身. 入諸國土. 現八萬四千身手臂目. 接引羣生."

13) 李獻璋, 「元・明地方志に現れた媽祖傳說の演變」, 『東方學』 13집, 1957, p.30.

이와 같이 원대에 이르러 마조는 용왕의 딸이 되거나, 신선의 딸, 혹은 관음의 화신이 되었다. 이미 이 시대에는 마조의 전승도 착종되고 있었다. 민간신앙이나 도교, 불교와도 융합이 시작된 것이었다.

명대에 편찬된 『원사元史』에 「석노전釋老傳」이 성립되어 있다. 정사正史에 석노釋老가 포함된 것은 『위서魏書』「석노지釋老志」 이후의 일이다. 이 시대에 도교와 불교가 사회에 끼친 영향의 크기를 알 수 있을 것이다. 「석노전」의 서문에는 "원나라가 일어나 석가를 숭상하였는데, 제사帝師의 번성함이 옛날과 같다고 말할 수 없다"고 설하고 있다.[14] 원 왕조는 북위와 마찬가지로 정복 왕조이며, 티베트를 다스릴 때 라마교를 도입했다. 한족漢族의 불교와 라마교가 혼합된 시대야말로 마조라고 하는 한 지방의 민간신앙이 여러 종교와 융합해서 신앙권을 비약적으로 확대할 수 있었던 것이다.

마조가 도교의 신계보에 포함되어 간 것은 그 후인 명대이다. 다음 장에서 보는 바와 같이 이 때 도교 측면에서 불교적 요소를 제거하고자 시도하였다. 이에 따라 마조는 도교 신으로서의 면모를 갖추게 되지만 불교적 요소와의 혼재는 이후에도 없어지지 않고 계승되어 간다. 마조 숭배의 확대는 여러 종교와의 융합이 보존되었기 때문에 가능했다고 말할 수 있겠다. 혼합된 여러 신앙이 있었기 때문에 서민들 사이에서 확대되어 갈 수 있었던 것이다.

14) 『元史』 列傳 89, 「釋老」(中華書局點校本 제15책, 1976, p.4517) "釋老之教. 行乎中國也. 千數百年. …… 元興崇尙釋氏. 而帝師之盛. 尤不可與古昔同語."

3. 명대에 나타난 도교 신으로의 변용

명나라 초기, 15세기에 『태상노군설천비구고영험경太上老君說天妃救苦靈驗經』이 찬술되었다. 도교 경전의 집대성인 도장道藏에 수용되고 있다.(후술하는 장외도서藏外道書본과 구별하기 위해 여기에서는 도장본 『영험경』이라고 약칭한다)

도장본 『영험경』의 본문에는 마조의 봉호가 소개된다. 이것은 영락永樂 7년(1409)에 마조에게 수여된 봉호 '호국비민명저묘영소응홍인보제천비護國庇民明著妙靈昭應弘仁普濟天妃'를 받은 것이다.[15] 따라서 경전 찬술은 그 이후가 될 것이다. 그 전전 년 명나라의 수도인 남경에 천비 사당이 건립되어 거기에 '홍인보제천비지궁弘仁普濟天妃之宮'이라는 묘액이 하사되었다. 이것도 경전이 성립되는 과정을 고려할 때 간과할 수 없는 부분이다.

마조에 대해서 '천비'라는 봉호가 처음 수여된 것은 원나라 지원至元 15년(1278)이다.[16] 그 후에도 봉호 추증이 반복된 배경에는 원나라 왕조의 해운 정책에 의거한 해로 개척이 있었다.[17] 내륙의 교역을 생업으로 하는 유목 민족이 그들의 원점이다. 이것은 해상으로 무대가

15) 『明太宗實錄』 권87(中央硏究院歷史語言硏究所, 1962, p.1152) "[영락7년 5월(기유년)] 천비를 '호국비민묘영소응홍인보제천비'로 봉하고 사당에 묘액을 하사하니 '홍인보제천비지궁'이라 하였다. 정월 15일부터 3월 23일까지 관리를 파견하여 제사에 이르도록 글을 써서 명하였다.([永樂七年正月己酉] 封天妃爲護國庇民妙靈昭應弘仁普濟天妃. 賜廟額曰弘仁普濟天妃之宮. 歲以正月十五日及三月二十三日. 遣官致祭著爲令.)"

16) 『元史』 권10, 「世祖本紀」(中華書局點校本 제1책, 1976, p.204) "[至元十五年八月辛未] 制封泉州神女號護國明著靈惠協正善慶顯濟天妃."

17) 愛宕松男, 「天妃考」, 앞의 논문, p.117.

바뀌어도 변하지 않는다. 원나라 왕조는 육지 제국뿐만 아니라 바다 제국이라는 측면도 있다. 치밀한 도로망과 함께 광대한 해로망海路網이 정비되었다. 이 시대야말로 마조 신앙이 확대 되어 나가는 계기였다고 생각된다. 지금까지 향토의 신이었던 마조는 국가를 위해 해상을 지키는 해신으로서의 역할을 맡게 된 것이다.

이어진 명나라 왕조는 중화 질서의 포부를 목표로 해금海禁 정책을 취하고 그 한편으로 책봉체제를 부활시켜 조공 무역의 추진을 도모했다. 영락 3년(1405)에 정화鄭和의 남해 원정이 시작되었고, 이것은 마조신앙의 확대에 전환을 가져오게 된다. 정화가 제1차 원정에서 귀국한 직후인 영락 5년(1407)에 상술한 천비 사당이 세워졌다. 『건륭천주부지乾隆泉州府志』에 인용된 「천비묘기天妃廟記」에 따르면, 정화의 항해에서 천비가 보여준 영험을 칭송해서 창건되었다고 한다.[18]

도장본 『영험경』의 언급에는, 태상노군太上老君이 바다를 바라보면 곳곳에 귀신이 제멋대로 날뛰고 있다. 교역을 위해 향하는 배도 조공으로 방문하는 배도 피해를 입는다고 한다.(이러한 기술의 배경으로 명나라 왕조의 해운 사정을 알 수 있을 것이다). 그래서 천존天尊은 북두北斗에 있는 묘행옥녀妙行玉女를 세상에 내려가도록 했다. 옥녀는 성장하면서부터 신통력을 보여 백성을 구하고 머지않아 승천하였다. 태상노군은 옥녀에게 '호국비민명저묘영소응홍인보제천비護國庇民明著妙靈昭應

---

18) 懷蔭布 찬, 『乾隆泉州府志』 권16, 「壇廟寺觀」(中國地方志集成福建府縣志輯, 上海書店出版社, 2000, p.382) "伏讀成祖文皇帝御制碑文. 若曰仰惟. 皇考太祖高皇帝. 肇域四海. 際天所覆. 極地所載. 咸入服章. 懷來神人. 幽明循職. 朕承鴻基. 罔敢或怠. 恒遣使敷宣敎化. 於海外諸番國. 尊以禮義. 變其夷習. 其初使者回奏. 涉海浩渺. 風雨晦明. 洪濤巨波. 驚心駭目. 乃有神人. 飄飄雲際. 以妥女侑. 旋有紅光. 飛來舟中. 已而煙消霾霽. 風恬浪息. …… 咸曰此天妃之神也. 顯示靈應. 朕嘉乃績. 特加封號. 建廟龍江之上."

弘仁普濟天妃'라는 호를 하사했다고 한다.[19)]

여기에서는 마조가 미주도의 딸이 아니라 도교 여신으로 등장한다. 도교 신계보에 포함된 천비 신화와 조금도 다르지 않다. 경전에 기록된 '백일상승白日上升'이라는 말은 훗날 마조 전승에 반복적으로 등장하는 '백일승천白日昇天'의 근원이 된 표현이다.

이와는 별도로, 장외도서에 『태상설천비구고영험경太上說天妃救苦靈驗經』이 수록되어 있다.(이하 장외도서본 『영험경』으로 약칭). 여기에는 태상노군이 천비를 관음의 화신으로서 미주도에 태어나게 한 것으로 되어 있다. 이것은 원대로부터 언급되어 온, 마조를 관음의 화신으로 보는 전통에 따른 것이다.

장외도서본 『영험경』에는 경전 미제尾題 다음에 증보增補가 있고, 거기에 마조의 봉호가 기록되어 있다. 이것은 본문에 보이지 않으며 또 봉호의 글자와 관련지을 수 있는 어떠한 기술도 없다. 따라서 경전 본문은 영락 7년 봉호를 수여하기 이전에 찬술된 것으로 보인다.[20)] 마지막 간기刊記에 따르면 달승혜達勝慧라는 사람이 영락 14년(1416)에 항해가 무사하기를 기원하여 간행을 기획했지만, 항해 도중에 사망하였다. 그 유지遺志에 따라 영락 18년(1420)에 간행되었다고 한다. 달승혜는 정화의 제5차 남해 원정의 수행원이었다.[21)]

---

19) 『太上老君說天妃救苦靈驗經』(涵芬樓版正統道藏 649, p.4右) "於是天尊乃命妙行玉女降生人間. 救民疾苦. 乃於甲申之歲. 三月二十三日辰時. 降生世間. 生而通靈. 長而神異. 精修妙行. 示大神通. 救度生民. 願與一切含靈解厄消災. 扶難拔苦. 功圓果滿. 白日上升. 土神社奏上三天. 於是老君勅下輔斗昭孝純正靈應孚濟護國庇民妙靈昭應弘仁普濟天妃."

20) 藤田明良, 「天理大學附屬天理圖書館所藏『太上說天妃救苦靈驗經』」, 『季刊民族學』 133호, 2010, p.37.

21) 앞의 논문, p.36.

장외도서본 『영험경』에는 '제천성후齊天聖后는 관음의 화신'이라고 한다.[22] 도장본 『영험경』에는 '제천성후는 북두의 강신降身'으로 변해 있다.[23] 전자에서 '미주에 자취를 나타내고, 해안에 성령을 일으킨다'라고 하는 부분이 '삼계三界에 자취를 나타내고 거대한 바다에 성령을 펼친다'고 바뀌어 있는데 여기에서 공간적 규모도 일거에 확대된다. 장외도서본이 도장본보다 먼저 성립되었다고 한다면, 전자는 불교와 혼합된 지금까지의 지방적인 마조상을 계승하고, 후자는 불교적인 요소를 배제하고 도교적으로 재작성됨으로서 규모상 큰 천비상을 조형 한 셈이 될 것이다.

장외도서본에서는 천비를 따르는 신장神將 가운데 '천리안 신'과 '순풍이 장군'의 이름이 나온다. 경전 책의 표지에 천비가 그들과 함께 그려져 있다. 천리안과 순풍이는 도장본 『영험경』에 등장하고 이후 두 사람은 그림자처럼 천비를 곁에서 모시게 되었다.

명나라 말에 성립했다고 하는 『삼교원류수신대전三教源流搜神大全』(이하 『삼교대전』으로 약칭)은 유불도儒佛道 삼교의 신불神佛 전설을 집대성한 백과전서이다. 도교의 신들을 열거한 권에 「천비낭낭天妃娘娘」이 있다. 거기에는 마조의 어머니가 꿈에서 남해 관음으로부터 우담바라 꽃을 받고 이것을 마시자 아기를 잉태했다고 한다.[24] 이 이야

22) 『太上說天妃救苦靈驗經』(藏外道書 제3책, 巴蜀書社, 1992, p.785b) "齊天聖后. 觀音化身. 湄洲顯迹. 海岸興靈. 神通變化. 順濟妙名. 三十二相. 相相端成. 隨念隨應. 至聖至靈. 威光顯赫. 護國庇民. 海風吹浪. 至祝降臨. 一心瞻仰. 顯現眞身. 虛空出現. 統押天兵. 威神下降. 鬼伏邪驚. 莆田土主. 聖天竹林. 觀音大聖. 驅逐邪精. 消災散禍. 家國安寧."

23) 『太上說天妃救苦靈驗經』(앞의 책 p.7右) "齊天聖后. 北斗降身. 三界顯迹. 巨海通靈. …… 北斗大聖. 驅逐邪精. 消災散禍. 家國安寧."

24) 『三教源流聖帝佛祖搜神大全』 권4, 「天妃娘娘」(中國民間信仰資料彙編 제1집, 臺彎學生書局, 1989, p.182) "妃林性. 舊在興化路寧海鎭. 卽莆田縣治八十里濱海湄洲地也.

기를 수용한 것이 명나라 말에 포전에서 간행된 『천비현성록天妃顯聖錄』의 기술이다. 마조의 부모가 관음대사에게 아이를 갖게 해달라고 기도했는데, 어머니가 환약을 받는 꿈을 꾸고 몸에서 아이가 잉태되었다고 기록되어 있다.[25]

그밖에도 『천비현성록』에는 『삼교대전』에서 취재한 이야기가 몇 가지 더 있다. '기상구친機上救親'도 그 중 하나이다. 아버지와 오빠가 해상에서 폭풍을 당하던 같은 시간에 베를 짜고 있던 마조가 잠이 들었다. 어머니가 깨울 때까지 마조는 아버지와 오빠를 돕고 있었다고 한다. 이 이야기는 후세의 마조 전승에, 반드시라고 해도 좋을 만큼 등장한다. 이 『천비현성록』 계통을 이끌고 있는 것이 청대清代의 『천후성모성적도지天后聖母聖跡圖志』이며, 거기에는 도장본 『영험경』에서 설해진 '백일승천'도 소개되고 있다.[26]

이렇게 마조는 도교 신의 계보로 자리매김했지만, 그렇다고 완전히 도교의 신으로 정착했다고만은 볼 수 없다. 변함없이 불교와의 융합의 흔적이 남아있었다. 이것은 관음도 마찬가지였다. 도교 사원이나 사당에는 도교의 다른 여신들과 함께 여성 관음으로서 종종 모셔져있다. 종교는 여러 가지가 섞여 있을수록 다른 문화 세계에 전파되기 쉽다. 마조에만 국한된 것이 아니라, 동아시아 세계에서 신앙권의

母陳氏嘗夢南海觀音與以優鉢花. 呑之已而孕. 十四月始免身得妃"라고 하였다.

25) 『天妃顯聖錄』(臺彎銀行經濟研究室, 1960, p.40) "二人陰行善樂施濟. 敬祀觀音大士. 父年四旬餘. 每念一子單弱. 朝夕焚香祝天. 願得哲胤爲宗支. …… 是夜王氏夢大士告之曰. 爾家世敦善行. 上帝式佑. 乃出丸藥示之云. 服此當得慈濟之貺. 旣寤歆歆然. 如有所感遂娠."

26) 孫淸標 편, 『媽祖圖志』 권1, 「本傳」(同治四年刊本, 『天后聖母聖迹圖志』 影印, 江蘇古籍出版社, 2001, pp.35~36) "天后莆林氏女也. …… 遂靈通變化. 驅邪救世. 屢顯神異. 常駕雲飛渡大海. 衆號曰通元靈女. 越十二載. 道成白日飛昇. 時宋雍熙四年丁亥秋九月重九日也. 月日與省誌異並存之."

확대를 생각할 때, 한반도로도 반드시 전파되었을 것이다. 그 가능성을 탐구하기 전에 일본의 마조신앙의 수용과 변질 방식을 전형적인 두 사례를 통해 살피고자 한다.

4. 일본 불교사원의 합동제사(併祀)

17세기 전반의 관영寬永 연간에 쇄국정책이 철저했고 중국 배의 정박은 나가사키(長崎)의 한 항구에 한정되게 되었다. 청나라 왕조가 강희康熙 23년(1684)에 전해령展海令을 발포하면서, 나가사키에 무역선이 정박하는 일이 급증했다.[27] 이러한 상황을 배경으로, 도래한 중국인을 위해 사원이 몇 개 건립되었다. 그들은 당사唐寺라고 불리며 불보살뿐만 아니라 마조와 관제를 비롯한 도교와 민간신앙의 신들도 모시게 된다.

그 중 하나인 복제사福濟寺는 복건성 사람이 모이는 곳에 세워지는 마조의 사당이 중심이 되고 있다. 남경사南京寺라고 불리는 흥복사興福寺는 강소江蘇·강서江西·절강浙江의 삼강회三江會 사람이 모이는 곳의 사당에서 시작되었고 여기에서도 마조를 모시고 있었다. 마찬가지로 숭복사崇福寺도 마조의 사당을 전신으로 한다. 모두 마조 숭배가 출발점인 것이다. 그 계기는 당나라 사람 가운데 크리스찬이 있다는 소문이 있었기 때문에 정박하는 중국 선박은 반드시 사원에 마조상을 가져 오도록 한데서 유래한다고 한다.[28] 하지만 숭복사에 전해지

27) 松浦章,『江戶時代唐船による日中文化交流』, 思文閣出版, 2007, p.11.

는 『숭복개창역대주지보사崇福開創歷代住持寶事』에 따르면 관영寬永 6년(1629)에 건너 온 승려 초연超然이 그 6년 후 당우堂宇를 일으켰다고 한다.[29] 그렇다면 마조의 사당이 반드시 선행한 것은 아니게 된다.

현재 숭복사에는 본당인 대웅보전과 함께, 호법당과 마조당이 있다. 마조당 안쪽 중앙에 마조 상이 놓여져 있고 그 양쪽에 시녀상, 왼쪽에 천리안, 오른쪽에 순풍이의 상이 있다. 당내의 좌우에 마조단이 있는데, 이것은 '보사다나ぼさだな'라고 읽는 것이 익숙해져 있다. 마조를 '보사' 즉 보살이라고 부르는 것은 관음보살의 화신에서 온 것이 틀림없다.

원록元祿 4년(1691)에 죽은 쿠로카와 도유(黑川道祐)의 수필 『원벽헌기遠碧軒記』는 나가사키에 입항하는 중국 선박의 수호신을 '천비보살'로 적고 있다. '부인의 모습으로 어쩌면 관음의 변화신인가'라고 말하면서 선내에서 예배하던 상을 남경사로 옮겨 그곳에서 '보살제'를 행한다고 한다. 그 유래에 대해서는 중국 황제의 황후가 죽은 다음 '관음으로 변화하여 수난에 빠진 인명을 구하겠다고 서원했다. 그것 때문에 배의 신이 되었다'고 설명하고 있다[30] 마조가 관음 보살의 화신이 되어 배의 수호신으로 추앙되었던 것을 알 수 있다.

소화3년(1928)에 실시된 조사에서는 숭복사의 마조당에는 '천후성

28) 二階堂善弘, 『アジアの民間信仰と文化交渉』, 關西大學出版部, 2012, p.213.
29) 宮田安, 『長崎崇福寺論攷』, 長崎文獻社, 1975, p.342.
30) 黑川道祐 찬, 『遠碧軒記』 하-3, 「佛事」(日本隨筆大成 제1기10, 吉川弘文館, 1975, p.162) "중국인 배의 수호신은 천비보살이라고 한다. 부인의 모습으로 어쩌면 관음의 변화신인 것 같다. 배에서 제일 높은 곳에 안치하고 숭상하며, 배가 정착하면 나가사키의 남경사에, 대체적인 일본 사당이면 불단의 왼쪽은 조사당, 오른쪽에는 토지당이 있는데, 그 어딘가에 안치하고 소와 돼지를 공물로써 보살제를 행한다. 관음보살의 제이다. 중국의 천후가 죽어서 관음으로 변화하여 수난에 빠진 백성을 구하겠다고 서원했다. 그것 때문에 배의 신이 되었다."

모상'이 2개 있었다.[31] 하나는 위에서 설명한 본존이고 다른 하나는 선자마船仔媽라고 불리는 청대 마조상이다.[32] 뿐만 아니라 당내 오른쪽 단상에 '관세음보살상', 왼쪽 단상에 '대도공상大道公像'이 있었다고 기록되어 있다.[33] 대도공은 보생대제保生大帝라고 통칭되는 도교의 신이다. 마찬가지로 호법당의 '관제상', '관평상', '주창상'에 대해서도 기록되어 있으며, 모두 지금도 호법당에 안치된 신들이다.

마조와 관제는 흥복사에도 모셔져 있다. 각각 상의 유래를 찾아보면 불교와 도교와 민간신앙이 혼재되어 있어서, 나가사키의 중국 사원은 마치 여러 종교의 박람회 같다. 그러나 관점을 바꾸면, 이것이 동아시아 사원과 도교 사원에서는 오히려 정상이라고 할 수 있다. 일본의 신사神社에도 변화가 없다. 나중에 다른 신격이 유입되더라도 이전의 신격을 배척하는 일은 거의 없고 합사合祀라고 하는 형태로 함께 존재해서 이어진다. 적어도 근대의 신불神佛 분리 이전에는 그것이 보통이었다.

불교사원에서 마조를 모시는 것은 나가사키에만 국한된 것이 아니다. 중국 선박의 정박을 둘러싼 당시의 상황을 고려하면, 중국 사원에 마조를 맡기고 있던 사정도 이해할 수 있다.[34] 이전에 사당이 있었는지 여부는 지금 상태에서는 확인할 수 없고, 따라서 사원의 주요 당우와 마조당 중 어느 쪽이 우선인지에 대해서도 알아내기 힘들다. 여기에서는 마조상이 지금도 사원에 모셔져 있으며, 예전에는 관음보

31) 『長崎市史地誌編佛寺部』 하권, 淸文堂出版, 1938, p.436.
32) 藤田明良, 「日本近世における古媽祖像と船玉神の信仰」(黃自進主 편, 『近現代日本社會的蛻變』 中央研究院人文社會科學研究中心亞太區域研究專題中心, 2006, p.176)
33) 『長崎市史地誌編佛寺部』, 앞의 책, p.418.
34) 二階堂善弘, 앞의 책, p.216.

살과 동체同體인 항해신으로 숭배되고 있던 것에 주목하고자 한다.

5. 신사의 주재신으로의 변용

일본 동부 이바라키(茨城) 현에 마조숭배의 흔적이 일부 남아있다. 연보延寶 5년(1677)에 조동종의 동고심월東皐心越이 중국에서 일본으로 건너왔다. 나가사키 흥복사에 거주하는 황벽종 스님의 부탁에 따른 것이다.[35] 심월은 천화天和 원년(1681)에 도쿠가와 미쓰쿠니(德川光圀)의 초빙을 받아 에도의 미토(水戶) 영주의 저택에 다녀왔다. 나중에 미토의 천덕사天德寺에 이르는 데, 이에 앞서 원록元祿 3년(1690)에 미토 번의 외항인 나카미나토(那珂湊) 건너편 언덕에 있는 이소하마(磯濱, 현 오아라이 마치)에 마조권현사媽祖權現社가 건립되었다. 같은 해 이소하라(磯原, 현 기타 이바라키시) 해안의 작은 산을 천비산天妃山라고 부르고 천비사天妃社가 창설된다.

현재 이소하라 천비사는 신전이 남아 있으며, 천명天明 9년(1789)의 비문이 적힌 석조로 된 '천비산비天妃山碑'를 전하고 있다. 거기에는 심월이 맞이한 천비상을 원록 3년에 모신 것으로 기록되어 있다. 그리고 '해운업에 종사하는 자가 그 영험함의 가호를 입게 된 일들을 셀 수가 없다"고 한다.[36] 천비산은 눈 아래에 태평양을 바라보고

35) 徐興慶, 「心越禪師と德川光圀の思想變遷試論」, 二松學舍大學, 『日本漢文學研究』 제3호, 2008, p.353.
36) 野口鐵郎・松本浩一, 「天妃山碑」, 『磯原天妃社の研究』(サン・プランニング, 1986, p.44) "天妃聖母元君金像開光" …… "常陸多珂郡磯原天妃神祠東皐越師嘗" "奉其像西山義公肇建厥實元祿三" "年七月廿有六日云爾來事海運者蒙其" "靈庇不可

있어, 해상 안전을 기원하기 위해 이곳에 천비를 모신 것으로 이해할 수 있다.

천비신앙을 현지에서 관리해온 것은 수행자[修驗者] 즉 민간 종교인이었다. 천비사의 별당에 있는 수행자 가문에는 「조일가문서朝日家文書」라고 불리는 자료가 전해진다. 문화文化 6년(1809) 즈음에 기록된 「조일지봉권청朝日指峰勸請」에는 "용궁선옥 이삼야정체 천비수귀신사(龍宮船玉 廿三夜正躰 天妃水魂神社)"라고 하고 있다. 또한 제신인 천후성모신에 대해서 "본지本地는 득대세지보살得大勢至菩薩이다"라고 적고 있다.[37)]

후나타마(船玉)는 배의 영령 또는 배의 혼령이기도 하지만 어민에게는 가장 중요한 신앙대상이다. 어신체御神體가 없는 것이 옛날 모습이다.[38)] 예전부터 무녀가 제사를 책임지고 있었다. 야마부시(山伏, 수도자) 등의 수험자가 그것을 대신하고, 이윽고 선박의 목수의 우두머리가 관할하게 되는데, 아마 어느 단계에서 어신체를 갖는 형태가 되었다고 생각된다.[39)] 정덕正德 2년(1712)에 간행된 『화한삼재도회和漢三才圖繪』는 배의 신으로 숭상되는 주길대명신住吉大明神의 말사로 '주옥사舟玉社'라는 이름을 거명한다. 또한 나가사키에 들어 온 중국 배에는 '배의 보살'이라고 속칭되는 마조낭낭이 배의 신으로 모셔져 있었다고 한다.[40)] 이 단계에서 마조는 후나타마라고는 불리지 않았다. 그

枚數爰立石表焉"…… "天明九年六月廿三日建."

37) 「朝日指峰勸請」, 『磯原天妃社の研究』 朝日家文書 4호, 앞의 책, p.88. "渡海第一宮 朝日指峰勸請 「風宮」「龍宮舟玉」「廿三夜正躰 天妃水魂神社 信心の人ハ「鹿食を忌む「雷宮」 「祭神本體ハ天仙聖王神と天后聖母神となり」'本地ハ得大勢至菩薩.'"

38) 牧田茂, 『海の民俗學』, 岩崎美術社, 1966, p.159.

39) 龜山慶一, 『漁民文化の民俗研究』, 弘文堂, 1986, p.257.

러나 에도시대 말 동국의 지역에서는 이미 후나타마로서 어민들의 신앙대상이 되어 있었다.

다음으로 "이삼야정체廿三夜正躰"라고 한 것은 23일 밤에 암송되는 제신이다. 그것이 천후성모신 즉 천비이라고 한다. 근세의 풍습인 23일 밤 암송은 '츠키마치의 암송(月待講)'이라고도 불리는데 음력 23일 한밤중에 마을사람들이 모여서 월출을 기다리는 것이다. 그 본지불은 세지보살勢至菩薩이라고 한다. 그러면 천비는 그의 수적垂迹, 즉 화현된 모습이라고 하는 것이 될 것이다. 천비산으로 가는 참배 길에는 지금도 '이십삼야탑二十三夜塔'이라고 새겨진 비석이 서있다.

막부 말기가 되면 미토 번에서 사찰 개혁이 단행된다. 메이지 초기의 폐불훼석에 앞선 것으로, 천보 13년(1842) 전후부터 탄압이 본격화되고 있다. 30년 정도 후의 기록이지만, 「조일가문서」에 명치 7년(1874)의 「주격지의서상株格之儀書上」이 전해진다. 거기에서는 천비를 '오토타치바나히메(弟橘媛)와 동체'로 간주하고 이소하라 천비사의 사호社號를 카사하라(笠原) 신사로 변경했던 순서가 기록되어 있다.[41] 이때 이소하마의 마조관현사도 오토타치바나히메신사로 개명되었다.

오토타치바나히메는 『상륙국풍토기常陸國風土記』「다가군多珂郡」의 조항에 타치바나(橘) 황후로 등장한다. 이소하라는 한때 다가군에 포함된다. 텐무(倭武) 천황(야마토타케루)은 들판에서 사냥을 하고 타치

40) 寺島良安 찬, 「船橋類」, 『和漢三才圖會』 권34, 東京美術, 1970, p.411. "舟神. 名媽祖娘娘. 俗謂之舟菩薩. 唐船來于長崎. 閒所祭神是也乎. 本朝以住吉大明神. 爲舟神也. 舟玉社. 大海神社等. 有於末社."

41) 朝日家文書 32호, 「株格之儀付書上」, 앞의 책, p.109. "天保年中ニ水戸齊昭公從命父義甕神官へ改職被仰付候砌右天妃神業體弟橘媛命同體ト被仰笠原神社ト神號被仰渡."

바나 황후는 바다에서 고기를 잡아 서로의 사냥감을 경쟁했다. 들판의 사냥감은 얻을 수 없었지만, 바다에서는 대단히 많은 고기가 잡혔다.[42] 오토타치바나히메는 여기에서 풍어豊漁의 여신으로 여겨진다. 후나타마로 추앙받는 마조에 어울리는 또다른 신격임에 틀림없다. 훗날 부흥의 움직임이 일어나, 현재는 이소하라의 신전에 '천비공주'와 '오토타치바나히메'의 이름이 병기되어 지금에 이르고 있다.

일단 관음보살과 융합한 마조는 일본에 전해진 이후 어민의 신앙대상인 후나타마의 어신체가 되었고, 불교와 연결된 민간 풍습의 제신이 되어 신화에 등장하는 풍어의 여신과 동일시되게 되었다. 이렇게 다양한 전통과 접촉을 거듭해 변용을 반복하면서 생존해 온 것이다.

복건성 바다에 사는 사람들의 신앙이 시작이었다. 이윽고 마조는 중국의 역대 왕조에 의해 국가 제사의 대상이 되고, 다른 한편으로 관음의 화신이 되어 거대한 신앙권을 형성하고 도교 신들의 계열에도 편입되었다. 이러한 융합성이 있었기에 마조 숭배는 확대될 수 있었던 것이다. 그 결과 아시아의 동쪽 끝 섬나라에 전해졌고 거기서도 또 불교와 신도와 교류를 거듭했다. 민속 현상과도 하나로 섞이면서 다시 바다에 사는 사람들의 신앙으로 돌아갔다.

42) 「多珂郡」,『常陸國風土記』(日本古典文學大系, 岩波書店, 1958, p.90) "於是[倭武]天皇幸野. 遣橘皇后. 臨海令漁. 相競捕獲之利. 別探山海之物. 此時野狩者. 終日驅射. 不得一宍. 海漁者. 須臾才採. 盡得百味焉."

6. 한반도로의 전파 가능성

마조숭배가 고양된 하나의 계기는 이미 말했듯이 견고려사의 선박을 구한 일이었다. 바다가 험한 장소에는 다양한 항해 신이 모셔졌다. 송대의 고려견문록인 『선화봉사고려도경宣和奉使高麗圖經』은 한반도 서해안의 군산 섬에 있던 용왕의 사당에 대해 기록하고 있다.[43] 한편으로 조선 왕조 견명사遣明使는 출항지에서 바다의 신에게 기원했다.[44] 김육金堉의 『잠곡유고潛谷遺稿』에 수집된 「각화도개양제문覺華島開洋祭文」에는 천비를 필두로 용왕과 바람 신인 풍백風伯이 나란히 등장한다.[45] 중국사람들의 이주에 따라 마조숭배가 전파된 흔적은 현재 한반도에서는 확인되지 않는다. 그러나 17세기에 중국에 갔던 사람들 사이에서 천비의 이름은 항해의 신으로 알려져 있던 것이다.

향보享保 2년(1717)까지 진야시강眞野時綱이 찬집한 『고금신학류편古今神學類編』에는, 조선 사람들이 배에 천비궁을 모시는 것을 전해 들었다고 한다. 이 외에도, 천비는 보살로도 불리고, 음양의 두 신이라고도 불린다고 한다. 중국에는 남쪽 바다에서 그 제사를 행하지만, 일본에는 이런 행사는 전승되지 않는다고 적고 있다.[46] 또한 연향延

43) 徐兢 찬, 『宣和奉使高麗圖經』 권17, 「祠宇」(國學基本叢書, 臺彎商務印書館, 1968, p.61); 권36 「海道」, p.126. "五龍廟在羣山島客館之西一峯上. …… 正面立壁繪五神像. 舟人祠之甚嚴" "[君山島]西小山上有五龍廟資福寺."

44) 安東浚, 「天妃信仰與韓國使行文學」(四川大學宗教硏究所編, 『道教神仙信仰研究』 하, 中華道統出版社, 2000, p.717)

45) 金堉, 『潛谷遺稿』 권9, 「覺華島開洋祭文」(韓國名家文集選 제4, 亞細亞文化社, 1974, p.184) "惟天妃聖母. 卽著慈愛之仁. 海若尊神. 又含寬容之德. 騰九萬以利見濟險. 惟仰於龍王. 擊三千而如飛助順. 實賴於風伯. 矧玆小星之垂佑. 亦日大功之能全."

46) 眞野時綱 찬, 『古今神學類編』 권36, 「神階篇」(『神道大系』 수편3, 神道大系編纂會,

享 원년(1744)에 찬술된 『일기국속풍토기壹岐國續風土記』에 의하면, 이키(壹岐) 섬의 한신산韓神山에 카라(加羅) 신사가 있는데, 난파된 '한선韓船'의 천비가 여기에 모셔진다고 한다.[47] 모두 한반도의 마조신앙에 관한 유례가 없는 귀중한 증언이다.

한반도의 어민도 후나타마(船玉, 항해의 신)와 유사한 믿음을 갖고 있다. 그러나 일본어의 '타마' 즉 성령과 영혼에 상응하는 명칭이 없고, 배에 모셔지는 신으로는 '배성황船城隍'이 탁월하다고 한다.[48] '성황城隍'은 마을의 수호신이며, 이를 모시는 '성황당城隍堂'에서 그 신을 맞이한다. 한 마을의 생업을 지원하는 어선의 수호신으로 배성황이 모셔진 것은 그 신앙적 기능의 연장선상에 있다고 이해할 수 있다.

성황신은 마조와 마찬가지로 중국 민간신앙에서 출발했고, 도교 신들과 함께 모셔지게 된 신이다. 한반도에는 중국 도교 모습 그대로는 아닐지라도 민간 풍습으로 침투해 있는 것이 적지 않다. 고대부터 계속된 도교 신앙의 전파 규모를 생각하면 이러한 사례는 이외에도 셀 수없이 많이 있을 것이다.

반도의 남쪽 제주도에는 '영등' 축제가 진행된다. 그 이름은 "연등

1985, p.241) "전해 들으니, 조선 사람들은 후나타마의 느낌으로 천비궁을 모시고 그의 제사를 받들고 여행 중에 그것을 믿는다. 이것은 보살이라고도 칭한다. 천비궁이라고도 하고 음양이신이라고도 하며 또는 일신야라고도 한다. …… 중국에도 천비의 제사가 남쪽 해상 사람들의 제사라고 전해진다. 우리나라에 이 신의 제사는 없는 것 같다."

47) 『壹岐國續風土記』 권61, 「壹岐郡立石邑」(『神道大系』 신사편46, 神道大系編纂會, 1984, p.324) "加羅神社. 在黑龍村韓神山. 所祭. 天照太神. 天妃也. …… 고노전古老傳에 다음과 같이 전한다. 옛날에 양군兩郡을 떠나 바다를 왕래할 때 한선韓船이 지금의 카라카미 주변에 파손되어 있었다. 곧 그 천비를 모시고 카라카미라고 칭한다."

48) 龜山慶一, 앞의 책, p.330, 371.

燃燈"에서 유래한다고 한다.[49] 중국에서는 구정에 행해지는 불의 축제였지만, 한반도에서는 풍작과 풍어를 기원하는 축제로 존중되었다. 특히 제주도에서는 바다가 진정되기를 기원하여 바람이 제사의 대상이 되었다. 현재 영동제는 해녀의 행사가 되었는데, 용왕 축제와 기본적으로 다르지 않다고 한다.[50] 용왕과 영동은 제사에 있어서는 완전히 융합되어 있다. 이것은 용왕과 풍백이 모두 한반도 뱃사람들의 숭배 대상이며, 바다의 신을 축복하는 제문에 모두 등장하는 것으로 이어질 것이다. 조선 왕조 시대의 제문에는 천비도 함께 등장했다. 마조숭배와 영등과의 연결에 대해서는 다시 검토할 여지가 있다.

마조신앙은 동아시아 전역에 달하는 규모로 확대되어 왔다. 이것은 관음신앙에 대해서도 똑같다고 할 수 있다. 한반도에도 관음신앙과 분리되지 않고 결합된 마조신앙이 전파되었음이 틀림없고, 나중에 관음신앙이 압도적으로 우세해 나가는 가운데 마조신앙을 잠식한 것은 아닐까. 어느 쪽이든 동아시아의 여신신앙이라는 큰 맥락 속에서 파악하는 것이 앞으로의 과제라고 생각된다.

(번역: 최지연)

49) 田上善夫, 「風の祭祀と海の祭祀」, 『富山大學人間發達科學部紀要』 제8권 1호, 2013, p.177.
50) 古谷野洋子, 「濟州島ヨンドンクッにみる來航神儀禮の特徴」, 『濟州島研究』 1호, 2009, p.10.

무속신앙에 비춰진 불교의 시왕

김지연(金知姸)

Ⅰ. 서언

인도에 뿌리를 두고 있는 불교는 중국, 한국, 일본 및 태국, 미얀마를 포함한 아시아뿐만 아니라 북미, 유럽까지도 그 가지를 뻗어가고 있다. 붓다가 설법한 진리는 '경전'이라는 기록된 형태로 전달되어 원형에서 크게 벗어나지 않지만, 사찰의 구조 및 수행자의 복식과 수행법 등은 불교가 정착한 지역에 따라 다른 모습으로 나타난다. 이것은 불교가 전래된 지역의 환경이 불교가 발생한 인도와는 다르기 때문에, 이질적인 환경으로 흡수되어 적용되는 과정에서 나타나는 필연적 결과이다. 본고에서는 이처럼 각 지역에서 토속문화와 결합하면서 변형된 불교의 다양한 모습 가운데 시왕신앙에 대해 살펴보고자 한다.

불교에서는 사람이 죽으면 중음의 존재를 거쳐 육도를 윤회한다고 설한다. 이 때 중음의 상태로 명부冥府에 머물면서 이곳을 다스리는 열 명의 왕에게 살아 있을 때 지은 업을 판결 받는다. 그리고 심판의 결과에 따라 다시 태어날 장소가 정해지는데, 열 명의 심판관이 바로 '시왕十王'이다. 명부를 관장하는 자가 열 명의 왕으로 조직되어 체계적인 구조를 갖추게 된 것은 중국 당唐나라의 대성자사大聖慈寺 사문 장천藏川이 저술한 『불설염라왕수기사중역수생칠왕생정토경佛說閻羅王授記四衆逆修生七往生淨土經』[1](이하 『시왕경』으로 약칭)에서 이다. 『시왕경』의 성립을 시발점으로 하여 시왕신앙이 널리 유행하였는데, 돈황에서 발견된 시왕경변상도나 돈황 및 영파寧波 등의 지역에서 제작된 시왕도가 이를 증명해 준다.

또한 이 경전은 한반도로 전해져서 지금까지 다양한 형태로 '시왕'이 신앙되고 있다. 이 신앙의 중심에 있는 『시왕경』은 수차례 판각되었고, 시왕도로 묘사되기도 하였으며, 그 외에도 '시왕'과 관련된 기록들이 역사서에 남아있다. 뿐만 아니라 불교의 '시왕'은 토속신앙 가운데 무속신앙의 굿에서도 출현하고 있다. 따라서 본고에서는 이것들을 중심으로 중국으로부터 전래된 불교의 시왕신앙이 한반도에서는 어떤 양상으로 나타났는지를 알아보려고 한다. 이어서 무속신앙에서 등장하는 시왕의 모습을 제시하고, 불교와 무속신앙에서 보이는 '시왕'의 차이점과 그것이 나타난 이유를 밝혀보려고 한다.

1) 『佛說預修十王生七經』(X1, p.408a08~09), "成都府大聖慈寺沙門藏川述 佛說閻羅王授記四衆逆修生七往生淨土經."

II. 『시왕경』의 한반도 전래와 유행

『시왕경』은 중국에서 9세기에 사문 장천이 저술한 것으로, 죽은 후부터 육도에 다시 태어나기 이전에 중음의 상태에서 거치게 되는 열 명의 왕의 모습과 그 역할을 상세하게 설명한다.

> 죽은 후, 첫 번째 7일은 진광왕을 지난다. …… 두 번째 7일은 초강왕을 지나고 …… 세 번째 7일은 송제왕을 지나고 … 네 번째 7일은 오관왕을 지나고 …… 다섯 번째 7일은 염라왕을 지나고 …… 여섯 번째 7일은 변성왕을 지나고 …… 일곱 번째 7일은 태산왕을 지나고 …… 여덟 번째 백일은 평등왕을 지나고 …… 아홉 번째 일 년은 도시왕을 지나고 ……열 번째 삼 년이 되면 오도전륜왕을 지난다.[2)]

비록 『시왕경』 중심인물은 사후세계인 명부를 다스리는 열 명의 왕이지만 초점은 '죽은 이후'가 아닌 '죽기 이전'에 맞춰져 있다. 죽은 후의 세계를 보여줌으로써, 그곳을 거치지 않고 바로 윤회하기 위한 방법으로써 살아있을 때 미리 공덕을 쌓아두기를 권하는 것이 이 경전이 저술된 목적이기 때문이다. 이와 같은 내용을 담은 『시왕경』은 중국에서 성립된 이후에 지속적으로 유행하였고, 한반도에 전래되

2) 『佛說預修十王生七經』(X1, p.409b14~c19), "第一七日過秦廣王讚曰一七亡人中陰身驅將隊隊數如塵且向初王齊檢點由來未渡奈河津第二七日過初江王……第三七日過宋帝王……第四七日過五官王……第五七日過閻羅王……第六七日過變成王……第七七日過大山王……第八百日過平等王……第九一年過都市王……第十至三年過五道轉輪王."

면서 널리 퍼져 많은 사람들에게 신앙되는 하나의 대상으로 자리잡게 되었다. 이 장에서는 역사서의 기록과 『시왕경』의 판각을 근거로 하여 한반도에서 나타나는 시왕신앙의 다양한 형태를 제시해보고자 한다.

1. 역사서에 남아있는 '시왕'의 기록

시왕신앙의 중심이 되는 『시왕경』이 언제, 누구에 의해서 한반도로 전해졌는가를 밝히는 기록은 남아있지 않기 때문에 현존하는 자료만으로는 정확하게 규정할 수 없다. 그렇지만 '시왕'이라는 단어를 포함하고 있는 기록을 근거로 하여 한반도에서 행해지던 시왕신앙의 형태를 유추해 볼 수 있다. 특히 역사서를 통해 유형과 무형의 두 가지 시왕신앙을 찾아 볼 수 있다.

첫째는 '시왕'을 중심으로 하는 사찰의 건립으로, 여기에는 시왕을 모시는 단독 건물의 구축도 포함된다.

> 【자료1】 또한 궁성의 서북 모퉁이에 시왕사를 신축했는데, 그 절에 그린 화상이 기괴망측했는 바 남몰래 가슴에 반역의 뜻을 품고 이런 것으로 신명의 음조를 구하였던 것인바 기명마다 모두 그런 뜻으로 글을 새겼다.[3]

> 【자료2】 [숙종], 임오 7년(1102) …… 9월 …… 정유일에 홍복사의 시왕당이

3) 『高麗史』127卷, 「列傳」40卷 '叛逆1-金致陽', "又於宮城西北隅, 立十王寺. 其圖像奇怪難狀, 潛懷異志, 以求陰助. 凡器皿, 皆銘其意."

완성되었다. 왕이 태자에게 명령하여 분향을 하게 하였다. 무술일에 왕이 왕후와 태자에게 명령하여 분향을 하게 하였다. 무술일에 왕이 왕후와 태자와 모든 종친들을 데리고 이 절에 가서 낙성식을 치르었다.[4)]

【자료3】 [인종] 병인 24년(1146) 봄 정월 …… 신묘일에 왕[인종]이 병세가 위독하여 …… 갑오일에는 또 시왕사에서 기도를 하고 기해일에는 종묘와 사직에 빌었다.[5)]

위에 제시한 자료들은 고려시대에 발생한 사건들을 기록한 역사서의 내용 중 일부로, '시왕'과 관련된 건물에 대해 언급하고 있다. 【자료1】과 【자료3】은 명칭에 '시왕'이 포함된 사찰인 '시왕사'가 존재했었음을 보여주고, 【자료2】는 '시왕'을 중심으로 하는 독립된 건물인 '시왕당'이 있었음을 말해준다. 이처럼 '시왕'을 넣어서 사찰의 이름을 짓고 사찰을 구성하는 많은 건물 가운데 시왕만을 안치하는 건물이 있었다는 사실에 근거한다면, 12세기 당시에 시왕신앙이 상당히 유행하고 있었음을 알 수 있다. 특히 【자료1】은 '시왕'이라는 단어를 포함하는 공식적인 기록 가운데 가장 이른 것[6)]으로 시왕을 중시하는 사찰인 '시왕사'가 11세기 초 이전에 존재하고 있었다는 사실에 미루어 본다면, 시왕은 11세기 이전에 이미 한반도에서 신앙되고 있었음

4) 『高麗史』 11卷, 「世家」 11卷 "[肅宗] 七年……九月……丁酉興福寺十王堂成命太子行香戊戌王與后妃太子諸王幸是寺落成."
5) 『高麗史』 17卷, 「世家」 17卷, "[仁宗]二十四年春正月……辛卯王疾篤 ……甲午又禱于十王寺. 己亥禱于廟社."
6) 金致陽은 1009년에 죽었기 때문에 '시왕사'는 그 이전에 건립되었음을 알 수 있다.

을 추정해 볼 수 있다.

둘째는 죽어서 시왕을 만나기 전, 살아있을 때 미리 공덕을 쌓기 위한 '시왕재十王齋'의 시행이다. 『시왕경』에서는 죽은 자가 죽음을 맞이한 이후 7일부터 3년까지 열 차례에 걸쳐 각각의 대왕을 만나게 되는 시간을 규정한다. 이 경에서 열 명의 왕을 드러내 보이는 이유는 죽은 이후부터 윤회하기 전까지 중음의 단계에서 열 명의 왕을 모두 만나는 길이 험난하다는 사실을 강조함으로써 살아있는 사람들에게 어느 정도의 공포감을 조성하는 것이다. 이를 통해 열 명의 왕을 모두 거치는 힘든 과정을 일부 건너 뛰거나 완전히 생략하여 죽은 후 바로 윤회하기 위해서는 죽기 전, 즉 살아있을 때 미리 재를 행하여 공덕을 쌓아 일종의 면죄부를 준비하도록 권고한다.

> 【자료4】 어려서부터 불교에 귀의하여 …… 결혼한 뒤에는 ……, □ 평생 오후에는 음식을 먹지 않았으며, 매번 십재일이 되면 고기를 먹지 않으면서 정토에 태어날 것을 맹세하였다.[7]

위의 자료는 고려시대에 행해진 '십재일十齋日'[8]에 대한 기록이다. 이를 통해 당시에는 십재일을 중시하였고, 십재일을 지키는 동안에

---

7) 『高麗墓誌銘集成』, 「李一娘墓誌銘」(明宗 22年,1192) "少歸心佛敎 …… 旣嫁長…… ㅁ全(?)歲不食午後食每十齋日食捨肉以生淨土爲誓."

8) 본고에서 제시한 『佛說閻羅王授記四衆逆修生七往生淨土經』 외에 唐 大聖慈寺의 藏川이 저술했다고 기록되어 있지만 일본에서 위찬된 것으로 밝혀진 또 다른 『十王經』인 『佛說地藏菩薩發心因緣十王經』의 閻羅王 부분(卍新續藏 150, p.772)에서는 十齋日과 그에 해당하는 佛菩薩(一日-定光佛, 八日-藥師瑠璃光如來, 十四日-賢劫千佛, 十五日-阿彌陀佛, 十八日-地藏菩薩, 二十三日-勢地菩薩, 二十四日-觀世音菩薩, 二十八日-毗盧遮那如來, 二十九日-藥王菩薩, 三十日-釋迦牟佛尼)을 설명하고 있다.

철저히 계율을 지키는 등 엄격하게 생활하고 있었음을 알 수 있다.

한편 시왕재는 고려시대뿐만 아니라 조선시대에도 시행되었는데, 기록된 내용의 성격이 고려시대의 것과는 다소 차이가 있다.

> 【자료5】 예조에서 계하기를 "함길도 석왕사는 태조의 잠저 때부터 원찰이라고 일컬어 거듭 새롭게 건물을 짓고는 속전 1백결과 또 나한, 시왕재의 위전으로 각기 50결씩 주었사오니, 청하건대 다른 사사의 예에 의하여 나한, 시왕재의 위전을 혁파하소서."[9)]

> 【자료6】 사간원 좌사간 유계문 등이 상소하기를 "…… 또 불효의 죄는 부모의 과실을 고하는 것보다 큰 것이 없는데, 지금 사람들은 어버이가 죽으면, 크게 불공을 베풀고서 매양 죄 없는 부모를 죄가 있는 것처럼 부처와 시왕에게 고하고, 그 죄를 면하기를 비니 그 불효함이 이보다 큰 것이 없습니다. 설사 부처와 시왕이 있다 하더라도 어찌 한 그릇 밥의 공양으로 죄 있는 사람을 용서할 이치가 있사오리까."[10)]

이 두 자료는 모두 『세종실록』의 기록으로 '시왕'과 관련된 사건에 대한 부정적 시각이 드러난다.[11)] 전자는 시왕재를 하는데 필요한

9) 『朝鮮王朝實錄』, 「世宗實錄」 41卷, [세종 10년(1428), 9월 20일 기사 2번째 기사], "禮曹啓: 咸吉道釋王寺, 自太祖潛邸時, 稱爲願刹.重新營構, 屬田一百結, 又給羅漢十王齋位田各五十結. 請依他寺社例, 革羅漢十王齋位田."

10) 『朝鮮王朝實錄』, 「世宗實錄」 27卷, [세종 7년(1425), 1월 25일 병신 4번째 기사], "司諫院左司諫柳季聞等上疏曰……不孝之罪, 莫大於告父母過失. 今人親死, 則廣設佛事, 輒以無罪之父母爲有罪, 而告佛與十王, 祈免其罪也, 其不孝莫大焉. 假使佛與十王在, 安有享一器之食而赦有罪之人乎."

11) 이 외에도 시왕도에 대한 부정적인 시각도 다음과 같이 기록되어 있다. "사간원에서 아뢰기를 '지금 승도들이 서울 바깥 사찰에서 시왕도라고 칭하고서, 사

비용을 위해 마련한 토지인 위전을 없애달라고 청하는 것이고, 후자는 죽은 부모를 위한 시왕재가 불효의 행위라고 비난하는 것이다. 하지만 이 기록들을 분석해보면, 세종시대(1418~1450)인 15세기까지 시왕재는 왕실이 주체가 되어 정기적으로 개최된 행사였고, 국가적인 신앙의 측면과 동시에 민간신앙의 측면에서도 시왕재가 매우 성행하고 있었다는 사실을 확인할 수 있다. 다만 【자료6】에서 살아있는 사람들이 본인의 사후를 위해서가 아니라 죽은 사람이 생전에 지은 죄를 대신 없애주는 것을 목적으로 시왕에게 재를 지내고 있다는 사실은 주목할 만한 사항이다.

2. 『시왕경』의 판각

한반도에서는 조선시대에 이르러 『시왕경』의 판각이 여러 차례 이루어졌다. 이 경전은 해인사[1246年陜川海印寺寺刊本], 천명사[1454年平安道平壤府訥山天明寺開板本], 증심사[1461年全羅道光州地瑞石山證心寺開刊本], 간경도감[1469年刊經都監板], 흥률사[1574年黃海道文化土九月山興栗寺開板本], 광흥사[1576年安東地鶴駕山廣興寺開板], 동학사[1577年鷄龍山東鶴寺刊板本], 서봉사[1601年光教山瑞峰寺開板本], 송광사[1618年曹溪山松廣寺開板本], 보현사[1687年妙香山普賢寺鏤板印], 화엄사[1718年, 1735年全羅道智異山華嚴寺開刊本]에서 간행되었다. 열두 차례에 걸친 판각은 시왕신앙이 유행하면서 그 토대가 되는 『시왕경』의 "이 경을 지니면 지옥 면하고, 이 경

람 형상을 괴상한 형용과 이상한 모양에 이르기까지 그리지 않는 바가 없사옵니다.'" 『朝鮮王朝實錄』, 「世宗實錄」 88卷, [세종 22년(1440), 1월 25일 무진 3번째 기사], "司諫院啓: 今僧徒乃於京外寺社, 稱爲十王圖, 圖畫人形, 至於殊形異狀, 無不畫作."

베껴도 심한 재앙 면하리라."[12]라든가 "오래오래 살기를 바라거든 이 경전 만드는 게 좋으리다. 그러면 지옥의 고통이 없을 것이요 부하고 귀한 집에 태어남은 물론 선한 신이 언제나 지켜 보호하리다."[13]라고 하는 등, 경전을 수지하고 독송하는 공덕을 강조하는 내용이 반영된 것이다.

한편, 위에 제시된 판각의 목록에서는 15세기(1454, 1461, 1469)와 16세기(1574, 1576, 1577)에 짧은 기간 사이 집중적으로 판각이 이루어진 것을 볼 수 있는데, 앞의 【자료6】(1425)을 함께 고려해 본다면 15~16세기에 시왕신앙이 상당히 유행하고 있었음을 추정할 수 있다. 그리고 판각이 주로 사찰에서 개별적으로 실행되었지만, 그 외에도 국가기관인 간경도감에서 간행된 경우가 있어서, 『시왕경』이 서민층뿐만 아니라 국가적인 차원에서도 중시되고 있었음을 알 수 있다.

지금까지 살펴본 것과 같이 시왕에 대한 신앙이 사찰의 건립, 십재의 시행, 『시왕경』의 판각의 형태로 행해졌다는 사실을 역사서의 기록들에 근거하여 확인할 수 있었다. 이 외에도 여러 점의 시왕도[14]를 조성하고, 조선시대에 간행된 의례집에 '시왕'과 관계된 생전예수재 및 시왕각배재[15] 등의 의례가 포함되어 있다. 이러한 자료들을 통해

12) 『佛說預修十王生七經』(X1, p.409a06), "持經免地獄書寫免災痾."
13) 『佛說預修十王生七經』(X1, p.409a17~18), "欲得命延長當修造此經能除地獄苦往生豪貴家善神恒守護."
14) 시왕도를 조성했다는 기록이 많이 보이는데, 김정희가 정리한 조선시대에 제작된 地藏菩薩圖의 목록을 검토해보면, 총 240점 가운데 지장과 시왕을 함께 묘사하는 地藏十王圖가 181건이었다. 그리고 조선시대에 시왕만을 단독으로 그린 十王圖는 총 44점이 제작되었다. 이와 같은 사실을 통해서 조선시대에 한반도에서 시왕신앙이 지장신앙과 함께 유행하고 있었음을 알 수 있다.(김정희, 『조선시대 지장시왕도 연구』, 일지사, 1996, pp.451~475 참조.)

서 한반도에서 유행한 시왕신앙의 형태를 파악해 볼 수 있다.

Ⅲ. 굿의 무가로 유입된 시왕

불교에서 명부를 다스리는 시왕은 한반도의 토속신앙土俗信仰[16]의 한 부류인 무속신앙巫俗信仰의 굿에서 찾아볼 수 있다. 굿은 무당이 노래와 춤으로써 무아의 경지에 돌입하여 탈혼의 과정을 거쳐 신과 접촉하고 거기에서 신탁을 통하여 길흉화복 등의 인간의 운명을 조달해 달라고 비는 제의이다.[17] 목적에 따라서 집안의 안녕과 자손의 번창을 기원하는 굿, 죽은 이의 넋을 달래고 극락으로 천도하는 굿, 아기를 갖도록 기원하는 굿, 이사를 하거나 새로 집을 지을 때 하는 굿, 병이 낫기를 기원하는 굿 등 여러 가지 종류가 있다.

하지만 같은 목적으로 열리는 굿이라고 하더라도 굿이 행해지는 지역의 특성에 따라 굿의 명칭이 달라지기도 한다.[18] 또한 지역의 환경과 같은 다양한 요소의 차이에 의해 굿이 진행되는 형태와 그 내용이 각각 다르게 나타나기도 한다. 뿐만 아니라 굿이 무속신앙이라는

15) 불교에서 죽은 사람의 명복을 비는 영혼 천도의식.

16) 民俗信仰, 固有信仰, 民間信仰이라고도 하는데, 본고에서는 '토속신앙'을 사용하기로 한다.

17) 한승희, 「제주도 굿에 대한 연구-영감놀이를 중심으로-」, 『민속학술자료총서 8차』, 2004, 우리마당터, p.35.

18) 예를 들면 집안의 안녕과 재복을 비는 굿을 진도·통영·부안 등에서는 '도신굿', 평안도·부여에서는 '재수굿', 경기 남부에서는 '안택굿'이라고 한다. 그리고 죽은 이의 넋을 달래고 극락으로 천도하는 굿은 통영·부산·경기남부에서는 '오구새남굿', 강릉·부여에서는 '오구굿', 진도 부안에서는 '씻김굿', 평양에서는 '사자굿', 서울·황해도에서는 '진오기굿', 함경도에서는 '망묵굿', 평안도에서는 '다리굿', 제주도에서는 '시왕맞이굿'이라고 부른다.

토속신앙의 영역에 있지만, 한반도에 불교가 전래된 이후 지속적으로 발생한 상호영향에 의해 불교의 많은 요소들이 굿으로 스며들게 되었다. 그 결과 굿을 행하면서 부르는 무가에 석가모니불 · 아미타불 · 지장보살 등 불교의 불보살들이 등장하고, 굿을 하면서 『천수경』을 비롯한 불교경전을 염불하기도 한다. 이 외에도 여러 가지 예가 있지만 그 가운데 굿에 등장하는 '시왕'에 초점을 맞추어 살펴보고자 한다.

1. 통영

통영은 한반도의 남단에 위치한 도시로 바다와 인접해 있으며 많은 섬으로 구성되어있다. 예전부터 어업이 주업을 이루고 있었기 때문에, 어부들의 안전을 빌거나 바다에 일을 나갔다가 죽은 자들을 위로하는 '오구새남굿'이 많이 행해졌다. 이 굿의 본격적인 천도의식은 '말미'부터 진행되는데, 시왕에게 매여있는 망자를 꺼내와 저승의 극락으로 인도하는 것을 의례의 형식을 빌려서 보여준다.[19] 그 과정 중 '황천문답'에서 망자의 넋이 시왕을 지나 극락으로 천도되고, '환생탄일'을 통해 시왕 앞에서 극락으로 환생했음을 축원한다.

또한 풍어를 기원하며 행해지는 '별신굿'에는 '시왕탄일十王誕日[혹은 시왕풀이]'이라는 과정이 포함되어 있다. 이 의식은 풍요를 기원하기 위해 여러 신들을 청하고 난 뒤, 마을 사람의 조상 가운데 원통하게 죽어 아직 이승을 떠돌고 있을 망자를 달래는 의식이다. 굿이 진

19) 이 의례에서는 명부의 十王門을 상징하는 '시왕문고리'라는 무구를 사용한다. 이것은 대나무를 十字형으로 만들어 문으로 세우고, 이승과 저승의 세계를 이 문을 경계로 하여 나타낸다.

행될 때 '시왕탄일'의 순서가 되면 승방[20]은 다음과 같은 무가를 낭송한다.

> 제일 진광대왕님은 그 어데 사람이고. 금강산 법성도사로서 삼십변 변화하야 옥황에 올라가 상제께 선신하니 상제 면축하사 지구에 보내어 초제왕을 마련하야 ……[21]

이 '시왕탄일'의 무가에서 특이한 점은 명부에서 죽은 이의 판결을 맡은 자가 중국에서 장천이 만든 『시왕경』에 의해 시왕으로 정립되었음에도 불구하고, 진광대왕의 출생지를 한반도에 있는 '금강산'으로 규정하고 있는 부분이다. 이것은 불교적 요소인 '시왕'이 한국 무속신앙에 유입되면서 변형된 예로 볼 수 있다.

2. 부안

부안은 한반도의 서쪽에 위치하고 있는 해안지역이다. 여기에서도 죽은 이의 넋을 달래고 극락으로 천도하기 위한 굿을 하는데 '씻김굿'[22]이라고 한다. '씻김굿'의 절차 가운데 '조상석'·'오구물림'·'길닦이'를 할 때 부르는 무가에서 시왕이 나타난다.

20) 굿을 진행하는 사람으로 무당, 심방, 승방 등 지역에 따라 다르게 부르는데, 본고에서는 각 지역에서 사용하는 명칭에 따르기로 한다.

21) 문화공보부 문화재관리국 편, 『한국민속종합조사보고서』 14, 문화공보부 문화재관리국, 1983, p.78.

22) 무속에서는 살았을 때 아무리 죄가 많고 한이 많은 영혼이라도 가족이나 자손이 돈과 정성을 쏟아 굿을 하여 깨끗이 씻겨주면 그 덕으로 극락에 갈 수 있다고 믿는 것이 특이하다.(황루시, 최길성, 『전라도 씻김굿』, 해화당, 1985, p.89.)

멀고 먼 황천 질을 가겼다가 오실적으

바람도 쉬어 넘고 구름도 쉬어 넘고

第1殿 진광대왕 매어가시고

第2殿 초강대왕 매어가시고

第3殿 송제대왕 매어가시고

第4殿 오관대왕 매어가시고

第5殿 염라대왕 매어가시고

第6殿 변성대왕 매어가시고

第7殿 태산대왕 매어가시고

第8殿 평등대왕 매어가시고

第9殿 도시대왕 매어가시고

第10殿 전륜대왕으

王은 열 十王으 매여 가신

左右 조상님네라[23]

위의 무가는 '조상석'의 일부분으로, 아직 이승에서 떠돌고 있는 조상의 넋을 불러들여 편안하게 저승의 극락으로 보내주는 의식이다. 이 무가에서는 조상님이 죽어서 황천길을 갈 때, 시왕의 이름을 순서대로 나열하면서 이들을 지나가는 장면을 묘사하고 있다.

다음으로 '오구물림'[24]은 오구풀이 또는 세왕(十王)풀이라고도 이름

23) 문화공보부 문화재관리국 편, 앞의 책, p.261.

24) 오구물림은 서울에서는 바리공주, 함경도는 칠공주나 오기불이, 경상도와 전라도에서는 바리데기라고 한다. 임지숙에 따르면 바리데기의 '바리'는 버린, '데기'는 福데기 식으로 사람(특히 아이)을 가리키는 사투리로, 바리데기는 버린 아이를 뜻한다. 그리고 이들 각 편에는 세부적인 차이가 있으나 구성하고 있는 구조는 버

하는데, 이 과정에서는 바리데기 무가를 부른다. 무가의 내용은 세왕의 일곱 명의 딸 가운데 버려진 일곱째 딸인 바리데기가 부모의 병을 낫게 하기 위해 약을 구해와서 부모를 살린다는 것이다. 그리고 후반부에서 바리데기가 낳은 열 명의 아들들이 각각 대왕이 되는 부분이 있는데, 이들이 바로 '시왕'이 된다.

> 첫번에 낳은 아들은 第一의 진광대왕 봉허고
> 두번에 낳은 아들은 第二의 초강대왕 봉허고
> 세번채에 낳은 아들은 第三의 송제대왕 봉허고
> 네번채에 낳은 아들은 第四의 오관대왕 봉허고
> 다섯번채에 낳은 아들은 第五의 염라대왕 봉허고
> 여섯번채에 낳은 아들은 第六의 변성대왕 봉허고
> 일곱번채에 낳은 아들은 第七의 태산대왕 봉허고
> 야달번채에 낳은 아들은 第八의 평등대등 봉허고
> 아홉번채에 낳은 아들은 第九의 도시대왕 봉허고
> 열번채에 낳은 아들은 第十의 전륜대왕 봉허고
> 이리하여 열 시왕을 봉허고
> ……
> 저승 왕에 들어 가면
> 세왕전에 문초 받어
> 첫번채 여넌 문은 第一진광대왕이 여는 문이요

려진 자식이 부모의 죽음을 환생시킨다는 전체적 내용을 같이한다고 한다.(임지숙, 「무가〈바리데기〉의 전환구조와 그 세계관」, 『민속학술자료총서』 8차, 2004, 우리마당터, p.108 참조.)

……

열번채에 여넌 문은 第十전륜대왕이 여넌 문이요

세왕님이 왕생극낙 보내주시면[25]

위의 바리데기 무가에서도 시왕은 죽은 자가 저승에 이르러 극락으로 가기 위해서는 반드시 통과해야 하는 대상으로 설정되어 있다. 따라서 죽은 자의 넋이 열 명의 모든 대왕을 무사히 지나 지옥에서 완전히 벗어나도록 하고, 살아있을 때 지은 죄도 모두 씻겨져 소멸되어 극락에 이를 수 있도록 하기 위해 시왕풀이를 치룬다.

마지막으로 '길닦기'는 죽은 자의 넋이 극락으로 갈 때 지나갈 길을 닦는 의식이다. 이것은 심방이 베나 천을 가르며 나아가면서, 죽은 자의 넋이 명부의 길을 지나 극락으로 나아가는 것을 묘사한다. '길닦기'를 할 때 부르는 무가에서도 아래와 같이 '시왕'의 모습이 보인다.

左右 선영에 左右 실령님네

第一殿에 진광대왕

第二殿에 초강대왕

第三殿에 송제대왕

第四殿에 오관대왕

第五殿에 염라대왕

第六殿에 변성대왕

25) 문화공보부 문화재관리국 편, 앞의 책, pp.268~269.

第七殿에 태산대왕

第八殿에 평등대왕

第九殿에 도시대왕

第十殿에 전륜대왕

王은 열시왕에 메웠던

질을 닦어 원을 풀어 해원 받어[26]

위에 제시한 무가에서도 시왕의 명칭이 순서대로 제시되고 있는데, 시왕은 죽은 자의 넋이 극락을 향해가는 길에 위치하고 있는 것으로 표현된다. 그래서 '길닦기'를 통해 시왕이 배치된 그 길을 차례대로 지나면서 이승에 남아있는 모든 한을 풀고 최종 목적지인 극락으로 가게 됨을 보여준다.

지금까지 살펴본 부안지역의 '씻김굿'에서는 여러 번에 걸쳐 '시왕'이 등장하고 있음을 확인할 수 있었다. 세 가지 의식에서 묘사되는 '시왕'의 공통된 모습은 순차적으로 열 명의 이름만이 모두 언급된다는 사실이다. 이것은 무가에서 '시왕'이 죽은 이의 넋이 지나야 하는 명부를 관장하는 자들로 인식될 뿐, 불교에서처럼 시왕의 각각을 만나게 되는 날짜나 각 대왕의 특성 등이 중요시되고 있지 않다고 볼 수 있다. 또한 부안의 굿에서도 '바리데기' 무가를 통해 '시왕'의 기원을 바리데기 공주의 열 명의 아들이라고 밝히고 있는데, 시왕이 중국에서 조직된 점을 고려한다면 이 부분도 무속신앙에 흡수되는 과정에서 변용된 예로 볼 수 있다.

26) 문화공보부 문화재관리국 편, 앞의 책, p.270.

3. 서울

서울은 조선시대부터 수도였기 때문에 모든 면에서 번영한 도시로, 이곳에서 행해지는 굿도 예외는 아니다. 그래서 비록 죽은 이의 넋을 천도하는 굿을 서울에서는 '진오기굿'이라고 하지만 그 종류는 다양하다. 망자의 사후기간을 기준으로 분류해 본다면 세 가지가 있다. 죽은 지 3~4일 이내에 열리는 굿은 일반적으로 말하는 '진오기굿'을 지칭하고, 죽은 지 49일 후에 열리는 굿은 '평진오기'라 하며, 죽은 지 3년이 지난 후에 행해지는 굿은 '구진오기'라고 한다.[27]

이 굿들은 다양한 종류에 따라 각각의 진행 순서에서도 차이를 보인다. 하지만 본격적인 망자천도를 하기 전에 여러 신격을 불러 모으고, 사재거리를 거쳐 말미를 통한 후 도령을 돌고 베를 가르는 것은 공통된다.[28] 또한 이와 같은 흐름 속에 '시왕'이 등장하고 있음도 동일한데, '진진오기굿'의 가망청배 중에 '시왕'이 등장하는 무가는 다음과 같다.

27) 이 분류는 조흥윤(「살아남은 가족들과 망자의 작별과 잔치」, 『서울 진오기굿』, 열화당, 1993)의 조사를 따른 것인데, 서울지역에서는 굿이 많이 행해졌지만 규정화되지 않은 무형의 성질을 갖다 보니 조사하는 사람들에 따라 행해진 굿이 조금씩 달라서 분류에서도 차이가 난다. 홍태한(「서울 진오기굿의 공연예술성」, 『민속학술자료총서』, 우리마당터, 2004)은 3 · 5(15)일 전에는 '자리걷이진오기', 1년 이내에는 '진진오기', 상당 시간 경과한 후에는 '묵은 진오기'로 구분한다. 또한 김현선(『서울 진오기굿: 바리공주 연구』, 민속원, 2011)은 초상에는 '자리걷이', 14일에서 48일 사이는 '진진오기', 재수굿의 끝에는 '묵은진오기'로 나눈다.

28) 홍태한, 「서울 진오기굿의 공연예술성」, 『민속학술자료총서』, 우리마당터, 2004, p.35.

제십오도 전륜대왕 십대왕전

매인 망자

오늘은 안당에 하직허고[29]

이 무가는 이승에 있는 죽은 자의 넋을 저승으로 보내기 위해 시왕을 청하는 것으로 굿에 따라 순서나 명칭에서 차이가 난다. 조홍윤이 제시한 70년대 행해진 '묵은진오기굿'에서는 '시왕가망거리', '시왕말명거리'가 있다. 그리고 홍태한(2009)의 조사에서 정리된 '진진오기굿'에서는 '뜬대왕'이 있고, 그에 해당하는 '시왕가망노래', '시왕가망공수'가 있다. 또한 김현선은 '자리걷이굿'에서 '가망'에 '시왕가망노랫가락'과 '시왕가망공수'를 포함한 '시왕가망'이 있고, '진진오기굿'의 '뜬대왕'에 '시왕가망'이 있다. 하지만 시왕을 청하는 이유는 같은데, 이승에 남아 있는 망자의 넋이 저승으로 갈 수 있도록 저승의 문을 열기 위해서이다. 일단 문이 열리면 시왕들이 굿거리에 모셔지게 되고, 그들을 위해 마련된 시왕상 위의 음식을 권하며 "부디 많이 잡숫고 망자를 잘 천도해 달라"[30]고 기원한다. 즉, 죽은 자의 넋이 어려움 없이 저승에 도달할 수 있게 하기 위해 명부를 다스리는 시왕을 청하여 부탁을 드리는 것이다.

29) 김현선, 『서울진오기굿: 바리공주 연구』, 민속원, 2011, p.162.
30) 조홍윤, 「살아남은 가족들과 망자의 작별과 잔치」, 『서울진오기굿』, 열화당, 1993, p.86.

4. 제주도

제주도는 육지로부터 분리되어 모든 면이 바다에 접해있는 섬이다. 이러한 지형적 특색 때문에 어떤 문화적 형태가 육지에서 전해지더라도, 정착되는 과정에서 변형되어 제주도만의 특색을 갖추게 되며, 오랫동안 온전한 형태로 유지된다. 또한 자연환경이 삶에 미치는 영향이 육지보다 크기 때문에 타인의 힘, 즉 신에게 의존하는 경향이 강하게 나타난다. 그래서 오래 전부터 신앙되었던 토속신들에게 제사를 지내거나 굿을 행하는 빈도가 다른 지역보다 높고, 그 종류도 다양하다.[31)]

그 가운데 '시왕맞이'는 죽은 사람의 넋을 위로하고 극락으로 보내기 위한 굿이다. 동복 정병춘 댁에서 의뢰한 '시왕맞이굿'의 경우는 신을 청하는 초감제를 포함하여 총 5일에 걸쳐 진행되었다.[32)] 이 굿이 제주도에서 행해지는 일반적인 망자천도굿을 따른다고 한다면, 그 상당한 규모를 통해 '시왕맞이굿'이 이곳에서 차지하는 비중이 높다는 사실을 알 수 있다.

'시왕맞이굿'에서는 시왕을 맞이하기 전에 우선 시왕을 굿이 열리는 장소로 청하고,[33)] 그 다음 본격적으로 시왕 각각을 아래와 같이 열

31) 제주도에는 집안의 창성을 위한 성주굿이나 자손번창을 위한 불도맞이와 같이 다른 지역에 보이는 굿 외에도 바다의 날씨와 관련된 영등굿 등이 이어지고 있다.

32) 강정식外, 『동복 정병춘댁 시왕맞이』, 보고사, 2008, p.18 참조.

33) 이 때는 다음과 같은 무가를 부른다. "날고 오는 시왕 / 트고 오는 시왕 / 옥황상제 영전대왕 / 십전대왕 십이대왕/ 십육사제."(진성기, 『제주도 무가본풀이사전』, 민속원, 1991, p.802.)

거하여 부른다.

> 초제 진강왕, 칼도제 도산지옥
> 이 왕 찾인
> 갑자 을축 뱅인 정묘
> 무진 기사생 찾이우다.
> 제이 소간왕, 가매혹제……
> 제삼은 손계왕, 금서지옥……
> 제늬엔 오간왕, 한빙지옥……
> 제다삿 염여왕은 ……
> 제야삿은 빙신왕 독새지옥……
> 제일곱은 태산대왕 ……
> 제야답은 팽등대왕……
> 제아옵은 철상지옥……
> 제열은 흑감지옥……
> 열하나알 지장대왕……
> 열둘이랑 상부왕……
> 열싯이랑 우두영기……
> 열　이랑 좌두영기……
> 열다삿이랑 동제판관……
> 열다삿이랑 사제왕……[34]

34) 진성기, 『제주도 무가본풀이사전』, 민속원, 1991, pp.165~166.

제주도의 무가에서 시왕이 등장할 때의 특징은 지옥과 죽은 자의 출생년도가 각각의 대왕에 따라 분류되어 있다는 점이다. 주로 시왕들의 순서와 이름만을 부르는 다른 지역의 무가에 비해 각 시왕의 특성을 매우 상세하게 묘사한다. 또한 제주도의 '시왕맞이굿'이 다른 지역의 굿과는 다른 부분은 명부를 다스리는 대왕이 열 명이 아니라는 사실이다. 위에 인용한 무가에서는 '지장대왕', '상부왕', '우두영기', '좌두영기', '동제판관', '사제왕'이라는 여섯 인물이 추가되어 십육 대왕을 구성한다. 일반적으로 시왕보다 상위권속으로 여겨지는 지장보살이 '시왕'의 열한 번째 대왕으로 등장하는 것은 매우 주목할 만한 점이다. 나머지 대왕에 대해서는 명칭만을 언급하여 각각의 특징을 알 수 없지만, 현용준에 따르면 '상부왕'은 15세 미만의 아동을 관장하고 나머지 대왕들은 죄인을 특별히 관장한다고 한다.[35] 이와 같이 시왕이 열 명에서 열여섯 명으로 변경된 것은 '아동'이나 '죄인' 등 무속신앙의 관점에서 중요시 되는 부분이 추가되면서 재구성된 결과로 볼 수 있다.

지금까지 살펴본 통영 · 부안 · 서울 · 제주도와 더불어, 황해도 '철몰이굿'의 '조상'에서는 시왕을 청하여 조상님들을 모셔가라고 무가를 부르고,[36] 함경도의 '망묵굿'의 '문열이천수'에서는 시왕에게 망혼이 좋은 곳으로 가도록 명부의 여러 문을 열어 달라고 기원하고,[37] 평

35) 현용준, 『제주도 무속연구』, 집문당, 1986, p.155. 현용준의 연구와 편무영의 연구(『한국불교민속론』, 민속원, 1998)에서는 이 무가에 4명의 地藏大王 · 生佛大王 · 左頭大王 · 右頭大王만이 추가되었다고 기록하고 있는데, 이것은 무형의 굿을 문헌기록으로 남기는 과정에서 행해지는 굿의 차이라고 보여진다.
36) 문화공보부 문화재관리국 편, 앞의 책, p.308 참조.
37) 임석재 外, 『함경도 망묵굿』, 열화당, 1985, p.79.

안도의 '다리굿'의 '수왕세턴[十王西天]'에서는 시왕을 청하면서 바라춤을 추는[38] 등 한강의 이북지역에서도 다양한 굿이 행해질 때 시왕이 등장한다.

IV. 불교와 무속에 비춰진 시왕의 이상(異相)

불교의 범주 안에서 유행하던 시왕은 한반도 전역에 두루 퍼져 토속신앙에도 영향을 미치게 되었다. 그 가운데 특히 무속신앙의 굿에서 '시왕'이 빈번하게 등장한다. 불교에서 명부를 관장하는 '시왕'은 무속신앙에서도 동일하게 받아들여졌지만, '시왕'이 등장하는 목적은 서로 다르다. 불교에서는 『시왕경』을 토대로 시왕을 보여줌으로써 죽은 이후의 세계를 설명하고, 좋은 생을 기약하기 위해서는 시왕의 판결이 중요함을 강조한다. 따라서 생전예수재 등을 통해 살아있는 동안에 부지런히 선한 공덕을 쌓으면서 미리 사후를 준비하도록 권장한다. 즉 불교의 '시왕'은 '이승'에 초점이 맞춰져 있다. 반면에 무속신앙에서는 『시왕경』에 대한 언급은 없이 '시왕'의 이미지만을 차용하여 죽은 자의 넋이 극락에 이르기 위해 거쳐야 하는 명부를 지키는 자로서의 역할만이 부각된다. 그래서 '시왕'은 죽은 자와 관련된 의식에 주로 나타나는데, 이를 통해서 무속신앙의 '시왕'은 '저승'에 중점을 두고 있음을 알 수 있다. 이와 같이 불교와 무속신앙에서 '시왕'을 바라보는 시각이 다른 이유는 무엇일까?

38) 황루시外, 『평안도 다리굿』, 열화당, 1985. 참조.

첫째는 내세의 존재에 대한 관념차이이다. 불교에서는 현세에서 죽음을 맞이하면 중음의 존재로서 명부를 거쳐 7·7일이 지나면 다시 태어난다. 이때 명부가 열 명의 왕을 지나면서 받는 판결에 의해 육도 가운데 어디에 윤회하게 되는지가 결정된다. 따라서 내세를 결정하는 데 시왕이 차지하는 비중이 크고 죽음의 경과시간에 따라 만나게 되는 각각의 왕이 모두 중요하다. 그래서 『시왕경』에서도 "죽은 뒤에는 반드시 시왕을 거친다. 만약 재를 한 번이라도 빠뜨리면 그 한 왕에게 억류당하여 계속되는 고통 속에서 다른 몸도 받지 못한 채 1년을 지체하고 만다. 그런 까닭에 너에게 권하니 이 중요한 일을 해서 왕생극락의 과보를 기원하라"[39]고 설한다. 이와는 다르게 무속신앙에서는 사람의 넋[영혼]은 불멸하여 영생한다는 것을 전제로 하기 때문에,[40] 현세인 이승에서 죽음을 맞이하면 내세인 저승의 지옥이나 극락으로 이동한다고 여긴다. 그렇지만 저승에서는 현세의 부부나 혈연관계 등의 일체 인연이 청산되고 새로운 생활이 시작되는 곳이라고 생각한다.[41] 여기에서 명부는 이승에서 저승으로 갈 때 거쳐야 하는 하나의 과정으로 인식되므로, 명부의 대왕 열 명이 각각 모두 중요한 것이 아니라 그곳을 다스리는 '시왕'만이 고려해야 할 대상이 된다. 그러므로 열 명의 대왕을 지날 때 설정된 시간은 의미가 없게 되어[42] 무가에서도 시왕의 이름을 부르지만 그들에게 부여된 시간에

39) 『佛說預修十王生七經』(X1, p.408c03~05), "命過十王若闕一齊滯在一王留連受苦不得出生遲滯一年是故勸汝作此要事祈往生報."

40) 고려대학교, 『한국민속대관』3; 민간신앙, 종교, 고대민족문화연구소, 1981, p.247.

41) 김태곤, 『한국무속연구』, 집문당, 1981, pp.309~310.

42) 무속에서는 영혼이 저승으로 편입되는 전이기간이 열려있을 뿐만 아니라 굿의 시기 역시 산 자들의 필요에 따라 융통성있게 조절된다.(구미래, 『한국인의 죽음과 사십구재』, 민속원, 2009, p.412.)

대한 언급은 찾을 수 없다. 다만 굿을 행하면서 시왕을 청하여 그 의식이 마쳐지는 그 시점에서 죽은 자의 넋은 명부를 지나 저승으로 가게 된다.

둘째는 죽은 이후의 세계를 바라보는 시각의 차이이다. 불교에서는 지옥·아귀·아수라·축생·인간·천상의 육도를 설정하고, 현세에서 본인이 지은 업에 따라 내세에 태어날 장소가 결정된다. 이때 사람들은 인간이나 천상에 다시 태어나기 위해서 현세에서 공덕을 닦게 되고, 경전에서도 지옥을 팔열팔한八熱八寒지옥과 같이 상세하게 서술하여 그 세계에 대한 공포감을 방편으로 선업을 짓기를 권한다. 무속신앙에서도 지옥을 설정하고 있지만, 불교의 지옥과는 다른 모습이다. 여기에서 '지옥'은 죽은 자가 도달하는 이상향인 '극락'을 드러내기 위해 '극락'과 대립되는 장소로서 설정된 것으로 행복한 '극락'과는 반대되는 불행한 성향을 나타낸다. 그리고 극락에 이르지 못한 혼이 이르는 곳일 뿐, 현세에서 지은 업의 결과에 따라 가는 장소가 아니다. 즉, 윤리적 의미를 갖는 것이 아니며, 저승으로 가기 위한 하나의 과정이거나 의례에 불과한 것이다.[43] 그래서 생전에 지은 선하거나 악한 공덕과의 연결성은 부족하고, 현세와 관련 없는 '지옥'이라는 형식적인 개념만이 존재한다고 볼 수 있다.

셋째는 주인공의 업에 대한 인식의 차이이다. 불교에서는 행위의 선악이나 크기에 상관없이 자신이 지은 모든 업은 본인에게 돌아온다는 인과법을 따른다. 그렇기 때문에 죽기 전 현세에서 부지런히 선한 공덕을 쌓는다면, 시왕의 판결을 받는 중음의 존재라는 과정을 뛰

43) 최길성, 『한국 무속의 이해』, 예전사, 1994, p.278.

어넘고 바로 인간계나 천상계에서 태어날 수 있다. 즉 모든 것은 본인의 업에 따른 결과이고, 이것은 『시왕경』에 따른 생전예수재를 가능하게 하는 이론적 근거가 된다. 반면에 무속신앙에서는 살아생전 못 먹고 못 입고 혼인 못하고 비참하게 죽어 편안한 삶을 누리지 못한 영혼이 그 한으로 죽어서도 저승에 들지 못하고 이승과 저승 사이를 헤매고 다닌다고 생각하고, 그 떠돌이 영혼은 객귀가 되어 산 사람에게 해를 미칠 수 있다고 믿는다.[44] 이처럼 죽은 자의 넋이 저승에 가지 못하고 이승에 남을 때에만 살아있는 사람들에게 해를 끼친다고 보기 때문에, 만약 집안에 어떤 우환이 생긴다거나 질병이 생기는 경우에 망자의 넋을 위로하여 이승으로 보내어 그 원인을 제거하기 위해 굿을 한다. 게다가 이 넋이 지닌 한은 본인의 노력에 의해 소멸되는 것이 아니고, 죽은 자와 관련된 사람들이 해주는 굿을 통해서만이 해결할 수 있다. 결국 무속신앙에서는 이승에서의 행위가 저승에서 어떤 영향도 미치지 못하는 것이다.

지금까지의 논의를 정리해보면, 무속신앙은 불교의 '시왕'을 흡수하면서 죽은 자가 통과하게 되는 '명부'와 극락이 아닌 '지옥'의 개념 등을 함께 받아들였다. 이런 현상은 일상에서 당면한 문제를 해결하기 위해 주변의 자연적 요소들을 초월적인 존재의 신으로서 표현하는 토속신앙과 윤리성과 논리성을 내재하는 체계적인 이론과 실천적 구조를 갖춘 불교가 습합되는 과정에서 발생한 필연적 결과라고 할 수 있다. 그렇지만 무속신앙에서 드러나는 불교적 요소들은 그 개념에 있어서는 동일한 듯 보이나, 그 의미는 불교와 다소 차이를 보

44) 황루시, 최길성, 『전라도 씻김굿』, 열화당, 1985, pp.88~89.

인다. 무속신앙에서는 세계관과 같이 미흡했던 구조적 체계를 보완하기 위해 불교를 수용하였지만, 자신들의 고유성을 지키려고 하는 경향이 반영된 관점에서 불교의 개념들을 받아들였기 때문이다. 시왕신앙의 경우도 이와 같은 과정을 거치면서 무속신앙 특유의 시왕신앙으로 형성되었음을 알 수 있다.

감남贛[1]南 나조교羅祖敎의 신기도상神祇圖像을 통해 본 중국화된 불교의 시민사회에서의 전개과정

웨이샨(惟善)

“나교羅敎는 처음에는 무위교無爲敎라고 불리기도 했다. 나조교를 창시한 조사祖師인 나몽홍(羅夢鴻, 1442~1527)을 나맹홍羅孟洪이라 칭하기도 하는데, 도호道號는 무위거사無爲居士이며, 사료에서는 나청羅淸, 나인羅因으로도 칭했으며, 후세의 문도들이 그를 나조羅祖라고 불렀기 때문에 그 종교를 속칭 나교, 나도교羅道敎, 나조교羅祖敎 등으로 칭하기도 했다.”[2] 중국사회과학원의 마서사馬西沙, 한병방韓秉方, 이지홍李志鴻, 일본의 사와다 미즈호澤田瑞穗, 미국의 다니엘 L. 오버마이어(Daniel L. Overmyer), 대만의 정지명鄭志明 등의 학자들이 모두 이 사람에 대해 연구했다. 나조교(이하 나교로 약칭)는 대략 명대明代 중엽에 탄생하자마자 중국의 북쪽에서 남쪽으로 신속하게 전파되었고, 후대의 다른 민간종교 및 청방青幫[3]에 깊은 영향을 미쳤다. 나교의 탄생과

1) 강서江西성의 별칭
2) 馬西沙 · 韓秉方, 『中國民間宗敎史』, 北京; 中國社會科學出版社, 2004, p.132.
3) 청나라와 중화민국 때, 대운하와 양쯔 강 유역에서 일어난 비밀결사.-역자주

중국 선종 사이에는 밀접한 관계가 있으며, 이에 나교를 민간판 선종이라고 주장하는 경우도 있다.

불교가 중국에 유입된 이후, 새로운 문화 토양에 적응하기 위한 불교의 중국화 역정이 지속적으로 진행되었으며, 삼교합류三教合流를 통해 불교는 중국 전통문화의 한 부분이 되었다. 그런데 이러한 불교의 중국화 과정에는 기본적으로 두 가지 방식이 존재한다. 첫 번째는 상층 사회 불교 엘리트 계층이 주도한 불교로, 이것이 불교의 정통을 구성하고 있다. 또 다른 방식은 민간에서 이해하는 불교로, 이러한 불교는 종종 각종 민간신앙 및 기타 종교와 섞이기도 했다. 비록 나교를 불교라고 할 수는 없지만, 내용에서 형식까지 각종 영역을 살펴보면 불교를 모델로 삼고 있음을 알 수 있다. 예를 들어 나교의 '오부육책五部六册' 경전(그림 1)은 그 경서의 구조와 형식이 불교와 거의 다를 바 없으며, 경절장經折裝의 속표지에 있는 부처의 「설법도說法圖」(그림 2)는 바로 정통불교 경전 속표지에 있는 「설법도」와 같은데, 그림 다음에 나오는 내용의 주제는 경문의 내용으로, 사천왕 가운데 남방 증장천 8장군의 한 명인 위타韋陀의 호법상護法像이 가장 많다. 게다가 감남 나교의 신도는 스스로 자신들을 불교도라고 칭하기도 했다. 그들이 신봉하는 수많은 신기神祇 중에서 불교 신기가 가장 많으며 지위도 높고, 게다가 '부처'는 뭇 신들 중에서 가장 높은 신기이므로 가장 높고 가장 중심이 되는 위치에 제단을 설치한다. 나교 신기 가운데 불교 신기의 형상을 자세히 관찰해 보면 매우 흥미로운 사실을 발견할 수 있다. 즉 나교의 불교 신기 중 일련의 인물 형상과 정통 불교 신기의 조상造像이 많이 다른데, 이들의 형상이 통속문학 민간에서 즐기는 희곡목판연화와 밀접한 관계를 맺고 있다는 점을 발견할 수 있다. 이후 필자는 바로 이러한 내용을 중점적으로 서술하고자 한다.

그림1 『파사현정약시론破邪顯正鑰匙論』

그림2 『파사현정약시론』 경서 속표지의 「설법도」

1. 감남 나교의 신기들

필자는 강서江西 감주시贛州市 어도현於都縣을 조사하여 모두 4종의 나교 신상을 찾아냈는데, 본문에서는 각각 A조, B조, C조, D조로 표기하도록 하겠다. 이 4조의 신상에는 대규모의 개별 권축화卷軸畫 외에도, 모두 기본적으로 A4 용지 크기의 지패화紙牌畫가 있는데, 맥적산麥積山 서응사瑞應寺에 소장된 청대 지패수륙화紙牌水陸畫와 형식이 비슷하다.[4] 이러한 지패화는 작고 정교해서 휴대하기 쉽고 경상

經箱에 넣을 수 있기 때문에, 승려는 이를 지니고 각지를 돌아다니면서 공덕주功德主의 집안을 위해 법사를 할 수 있었다. 필자가 얻은 A조 신상은 바로 법사를 거행하고 있던 마을 주민의 집에서 얻은 것이다. 두 개의 경상에는 법사를 거행할 때 필수적인 물품, 즉 신상 이외에도 경서('오부육책五部六册'), 법복法服, 법기法器 등을 담을 수 있다. 경상 내부 구조는 상하의 두 층으로 나뉘는데, 상층은 비교적 넓어서 경상 내부 공간의 대략 3/4을 차지하여, 경서와 지패신상화, 지패화를 꽂는 작은 쇠통, 법복 등의 물품을 집어넣을 수 있고, 위에는 일종의 안전칸막이(垂板護欄)가 있어서, 경상을 열어서 물품을 꺼낼 때 안에 있는 물건들이 쏟아지는 것을 방지하면서, 미관적인 측면에서나 실용적 측면에서나 모두 일정한 역할을 한다. 하층은 비교적 작으며 법사를 할 때 필요한 법기 물품 등을 집어넣는다. 이 두 개의 상자는 물건을 담는 용기일 뿐만 아니라, 상자를 들 때 사용하는 멜대까지 합하면, 신상을 진열하는 '신감神龕'(그림 3)을 구성할 수 있다. 지패신상은 대략 3층으로 배치되는데, 경상의 손잡이와 멜대에 최상층의 지패신상을 한 줄로 고정할 수 있다. 경상의 몸체는 홍포로 덮여 있고, 몇 개의 작은 쇠통에 쌀을 가득 담아서 경상 앞에 한 일자로 늘어놓는다. 지패신상화는 두 겹의 비교적 두꺼운 판지로 제작되었고, 두 겹의 판지 사이에 잡아서 뽑아 낼 수 있는 긴 대나무 막대를 끼워 넣었고(그림 4), 지패화를 진열할 때 대나무 막대를 뽑아서 쌀이 담긴 쇠통에 꽂는데, 이것이 신상의 중간층을 구성한다. 가장 아래층의 지패신상은 쌀이 담긴 쇠통 앞에 기대어 놓는다. 경상 안의 칸막이 구조에

4) 夏朗雲,「麥積山瑞應寺藏清代紙牌水陸畫的初步整理」,『文物』, 2009-7.

서 경상 본체, 경상의 위에 있는 손잡이, 그리고 멜대에 이르기까지 각 부분은 허투루 있는 부분 하나 없이 모두 각자 그 쓰임이 있다. 두 개의 경상이 이러한 방식으로 나교의 이동식 신단을 구성하는 것이다. 바로 이러한 휴대용 '신단'은 나교가 민간에 전파되는데 매우 큰 영향을 미쳤다. 즉 이러한 휴대용 '신단'은 신도들이 경당經堂이나 묘우廟宇에 갈 필요 없이 집안에서 기단을 세울 수 있게 해서, 최대한의 편리함을 제공하여 신도들의 필요를 충족시켰던 것이다.

그림1 신상을 설치하는 과정 중의 경상經箱

그림2 지패신상 뒷면에 나와 있는 대나무 막대

설치를 완료한 신단은 모두 3층으로 나뉘는데(그림 3, 그림 4), 석가모니불(혹은 삼세불三世佛)이 가장 상층의 중심에 있는 소감小龕 안에 위치하고, 불상의 양측에는 어제문禦制文이 있으며, 소감의 두 개의 문짝 위에는 두 개의 호법가람보살護法伽藍菩薩이 있다. 감의 양측에는 18나한과 24제천이 각각 두 개씩 짝을 지어 마주 보고 있다(아마도 도상의 좌측에는 소감에 빼곡하게 모여 있는 18나한이, 바깥 측에는 24제천이 있어야 하지만, 배치할 당시에 이를 무시한 것으로 생각된다). 중간층에는 왼쪽부터 위타韋陀·보현普賢·나조羅祖·석가불釋迦佛·관음觀音·문수文殊가 배열되어 있다. 하층에는 왼쪽에서부터 공조功曹·나조의 딸인

광불佛廣 · 허손許遜(허진군許眞君 · 당승사도唐僧師徒 당승唐僧 · 손오공孫悟空 · 저팔계豬八戒 · 사승沙僧 · 백룡마白龍馬) · 천지수삼관天地水三官 · 나조의 아들인 불정佛正이 있고, 높이가 하층에서 중간층에 이르는 진무대제상眞武大帝像이 있다. 진무상의 배치는 비교적 특수한데, 진무상은 쌀을 담은 홍색의 쇠통에 꽂혀 있고, 쇠통 안에는 불진拂塵 · 거울 · 자 · 붓 · 먹물 · 가위 · 빗과 붉은색 종이에 쓰인 부적(符咒) 등의 물품이 들어 있다. 이 진무대제의 소단은 사단師壇이라고 부르는데, 이를 통해 이 지역에서 진무신앙을 중시하고 있음을 확인할 수 있다. 배치할 장소가 좁기 때문에 신상 중의 지장보살地藏菩薩 · 미륵보살彌勒菩薩 및 오른쪽의 공조功曹의 지패신상은 경상 안에 두었으며, 이를 통해 이러한 종류의 이동식 신단을 배치할 때에는 상당히 융통성이 있음을 알 수 있다.

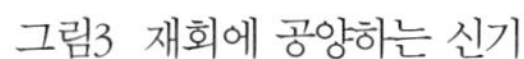

그림3 재회에 공양하는 신기

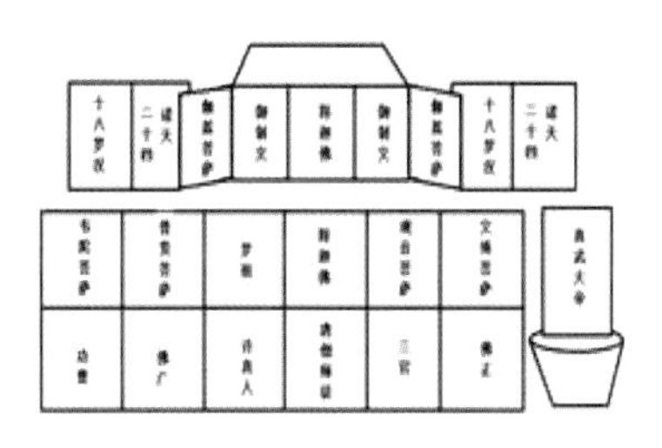

그림4 재회에 공양하는 신기 설명도

2. 나교신기 도상과 통속문학 · 희극 · 연화 등의 민속예술과의 관계

이러한 나교신기 지패화는 문자로는 전달되지 않는 풍부한 시각적 정보를 포함하고 있다. 이러한 정보 속에서 흥미로운 현상을 많이 발견할 수 있지만, 우리의 관심을 가장 많이 끄는 것은 나교신기 가운데 일련의 인물형상과 명청시대 통속문학, 희극 및 목판 희출연화戲出年畫[5]와의 관계이다.

(1) 나교의 일부 신기 형상의 희극화戲劇化 표현

감남 나교신기 가운데 몇몇의 여신과 조사祖師의 형상에는 이러한 종류의 희극화 현상이 존재하는데, 예를 들어 24제천 중의 귀자모鬼子母 등의 여신 및 나조의 딸인 불광佛廣 등이 이에 해당된다(그림 5를 참고). 그들은 머리에 오늘날의 머리띠와 유사한 금색 장신구를 착용하고 있으며, 또한 그 윗부분에는 붉고 둥근 방울 모양의 미모사 꽃을 한 두 개 씩 달고 있는데, 이는 연화 『타금기打金枝』 속의 등장인물인 공주와 황후의 머리장식과 같다(그림 6을 참고). 물론 머리장식뿐만 아니라 이러한 여성신기의 전체적인 옷차림새와 그들의 얼굴 특징은 일정한 양식을 따라 표현되고 있으며, 모두 연화판화의 인물과 비슷

5) 戲出年畫: 중국에서는 희곡의 독립된 제목을 '출出'이라고 하며, 따라서 희곡을 주제로 하여 제작한 연화를 희출연화라고 부른다. - 역자 주

하므로 이 둘이 관련되어 있음을 확인할 수 있다. 오늘날 사람이 그린 D조의 불광은 즉 완전히 '분장을 하고 무대에 오른 배우(粉末登場)'의 모습과 다를 바 없다.

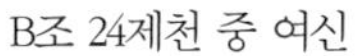
B조 24제천 중 여신

B조 불광佛廣

D조 불광佛廣

그림5 나교의 일부 여성 신기

그림 6 하북河北 무강武强 목판연화 『타금기』[6]

감남 나교의 일부 신기 형상에 출현하는 이러한 희극화 경향은 바로 나교의 민간성을 보여주고, 본토문화로서의 정체성을 드러내는 일종의 중요한 시각적 표현이다. 명청시대 이래로 희곡은 민간 백성들의 중요한 오락거리가 되었고, 이는 바로 요분廖奔이 말한 것처럼 "희곡이 흥기하여 보급된 이래로 중국 민간에서 가장 인기 있는 통속 문예 종류가 되었다. 일반 서민, 특히 여성은 공부를 할 여건이 되지 않았기 때문에, 그들 연극을 보면서 많은 역사지식을 얻었으며, 또한 희곡의 공연은 그들에게 즐거움을 가져다 주었다."[7] 당연히 이러한 방식은 사람뿐만이 아니라 신들을 즐겁게 하는데 사용되었는데, 강서지역의 수많은 만수궁萬壽宮의 경우 거의 대부분 연극무대가 있어서 중요한 제사일에는 극단을 초청하여 공연을 할 수 있었다.[8]

또한 신기의 형상화에 영향을 미친 또 다른 예술 형식은 희극과 매우 밀접한 관계가 있는 민간의 연화이다. 위에서 열거한 『타금기』의 도상은 바로 민간연화로, 여기에 표현된 내용이 바로 희곡의 이야기이기 때문에, 이러한 종류의 연화를 '희출연화'라고 부른다. 희극과 희출연화의 관계는 왕수촌王樹村이 『희출연화』의 서론에서 "희출연화에 대한 희곡의 영향"에 대해 언급한 부분을 통해 전체적인 내용을 짐작해 볼 수 있다.[9] 송대 이래로 중국에 몇 군데의 연화제작과 관련된 거점이 형성되었고, 예를 들어 하남河南 주선진朱仙鎭·하북河

6) 王樹村 主編, 『中國美術全集·繪畫編·民間年畫』, 北京; 人民美術出版社, 2006, p.84.
7) 廖奔, 『中國畫曲史』, 上海: 上海人民出版社, 2014, p.179.
8) 李星, 「萬壽宮廟會與鄉民習俗 －－ 以考察西山萬壽宮爲例」, 『南昌大學學報(人文社會科學版)』, 2009-4, p.82.
9) 王樹村, 『戲出年畫』. 北京; 北京大學出版社, 2007, pp.23~27.

北 무강武强 · 천진天津 양류청楊柳青 · 소주蘇州 도화오桃塢 · 복건福建 장주漳州 · 사천四川 면죽綿竹 등이다. 연화를 거는 것은 민간의 신년 풍속 중에 하나로, 이러한 연화는 매년 교체해야 하기 때문에 많은 양이 필요했다. 이러한 문신門神 · 고사故事 · 희출연화 등은 송구영신의 시기에 가가호호마다 사용되기 때문에, 그러한 연화에 가공된 예술 형상은 신도들이 신상을 만들 때 밑그림으로 사용되기 쉽다. 예를 들어 위의 재회에 공양하는 신기 설명 도상지의 석가모니 양쪽에 있는 호법가람 중 하나는 위타이며 또 다른 하나는 마치 문신연화門神年畫 속의 위지공尉遲恭의 형상과 닮아 있다.

(2) 삼대사三大士와 『대비향산전大悲香山傳』 등의 관음문학觀音文學 계열

감남 나교신의 계보에는 불교의 4대 보살(관음 · 문수 · 보현 · 지장)이 포함되어 있다. 나교신계羅教神系의 몇 조의 지패화 속의 지장보살은 머리에는 비로모毘盧帽를 쓰고 있고 몸에는 가사를 두르고 있으며, 손에는 석장錫杖과 마니옥주摩尼寶珠를 들고 결가부좌를 한 형상으로, 이는 정통불교 사원에 있는 지장보살상과 다를 바 없다. 관음보살도 다르지 않은데, 일반적으로 연화대(蓮臺)에 앉아서 손에는 정병淨瓶과 버드나무 가지를 들고 있는 형상으로, 이는 관음보살의 여러 형상 중 하나이다. 그런데 나교의 신기 중의 문수보살과 보현보살은 이와는 다르다. 나교의 이 두 보살은 청사자와 흰코끼리를 타고 손에 연화를 비롯하여 경서와 보주 등의 보살의 표식을 들고 있을 뿐만 아니라,

세간의 부귀한 가문의 여성의 모습도 하고 있다. 그리고 만약 누군가가 그들의 도상을 가리켜서 누구냐고 묻는다면 도사는 관음의 자매라고 대답할 것이다.

관음에게 자매가 있다는 설은 하남河南 여주汝州 향산사香山寺 비석에 새겨진 『향산사대비보살전香山大悲菩薩傳』에서 비교적 이른 시기에 찾아 볼 수 있는데, 이 『보살전』의 출현은 당시 불교의 중국화의 가장 전형적인 하나의 사례로 볼 수 있다. 이 비석은 북송 원부元符 3년(1100), 여주태수汝州太守 장지기蔣之奇가 찬撰하고 채경蔡京이 썼다. 『향산대비보살전』에는 관음이 성도成道하는 이야기를 담고 있는데, 그 내용은 다음과 같다. 묘장왕妙莊王에게는 원래 세 명의 공주公主가 있었는데, 묘청妙清 · 묘음妙音과 셋째인 묘선妙善으로, 장녀와 차녀는 전후로 혼인했지만, 오직 막내딸만은 수행하기를 좋아하고 혼인하기를 원하지 않았다. 후에 묘장왕은 막내딸을 백작사白雀寺에 가두고 힘든 일을 시켜 출가出家하고자 하는 생각을 없애려고 하였다. 그러나 출가하고자 하는 묘선의 뜻이 굳건하여 결국 부왕을 격노하게 만들었고, 묘장왕은 백작사를 불태웠는데 묘선은 나오지 못하고 불에 타 죽었고, 이에 그 머리를 베어 버리려고 하였다. 묘선의 혼백은 저승을 떠돌다가 다시 인간세상으로 보내졌는데, 이때부터 묘선은 깊은 산에 은거하여 수행하였다. 후에 묘장왕이 중병을 얻자, 묘선은 자신의 눈과 손을 사용하여 아버지의 병을 치료하였고, 국왕과 왕후는 차례로 깊은 산 중에 와서 감사를 표하다가 바로 중병을 치료해 준 사람이 자신의 딸인 묘선이었음을 알게 되었다는 이야기이다.

이 이야기 속 관음에게는 비록 두 명의 언니가 있기는 하지만, 이들은 문수나 보현과는 전혀 관계가 없었는데, 이후 두 명의 언니를 문수와 보현에 견강부회(附會)한 것이 후대에 일련의 관음문학 작품이 된 것이다. 보명선사普明禪師에 가탁한 『향산보권香山寶卷』은 정통 불경보다 후세에 더 큰 영향을 미친 작품으로[10], 이후에 또한 관도승管道升의 『관음보살전략觀音菩薩傳略』 및 관련된 보권寶卷, 희극, 소설小說 등도 정통 불경보다 후세에 큰 영향을 미쳤다. 이들 중에서 명대 주정신朱鼎臣이 지은 것으로 서명된 『남해관음보살출신수행전南海觀音菩薩出身修行傳』이 중요한데, 이 소설은 "완전히 창작된 소설은 아니고, 송대 보명선사의 『향산보권』을 기초로 하여 수정하고, 가공하고 일부분을 재창작하여 완성된 작품"[11]으로, 예를 들어 소설에는 묘선의 두 언니가 청사자와 흰코끼리에게 납치되었지만, 두 괴수에게 끝내 굴복하지 않았다는 등의 이야기가 자주 등장하고, 동시에 책 속에는 묘선의 두 언니와 문수·보현의 관계에 대해서 명확하게 서술하고 있다. 소설의 마지막에는 다음과 같이 적혀 있다.

> (묘선)을 대자대비구고구난 나무영감관음보살大慈大悲救苦救難南無靈感觀音菩薩에 봉하고 연화보좌蓮花寶座 1개를 내렸으며, 남해보타암도량南海普陀岩道場의 주인이 되도록 하였다. 그 언니인 묘청妙淸·묘음妙音은 처음에는 세상의 즐거움에 현혹되었으나, 이후에는 나쁜 행동을 바꿔 선함으로 나아갔고, 수행하고 도를 숭상하여, 재난을 만났어도 더럽혀지지 않았다. 묘청을 대

10) 韓秉, 「『香山寶卷』與中國俗文學之硏究」, 『北京科技大學學報』(社會科學版), 2007-3, p.82.
11) 程國賦·李陽陽, 「『南海觀音菩薩出身修行傳』作者探考」, 『明淸小說硏究』, 2010-3, p.182.

선문수보살大善文殊菩薩에 봉하고 청사자를 내리고, 들고 날 때 타고 다니도록 하였다. 묘음은 대선보현보살大善普賢菩薩에 봉하고, 흰코끼리를 내려서 들고 날 때 타고 다니도록 하였으며, 청량산도량淸涼山道場의 주인이 되도록 하였다. 그 아버지인 장왕을 선승보살善勝菩薩, 도선관都仙官에 봉하였고, 그 어머니는 만선보살萬善菩薩, 도부인都夫人으로 봉했다. 그 선재용녀善才龍女를 금동옥녀金童玉女로 봉하였다. 오호라! 천 번을 부르자 만 번을 응하여 중생을 널리 제도하니, 온 집안사람을 모두 봉증封贈하여 만년토록 향화香火가 이어지게 되었도다.

다음으로 살펴 볼 나교 신기 중의 관음 · 보현 · 문수보살의 대표적 특징은 소설에서 묘사된 내용과 같다. 그러나 여기서 중요한 것은 이 세 보살의 대표적 특징이 아니라, 보현 · 문수보살이 귀족 여성의 형상을 지니고 있다는 점이다. 정통불교에서는 문수가 사자를 타고, 보현이 코끼리를 타고, 관음이 연대에 앉아 있는 것이 비교적 이른 시기부터 고정된 형식이 되었으며, 명청시대 문학작품은 불교에서 이전에 이미 존재하고 있었던 이러한 종류의 보살형상을 기초로 하여 만들어졌고, 이후에 다시금 그 위에 이야기를 부회한 것이기 때문이다. 앞에서 이미 나교의 일부 신기 형상에 희극화 경향이 있음을 지적했는데, 사실 이러한 경향은 문수와 보현의 형상에도 존재하고 있었다. D조의 문수와 보현(그림 7, 8)은 쪽머리를 얹고, 머리에는 현대의 머리띠와 유사한 금빛의 장식물을 달고 있는데, 그들의 장식물과 의복은 위의 『타금기』의 등장인물의 형상과 매우 유사하다. 자세히 살펴보면, 『타금기』의 세 번째 그림에는 성격이 제멋대로인 공주가 자신의 머리에 달고 있던 이러한 종류의 머리띠 모양의 머리장식을 떼어 내면서 황제와 황후를 '위협'하고 있는데, 이를 통해 이러한 종류의 머리장식이 공주의 높은 신분을 보여주는 것임을 알 수 있다. 문수와 보현도 마찬가지로 신분을 상징하는 이러한 종류의 장신구를 착용하고 있기 때문에 이 두 명은 보살이 되기 전에 그 신분이 공주였음을 알 수 있다. 감남 나교 신기 중에는 문수와 보현의 자매 관계를 강조하기 위하여 일부러 이 두 사람의 형상을 거의 똑같게 그렸다. 이외에도 B조와 C조에 있는 문수와 보현의 형상은 그림 9의 관음과 마찬가지로 옅은 남색의 풍모風帽를 쓰고 있으며, 문수와 보현의 인물 형상의 의상은 관음과 일치하고 있고 다만 자태와 앉는 방식만이 다를 뿐이다. 이러한 종류의 풍모는 윗부분은 쪽머리를 가두고 있고, 아래는 어깨에 늘어져 있어, 부녀자가 겨울에 착용하는 모자와 유사하며, 관음이 쓰고 있기 때문에 관음두觀音兜라고 불렀다. 그런데 정통불교에서는 문수와 보현은 관음두를 착용하고 있지 않은데, 아마도 관음두는 나교에서 관음자매의 관계를 강조하기 위해 사용된 도상圖像의 표현 방식이 아닐까 생각된다. 이 밖에도 앞서 언급한 나교 도상지圖像志의 마지막 장의 '법계전도法界全圖'에는 관음보살 뒤에 좌우 양측에 관음상보다 약간 작은 형상의 청사자와 흰코끼리를 타고 있는 문수와 보현이 있는데, 이 두 인물은 궁중 여성의 모습을 하고 있으며, 의복이나 장신구의 모습이 동일하다. 정통불교에서 삼대사가 등장할 때는 비록 관음보살이 가운데에 위치하지만, 도상의 형체의 크기는 같다. 나교 신기의 경우 관음의 지위가 특별하고 형체도 비교적 큰데, 이는 관음 문학작품 중에서 묘선의 두 언니가 묘선과의 관계덕분에 존귀한 지위에 올랐다는 것과 관련이 있을 것이다.

그림7 D조 보현　　그림8 D조 문수　　그림9 B조 관음

이 사례를 통해서 통속문학 작품과 민간 종교신앙이 매우 밀접한 관계를 맺고 있음을 알 수 있으며, 민간신앙의 사상이 반드시 종교 엘리트 계층의 심오한 경전에서 나온 것이 아니라, 민간에서 즐겼던 예술 형식에서 나온 경우가 더욱 많다는 것을 알 수 있다. 나교 신기 중에는 이러한 점을 설명할 수 있는 한 세트의 도상이 있는데, 이는 바로 당승사도唐僧師徒 형상의 출현이다.

(3) 나교신계羅教神系 속의 당승사도唐僧師徒

나교 신기 중에서 특히 눈길을 끄는 형상이 바로 당승사도唐僧師徒이다. 나교는 경서를 특히 중시했는데, 그 중에서도 나조가 창조한 나교의 핵심경전인 '오부육책'을 중시했다. 그런데 『서유기』의 당승사도가 나교 신기계보에 어떻게 출현하게 된 것인가? 오부육책을 살펴보면 당승사도도 원래 그 출처가 경전임을 알 수 있다.(그림 10)

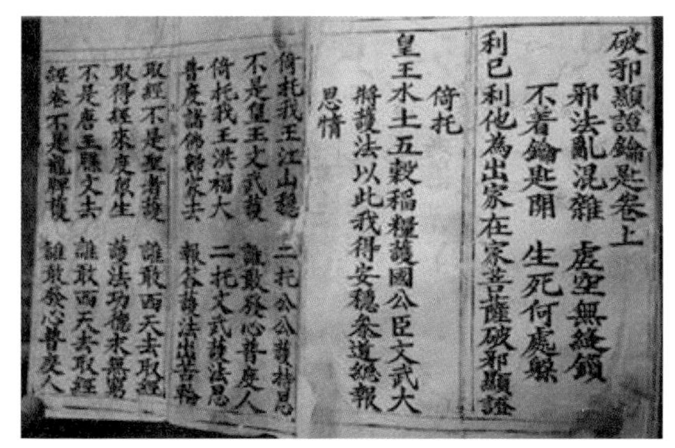

破邪顯證鑰匙卷上
邪法亂混雜 虛空無縫鎖
不着鑰匙開 生死何處躲
利己利他為出家在家菩薩破邪顯證
倚托
皇王水土五穀稲糧護國公臣文武大
將護法以此我得安穩奈道總報
恩情

倚托我王江山穩 二托公公護持恩
不是皇王文武護 誰敢發心普度人
倚托我王洪福大 二托文武護法恩
普度諸佛歸家去 報答護法出苦輪
取經不是聖者護 誰敢西天去取經
取得經來度衆生 護法功德永無窮
不是唐王牒文去 誰敢西天去取經
經卷不是龍牌護 誰敢發心普度人

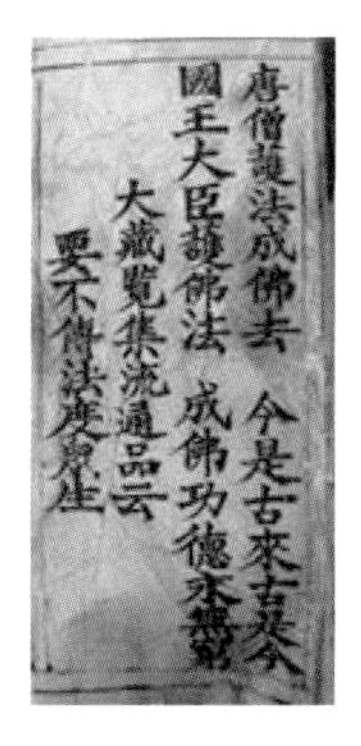

唐僧護法成佛去 今是古來古來今
國王大臣護佛法 成佛功德永無窮
大藏覽集流通品云
要不傳法度衆生

그림10 『파사현증약시론권상』

『파사현증약시론권상破邪顯證鑰匙論卷上』의 앞부분에는 다음과 같은 내용이 적혀 있다.

성자聖者의 보호가 아니었다면, 누가 감히 서천西天에 가서 경전을 가지고 올 수 있었겠는가.

가지고 온 경전으로 중생을 제도하니, 호법의 공덕을 펼침이 무궁하다.

당왕唐王의 첩문牒文을 가지고 가지 않았다면, 누가 감히 서천에 가서 경전을 가지고 올 수 있었겠는가.

경권이 용패호龍牌護가 아니었다면, 누가 감히 발심發心하여 널리 중생을 제도할 수 있었겠는가.

당승은 호법하여 성불했는데, 지금은 옛날로부터 온 것이니, 옛날이 (곧) 지금이다.[今是古來古是今].

국왕과 대신이 불법을 수호하니, 성불의 공덕을 펼침이 무궁하다.

이 내용은 분명 당승이 경전을 가지고 온 일을 설명하고 있다. 여기에서 강조하고 있는 것은 경전을 가지고 온 사람인 당승, 경전을 가지고 온 자를 보호한 성자 및 경전을 가지고 오라고 명령한 당왕의 첩문인데, 이 몇 가지 요소를 통해 이는 현장玄奘이 경전을 가지고 온 역사적 사실을 말하고 있는 것이 아님을 쉽게 판단할 수 있다. 왜냐하면 진짜 현장은 국경을 몰래 넘어서 경전을 가지고 왔기 때문에 당왕의 첩문이라는 것은 애초에 없었고, 호지자護持者도 없었기 때문으로, 이 부분의 내용은 『서유기』의 내용에서 나왔음이 분명하다. C조의 당승사도의 화상(그림 11)을 보면, 당승이 가운데에 위치하고, 사방에 팔계八戒・오공悟空・사승沙僧과 백룡마白龍馬가 둘러싸고 있는데, 사화상 외의 나머지 세 명은 모두 짐승의 머리에 사람의 몸을 지니고 있어서 마치 당대의 생초용生肖俑[12]과 비슷하다. 그런데 백룡마의 출현을 통해 이것이 명대 이후에 완비된 『서유기』 이야기이지, 역사적 인물인 현장의 이야기가 아니라는 점을 알 수 있다. 『서유기』 이야기는 탄생한 이후 민간에서 광범위하게 유전되다가, 사람들은 『서유기』 속의 당승을 역사상의 실존했던 현장으로 알기에 이르렀다. 오늘날까지 우리가 남방의 수많은 명청시대 고건축에서는 여전히 『서유기』를 소재로 하는 장식을 볼 수 있다. B조의 당승사도의 도상에서(그림 12)

12) 사람의 띠를 12간지의 동물로 표시하여 진흙도자기 인형으로 만든 것. -역자주

는 백마가 아니라 나타哪吒가 출현한다. 『서유기』에서의 나타의 지위는 그렇게 두드러지지 않고, 비록 일찍이 당승사도가 요괴를 붙잡는 것을 도와주기는 했지만, 희극에 등장하는 장면도 많지 않다. 게다가 당승사도가 요괴를 잡는 것을 도와준 신도 나타 하나만이 아닌데, 어떻게 나교 신도는 나타를 도상에 포함시키게 되었는가? 필자는 그 이유가 아마도 명대의 또 다른 신마소설神魔小說인 『봉신연의封神演義』와 관련이 있지 않을까 생각하는데, 나타삼태자哪吒三太子의 이야기가 바로 여기에서 매우 상세하게 묘사되기 때문이다. 나타는 악을 징벌하고 제거한 영웅으로, 특히 나타가 용궁을 시끄럽게 한 요해鬧海 이야기는 악룡을 다스려 백성을 위해 해악을 제거하는 내용으로, 허손許遜의 이야기와 몇 가지 비슷한 부분이 있다. 그렇다면 허손을 강서의 수호신이자 복주福主로 삼고 있는 감남 나교 신도들이 나타를 신계 안에 포함시킨 것은 이치에 맞는다고 할 수 있다. 감남 나교 신계에 당승사도가 출현한 것은 바로 문학창작과 민간신앙 간에 매우 밀접한 관계가 존재한다는 것을 보여 주는 또 하나의 증거인 것이다.
이 밖에도 나교 신기 형상의 희극화 경향은 당승의 복식에도 분명히 반영되었는데, 바로 당승의 비로모毗盧帽가 그것이다. 비로모는 오불관五佛冠이라고 불리기도 하며, 정식의 오불관에는 다섯 개의 연꽃잎 형태의 조각이 붙어 있는데, 각각의 조각마다 다섯 부처의 도상이 그려져 있다. 그리고 사천의 희출연화 『고로장高老莊』에서 당승은 간략화된 양식의 오불관(그림 13)[13]을 쓰고 있는데, 나교신상이 쓰고 있는 오불관도 대략 이러한 종류이다.

13) 王樹村, 『戲出年畫』, 北京; 北京大學出版社, 2007, p.127.

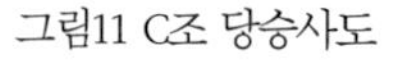

그림11 C조 당승사도

그림12 B조 당승사도

그림13 사천 희출연화 『고로장』의 당승사도(청말)

3. 결론

민간과 정통불교의 불교에 대한 이해는 매우 다르다. 우리는 이러한 감남의 나교 신기 도상을 통해 이를 쉽게 확인해 볼 수 있다. 이러한 불교 신기를 형상화하면서 사람들은 불교전적에 근거하지 않고, 또한 정통불교에서 전해져 내려온 도상계통을 저본으로 하지 않는 대신, 자신들의 생활과 밀접한 관계가 있으며 또한 자신들이 좋아하고 즐기는 통속 문학작품 희극 및 목판연화 예술에 깊은 영향을 받았다. 이러한 이야기 및 도상에서 형상화된 인물은 민간종교신앙 속의 신기神祇의 중요한 내원이 되었다. 이러한 통속 문학작품과 민간문화예술 형식은 사람들에게 정사正史 혹은 정통불교보다 더 큰 영향을 미쳤다. 불교의 중국화 과정 속에서 민간에서의 발전 변화도 이를 통해 전체적으로 살펴 볼 수 있다. 도상은 문자가 아니지만, 어떨 때에는 문자로는 전달할 수 없는 정보를 우리에게 보여줄 수 있어, 종교 연구자들에게 더 넓은 시야를 열어 주기도 한다. 끝으로 민간종교와 민간문화에 대한 필자의 이해의 폭이 넓지 않고, 인식도 깊지 않지만, 다만 필자의 미숙한 의견을 통해 논의를 전개하여, 이후 다른 학자들의 더욱 심도있는 연구를 수행하는데 보탬이 되기를 바랄 뿐이다. 만약 본문 중에 잘못 된 점이 있다면 여러 전문가들께서 지적해 주시기를 희망할 뿐이다.

(번역: 문미정)

영문 초록

The Emergence of Essence-Function(體用) Hermeneutics in the Sinification of Indic Buddhism

A. Charles Muller
Tokyo University, Japan

The essence-function(體用, Ch. ti-yong, K. che-yong, J. tai-yū; in non-Buddhological studies in Japan, tai-yō) paradigm can be seen as the most pervasively-used hermeneutical framework in the interpretation of Chinese, Korean, and Japanese religious and philosophical works ranging from as early as the 5th century BCE up to premodern times. It developed in richness during the course of its application in Confucianism, Taoism, and Buddhism, first in China, where it was applied extensively in the signification of Indian Buddhist doctrine, and formed the basic framework for the philosophy of the Chinese indigenous schools of Buddhism such as Huayan, Tiantai, and Chan, often in analogous forms such as li-shi(理事). It was then further transformed and expanded in its usage in Song Neo-Confucianism, especially in the form yet another analogue li-qi(理氣). As both

Buddhism and Neo-Confucianism took root in Korea, Korean scholars made extensive use of the che-yong paradigm, in the interpretation of the individual religions of both Confucianism and Buddhism, as well as in interreligious dialog and debate. This paper seeks to revive discussion of this vitally important philosophical paradigm, which has been almost fully ignored in Buddhological studies, both East and West, by examining its early appearances in Chinese Buddhist commentary, and then its role in the *Awakening of Mahāyāna Faith*, as well as some examples of its usage in Korean Buddhism, in the writings of Wonhyo and Jinul.

key words : Essence-Function(體用), li-shi(理事), li-qi(理氣), Neo-Confucianism, the *Awakening of Mahāyāna Faith*,

The institution of Chinese Buddhism and Its transition –Focusing on the Sangha system

Ji, Huachuan

World Religious Research Institute in Chinese Academy of Social Science, China

The institution of Chinese Buddhism composed of the Buddha system(佛制), the Sangha(僧制) and the Country(王制) has had significant influence on the ebb and flow of Chinese Buddhism and its change. The Buddha system is the system rules established on the foundation of the precepts(śīla) and rules (vinaya) had enacted by Shakyamuni Buddha, which mainly standardizes monks' and nuns' behavior and their dignified manners. The Sangha system is the internal management one which the members of Chinese Sangha investigate and create for themselves. In the Chinese Buddhist history, the great master, *Dao an's*(道安) famous work, *Standards of Monks and Nums*(僧尼規範), and later the famous work, *Chan Lin Qing Gui*(禪林清規) initiated by the great Chan master, *Baizhang Huaihai*(百丈懷海) became the primary institution of Chinese Sangha, which turned to be a distinguishing feature of Chinese Buddhism. The Country system is the Buddhist management one enacted by the country, especially the emperor in the feudal times, such as of the monk superintendent system, the ordination licensing system, etc.. This writing mainly considers the Sangha system of Chinese Buddhism and its transition.

Key words : the institution of Chinese Buddhism, the Buddha system(佛制), the Sangha system(僧制), the Country system(王制), precepts

The Effect of Confucianism on *Ti'wei Po-li Ching* –Focusing the "five elements" as an example

Hou, Guang Xin
Nanjing Xingzheng Xueyuan,
China

One of the essential ideas of Confucianism, the theory of five elements has an extensive impact on Chinese Society. It influenced study in general such as philosophy, history, religion, literature, astronomy, geography, medicine and other disciplines, and the areas of daily life like agricultural production, customs and other fields. It also affected religion, especially Buddhism while it was introduced into China as a foreign religion and indigenized as Chinese Buddhism. *Ti'wei Po-li Ching*(提謂波利經) is one of important Buddhist Classics in the North and South Dynasty. Its compilation was based on *Ti'wei Ching*(提謂經). Ven. Tanjing(曇靖) produced this, adding the ethics of Confucianism and some theories of Taoism to *Ti'wei Ching*(提謂經). This Classic consists of five percepts(五戒), ten virtues(十善), keeping eight precepts for three months(三長齋)

and doing it for six days per month(月六齋) which were said that Buddha had taught to lay Buddhists. It reflects the trend of the development of Buddhism in the North and South Dynasty. In spite of Buddhist classic, it was deeply influenced by Confucianism, especially by the theory of five elements(五行). This paper considers the relationship between Confucianism and Buddhism in the North and South Dynasty by analyzing this book based on the theory of five elements.

Key words : *Ti'wei Po-li Ching*, five percepts(五戒), five elements(五行), Buddhism, Confucianism

The development of the teaching of the Modern Huayan school

Qiu gaoxing, Han Chaozhong
Jiliang University, China

The Huayan school(華嚴宗, the Flower Adornment school), one of the major representatives of Chinese Buddhist sects made theoretical research its foundation and it was a significant feature of this sect. However it had declined from the Song dynasty to the late Qing dynasty. But with the modern

revival of Buddhism, the research of Buddhist philosophy was valued gradually and the teaching of the Huayan school also made progress and grow prosperous.

On one hand, the Huayan monks and nuns researched the teachings and the original meaning of that of its patriarchs as the starting point and the base. They tried embracing and penetrating the teachings of other sects with its harmonious one. On the other hand, some monks and nuns of other sects and lay people, attracted by the teaching of the Huayan school, also joined studying it. They made creative interpretation of its teaching and doctrine and developed innovative way of them.

Key words : the teaching of the Huayan school, interpretation of scriptures, innovation of the teaching, new method of practice, acceptance of western learning

The accommodation and transformation of *Maitreya* devotion(彌勒信仰) in the *Silla* Dynasty(新羅)

–with the Dragon-spirits(龍神), the *Hwarang*(花郎), the *Cheomseongdae*(瞻星臺)

Choe, Chong-Sok

Geumgang University, Korea

There are two branches developing the Buddhist beliefs in the *Silla* Dynasty. One was developed with aristocratic Buddhism centered around the royal family. The other was transformed and unfolded the faith of ordinary people combining with indigenous religion. This text examined three facts; the development process how the *Maitreya*(彌勒) devotion and the Dragon-spirits(龍神) devotion were united, the relationship of the Maitreya and the *Hwarang*(花郎, an elite youth corps of *Silla*), and the *Cheomseongdae*(瞻星臺, an astronomical observatory) as the result of transformation with the *Maitreya* devotion in *Silla*.

First of all, the Dragon-spirits devotion in *Silla* had various relations with different beliefs. In other words, the dragon went through the process of deification, and came to be the agricultural goddess which controls the weather as the water god(水神) in the farming culture. Under the influence of Buddhism, the dragon-spirits was changed into the guardian deity of the Buddha-dharma and the guardian dragon of the state beyond the agricultural goddess. For example, King *Munmu*(文武王, 626~681, the thirtieth king of *Silla*) wanted to be the guardian dragon of the East Sea(東海). The most interesting point of all, however, is the fact that the Dragon-spirits devotion had connection with the *Maitreya* devotion compositively. It is given a demonstration of the fact that the word "dragon" was also expressed as "*mir*" in Korean, because the sound of "*mir*" is similar to the "*Maitreya*" in Korean, that is "*mireuk*". Moreover, the Dragon-spirits was related with the stars(星). Therefore, the composition, king=dragon=*Maitreya*=star, was made by various combination of Dragon-spirits. It is the particular and new form of the *Maitreya* devotion in *Silla*. With this, the religious culture of *Silla* was also characterized by the harmony between the devotion of the Wheel Turning King(轉輪聖王) and *Maitreya* devotion with indigenous belief. This was organized the formula, king=*Maitreya*=dragon.

Next, the fact that the *Hwarang* is correlated with the Dragon-spirits devotion and the Maitreya devotion, was founded in the example of Hwarang Misirang(未尸郞) who was regarded as the descending *Maitreya* and the guardian dragon in parallel. It also demonstrates the reconciliatory form of Buddhism with indigenous faith. The *Hwarang*, the training group combined the *Maitreya* devotion of Buddhism and indigenous faith, claimed to stand for the defense of the fatherland.

Finally, *Cheomseongdae*, built during the reign of *Queen Seondeok*(善德女王, 632~647, the twenty-seventh ruler of *Silla*) based on the relation with the *Maitreya* devotion and the Dragon-spirits devotion, played the religious role. The nine-story wooden pagoda in the *Hwangnyongsa* Temple(皇龍寺) had also built with *Cheomseongdae* at the same year. This was for establishing the authority of queen and showing off her abilities. Here, *Hwangnyongsa* Temple inferred that *Silla* is the Buddha's Land. The *Cheomseongdae* was the building which turned out the peculiar transformed buddhist faith at the time of *Silla*. Like the importance of *Maitreya* devotion had relevance to the *Hwarang*, it also lain in the *Cheomseongdae* because it was regarded as the living space of well shape for descent of the dragon, that is the *Maitreya* in the *Tusita*(兜率天). The subjects believed that the dragon, the incarnation of the *Maitreya*, lives in the *Cheomseongdae*. Therefore, they might be make a wish and prayed seasonable weather for farming toward it. Moreover, many ritual of the *Maitreya* and Dragon-spirits devotion were performed in it at national level. The *Cheomseongdae* was the complex edifice which was reflected acculturation of patriotic, buddhistic and folk faithful aspects. Namely, the *Cheomseongdae* is the symbolic icon in which all of the meaning and composition, king=dragon=*Maitreya*=star, were included.

key words : *Maitreya* devotion(彌勒信仰), the *Silla* Dynasty(新羅), the Dragon-spirits(龍神), the *Hwarang*(花郞), the *Cheomseongdae*(瞻星臺)

The Transformations of Method of practice in Convention of a resolution for chanting Buddha in Korean Buddhism

Kim, Sung Soon

Center for Religious Studies, Seoul National University, Korea

This paper investigates the effects of convention of a resolution for chanting Buddha(念佛結社) in Korean Buddhism including Buddhist rituals and Buddhist practice and further its transformations.

Like most of Buddhist societies in East Asia, convention of a resolution for chanting Buddha in Korean Buddhism consists of alliance between Buddhist monks and nuns and the laity. All kinds of Buddhist rituals sponsored by this faithful associations of chanting made an important foundation of Korean Buddhist culture. The Buddhist priests as the leaders of associations were considerate of the levels of lay people as the members of these societies, reorganized the orthodox practice, or reinterpreted the rituals they participated in at the level of practice in many cases.

Two important features of convention of a resolution for chanting Buddha in Korean Buddhism are Gi-il yeombul (the date chanting) and Go-seong one (the out -loud chanting). It seems that they practiced chanting by setting the dates such as 1,000 or 10,000 days instead of placing importance on the number of chanting like Suryang yeombul (the numbering chanting). There were also traces of disputes over the practice of Go-seong yeombul having performed even the drum, gong, and Moktak (wooden percussion) at Manilhoi (the gathering for ten thousand days).

Entering the latter half of the Joseon Dynasty, it was a trend that there coexist Seon (Zen), silent reading of the Buddhist scriptures, and chanting Buddha. There were discussions about Yushimjeongto, Jashimmita, and Gwansangn yeombul in the collections of works by Buddhist priests, but the main practice was Chingmyeon yeombul (chanting a buddha's name, 稱名念佛) at convention of a resolution for chanting Buddha with lay people.

In short, it was general that both Buddhist monks and nuns and the laity were involved in convention of a resolution in Korean Buddhism. As a result, there were various transformations of methods of practice as alternatives for lay people to practice in the Korean Buddhist culture. In the end, there is no doubt that the

Korean Buddhist culture became even richer thanks to convention of a resolution, which was a part of a propagation movement of Korean Buddhism or a measure to save itself.

key words : convention of a resolution for chanting Buddha(念佛結社), Gi-il yeombul (the date chanting), Go-seong one (the out -loud chanting).

The genealogy of "Pagan Gods" which cross the border and the status of Japanese Buddhism

Hara, Katsuaki

Rikkyo University, Japan

This writing considers the relationship of Shinto and Buddhism in the Japanese Middle Ages (11th~17th centuries) from the point of view of the Medieval chronicles of Japan(中世日本紀). By looking into the ideological backgrounds enabling the interpretation of "Japanese myth" in the Middle Ages, we can recognize the importance of existence of "Pagan Gods" in "the syncretization of Shinto with Buddhism"(神佛習合).

The genealogy of "Pagan Gods" has developed in every time period. They were placed in the system of "the syncretization of Shinto with Buddhism" respectively in the iconography while keeping stereotyped forms. It is noticed that "Pagan Gods" shook the existing religious belief and gave a stimulus to the relation of the gods and Buddha and the manifestation from the original state(本地垂迹). "Pagan Gods" with the peculiar individuality only got their own area of religious belief respectively, suggested reorganization of the established manifestation from the original state and enabled re-interpretation of "myth", and brought about germinating the separation of independent "Shinto" from Buddhism.

Concerning the characteristic of "Pagan Gods" on the aspect of situation, we can note the spurious sutras(僞經) which ensure the legitimacy of "Pagan Gods". Uga- Sarasvati(宇賀弁才天) is one of "Pagan Gods" who syncretizes Sarasvati(辯才天) and Ugajin(宇賀神) described in a spurious sutra. The time of composing the spurious sutras isn't clear. But the fact that they were adopted in the guide books for the method of practice in order(行法次第書) shows their interfaith mark as the explanation which visualizes "deformity" of Uga- Sarasvati in reality.

Considering this, it is possible that the existence of "Pagan Gods" had an influence on re-interpretation of "myth". How "Pagan Gods" with the feature of "deformity" who touched off the creation of the spurious sutras are related to gods of "myth" can be revealed by inspecting the statements of "medieval chronicles of Japan".

"Pagan Gods" exist as the new gods beyond the borders who promoted reorganizing religious belief by interconnecting the established manifestation from the original state, bringing about the creation of the spurious sutra making "deformity" more orthodox. When considering "the syncretization of Shinto with Buddhism", the derivation of "Pagan Gods" and religious belief of it carry an important significance.

key words : Pagan Gods, Japanese Buddhism, Medieval chronicles of Japan(中世日本紀), the syncretization of Shinto with Buddhism(神佛習合)

Folk Belief and Its Fusion with the Buddhism
–Focusing on Expansion of Mazu(媽祖) Worship in the East Asia

Kikuchi, Noritaka
Toyo University, Japan

This writing examines the spatial spread of a Chinese folk belief and the trace of its fusion with some religious traditions, focusing on the Mazu worship in the Chinese tradition. The worship of Mazu(媽祖) which started from folk belief in one area in the South China was promoted to the rank of the national ritual by the Sung Dynasty. It was fused with Buddhist worship of Bodhisattva of Mercy (Avalokiteśvara) and was revered as a goddess of sailing in the Yuan Dynasty. Taoists finally composed a scripture including Mazu as one of their pantheon in the next Ming Dynasty.

There is a chance that Mazu worship spread to the Korean Peninsula. Few evident traces have been found currently, but several clues can be found in the context of folk belief and the fusion with several religious traditions in Korea. The worship of the goddess of sailing was transmitted to Japan and also fused with its Buddhism and Shinto. It became the belief of the people who live by the coast, melting together with a phenomenon of folk customs.

key words : Mazu(媽祖) worship, the goddess of sailing, folk customs, Shinto

The View of Korean Shamanism on the Ten Kings of Buddhism

Kim, Ji Yun
Geumgang Center for Buddhist Studies, Geumgang University, Korea

It is believed that sentient beings are reborn into one of the six realms(六道) through the intermediate existence(*antarrābhava*) after death in Buddhism. The Ten Kings(十王), who are the rulers of the dark realms, judge the intermediate existence in accord with their good or evil actions of their previous lifetimes. Then, they decide the place where the intermediate existence will appear in their next incarnation. The notion of the Ten Kings was formed in the *Shiwang jing*(十王經, the Ten Kings'Sutra), attributed to Zangchuan(藏川) in the Tang(唐) Dynasty.

The faith of the Ten Kings based on the *Shiwang jing* was introduced into Korea and is still prevalent in this country. Therefore, there are various records related to the Ten Kings in Korean history books including the buildings such as 'Siwang-sa Temple(十王寺)' and 'Siwang-dang(十王堂)', and the ceremonies connected with the Ten Kings such as 'Ten days of fasting(十齋日)' and 'Siwang-jae(十王齋)'. In addition, the *Shiwang jing* was engraved into wood twelve times at many places including Haein-sa temple(海印寺) during the Joseon(朝鮮) Dynasty. The faith of Ten Kings was popular throughout the Korean peninsula and affected folk beliefs. The Ten Kings show up in shaman rites which are performed at Tongyeong, Buan, Seoul, Jeju Island, and so forth.

However, the features of Ten Kings are different between Korean Shamanism and Buddhism. In Buddhism the Ten Kings are focused on this life with emphasis placed on their judge of sentient beings as one is reborn into the better or worse realm according to their judgment. On the contrary, those of Shamanism regard the world of the dead as important. Because the Ten Kings are thought be just keeper of the dark realms where people simply pass to the paradise after death in Shamanism. There are three reasons why they have the different point of view about the Ten Kings. The first is the different idea about the existence of the next life. The second is the different view of the world after death. The third is the different perception of the karma.

Briefly, these discrepancies are the inevitable results, because while Shamanism accepted Buddhism in order to make up for the weak points of its structure of ideology, it still keeps its own characteristic and identity.

Key words : the Ten Kings(十王), the *Shiwang jing*(十王經), Korean Shamanism, Buddhism, Siwang-jae

The development process of Buddhist Sinicization among the people from the iconography of Luozujiao in South Jiangxi

Wei, Shan

Institute for the Study of Buddhism and Religious Theory,

Renmin University, China

The people's understanding of buddhism is different from that of the orthodox. This writing considers the iconography of the gods of heaven and earth(神祇圖像) of Luozujiao(羅祖教) in south Jiangxi(贛南). It includes pirmitive forms of art such as a popular literature, dramma giocoso, new-year woodcut and so on which were important creations of Luozujiao, a folk religion with close ties to Buddhism, while it was developing and shaping its gods of heaven and earth. It can also be regarded as an essential feature in the progress of Buddhist Sinicization among the people.

Key words: Luozujiao(羅祖教) in south Jiangxi(贛南), the gods of heaven and earth(神祇), a popular literature, dramma giocoso, new-year woodcut

불교와 전통문화사상

2017년 2월 20일 초판 1쇄 인쇄
2017년 2월 28일 초판 1쇄 발행

지은이 런민(人民)대학 불교와종교학이론연구소
도요(東洋)대학 동양학연구소
금강대학교 불교문화연구소
펴낸이 정창진
펴낸곳 도서출판 여래
출판등록 제2011-81호(1988.4.8)
주소 서울시 관악구 행운2길 52 칠성빌딩 5층
전화번호 (02)871-0213
전송 (02)885-6803

ISBN 979-11-86189-62-7 03220
Email yoerai@hanmail.net
blog naver.com/yoerai

값은 뒤표지에 있습니다.

※ 이 도서의 국립중앙도서관 출판예정도서목록(CIP)은 서지정보유통지원시스템
홈페이지(http://seoji.nl.go.kr)와 국가자료공동목록시스템(http://www.nl.go.kr/kolisnet)에서
이용하실 수 있습니다.(CIP제어번호: CIP2017004561)